사
도
행
전

솔
로

제13권 담대하라

사도행전 속으로

Into the Acts 13. Take Courage

지은이 이재철
펴낸곳 주식회사 홍성사
펴낸이 정애주
국효숙 김의연 김준표 박혜란 손상범
송민규 오민택 임영주 차길환

2018. 11. 12. 초판 발행   2023. 5. 15. 4쇄 발행

등록번호 제1-499호 1977. 8. 1.
주소 (04084) 서울시 마포구 양화진4길 3 **전화** 02) 333-5161 **팩스** 02) 333-5165
홈페이지 hongsungsa.com **이메일** hsbooks@hongsungsa.com
페이스북 facebook.com/hongsungsa
양화진책방 02) 333-5161

ISBN 978-89-365-1316-0 (04230)
ISBN 978-89-365-0531-8 (세트)

사도행전 속으로

13 담대하라

사도행전 21, 22, 23장

이재철

홍성사

서문

참된 교회를 그리며

저는 주일예배 시간에 늘 '순서설교'를 합니다. 순서설교는 제가 만든 용어로, 문자 그대로 성경을 순서대로 설교하는 것입니다. 강해설교도 성경의 순서를 따르지만 일반적으로 본문을 넓게 잡기에 각 구절에 대한 비중이 떨어지기 쉽습니다. 그러나 순서설교는 본문을 한두 구절씩 짧게 잡는 것이 특징입니다. 그러다 보니 성경 가운데 책 한 권의 설교를 끝내기 위해서는 상당한 햇수가 필요합니다. 그런데도 제가 목회를 시작한 이래 20여 년 동안 계속 순서설교를 해온 까닭이 있습니다. 1년에 주일은 52일밖에 없습니다. 그러므로 목회자가 한 교회에서 평생 목회해도 주일예배 시간에 성경 66권의 내용을 모두 심도 있게 설교하는 것은 물리적으로 불가능합니다. 주일예배는 물론이고 새벽 기도회, 수요 성경공부, 구역 성경공부 등에 빠짐없이 참석하는 교인은 예외겠지만, 주일예배에만 참석하는 대다수 교인은 결국 일주일에 한 번 설교자가 선호하거나 의도하는 구절에 대한 설교만 듣게 됩니다. 그렇게 해서는 하나님의 말씀인 성경 전체를 바르게 이해하고 세상에서 하나님의 말씀을 좇아 사는 것은 지극히 어려운 일입니다. 그와 같은 단점을 보완하기 위해 매 주일 본문 구절의 깊이와 성경 전체의 넓이를 동시에 추구하자는 것이 순서설교입니다. 다시 말해 주일마다 각 구절을 깊이 있게 다루면서, 그 깊이만큼 해당 구절을 창으로 삼아 성경 전체를 들여다보고, 예배가 끝난 뒤에는 그 구절을 안경으로 쓰고 일주일 동안 세상에서 살자는 것입니다.

성경은 창세기부터 요한계시록까지 거미줄보다 더 정교하고 치밀하게 얽혀 있습니다. 그리고 성경 각 구절은 그 전체를 들여다보는 신비로운 창입니다. 똑같은 풍경도 창의 모양과 색깔에 따라 다르게 보이듯이, 성경을 들여다보는 창이 많고 다양할수록 성경 전체에 대한 이해가 더 깊어지고 넓어지기 마련입니다. 제가 순서설교를 선호하는 까닭이 여기에 있습니다. 구약성경의 초점이 '오실 예수'에, 신약성경의 초점이 '오신 예수'에 맞추어져 있기에, 즉 성경 전체의 초점이 '오직 예수' 한 분이기에 순서설교와 절기설교는 상충하지 않습니다. 성경의 모든 구절이 예수님을 들여다보기 위한 창이기 때문입니다. 특정 절기와는 무관해 보이는 구절로 그 절기를 묵상함으로써 오히려 성경의 오묘함을 더 깊이 확인할 수 있습니다.

100주년기념교회 주일예배 설교 텍스트로 사도행전을 선택한 데엔 두 가지 이유가 있습니다. 저의 첫 목회지였던 '주님의교회'에서 요한복음 순서설교를 끝으로 10년 임기를 마친 것이 첫 번째 이유입니다. 목회의 장소와 형태 그리고 목적은 달라져도 목회의 영속성이 단절되는 것은 아니기에 요한복음에 이어 사도행전을 선택하였습니다. 두 번째 이유는 100주년기념교회로 저를 불러내신 주님께서 제게 부여하신 소명이 한국 교회의 출발점인 양화진외국인선교사묘원 묘지기이기 때문입니다. 이미 출판된 요한복음 설교집 〈요한과 더불어〉의 주제가 '주님과 동행'이라면 〈사도행전 속으로〉의 주제는 복음의 결과인 '교회 되기'이므로, 한국 교회의 출발점인 양화진에서 사도행전을 통해 참된 교회의 의미를 되새기기 위함입니다. 2005년 7월 10일 100주년기념교회 창립과 동시에 사도행전 1장 1절부터 순서설교를 시작한 이래 만 5년을 맞는 현재에도 사도행전을 계속 설교하고 있습니다. 주님께서 제 건강과 여건을 허락하신다면, 100주년기념교회에서 목회하는 동안 사도행전 순서설교를 끝내는 것이 제 소박한 바람입니다.

부족하기 짝이 없는 사람을 늘 변함없이 당신의 도구로 사용해 주시는 주님께 감사드릴 뿐입니다.

2010년 7월 양화진에서

이재철

차례

사도행전 22장

사도행전 23장

부록

일러두기

* 〈사도행전 속으로〉 제13권은 2016년 1월 3일부터 8월 21일까지 100주년기념교회 이재철 목사가 주일 예배에서 설교한 내용을 묶어 낸 것입니다.
* 본문에 인용한 성경 구절은 개역개정판 성경을 기본으로 하였고, 그 외의 역본을 따랐을 경우 별도 표기했습니다.
* 본문에 인용한 찬송가는 새찬송가를 기본으로 하였습니다.

사도행전 21장

교회와 세상은

말씀의 도구가 되어

말씀을 위해

자신을 던지는 사람들에 의해

새로워집니다.

1. 구브로를 바라보고 신년주일

사도행전 21장 1-6절

우리가 그들을 작별하고 배를 타고 바로 고스로 가서 이튿날 로도에 이르러 거기서부터 바다라로 가서 베니게로 건너가는 배를 만나서 타고 가다가 **구브로를 바라보고** 이를 왼편에 두고 수리아로 항해하여 두로에서 상륙하니 거기서 배의 짐을 풀려 함이러라 제자들을 찾아 거기서 이레를 머물더니 그 제자들이 성령의 감동으로 바울더러 예루살렘에 들어가지 말라 하더라 이 여러 날을 지낸 후 우리가 떠나갈새 그들이 다 그 처자와 함께 성문 밖까지 전송하거늘 우리가 바닷가에서 무릎을 꿇어 기도하고 서로 작별한 후 우리는 배에 오르고 그들은 집으로 돌아가니라

2016년 1월 첫 번째 주일을 맞는 우리를 위해 주님께서 2천 년 전부터 예비해 두셨던 오늘의 본문, 사도행전 21장 1절은 이렇게 시작되고 있습니다.

우리가 그들을 작별하고 배를 타고(1절 상).

여기에서 "우리"는 사도행전을 기록한 누가 자신을 포함한 바울과 그의 일행을, 그리고 "그들"은 에베소의 장로들을 일컫습니다. 본문에서 우리말 '작별하다'로 번역된 헬라어 동사 '아포스파오$\dot{\alpha}\pi\circ\sigma\pi\dot{\alpha}\omega$'는 그 의미가 특별합니다. 6절에도 '작별하다'는 동사가 등장하지만, 그 동사는 우리가 알고 있는 일반적인 의미의 작별, 즉 인사하며 안녕을 비는 동작을 뜻합니다. 그 반면 본문에 사용된 동사 '아포스파오'는 '떼어내다', '빼내다'는 뜻으로, 억지로 분리시키는 동작을 나타내는 동사입니다.

바울은 3차 전도 여행을 매듭짓고 예루살렘으로 가는 길에, 에베소의 장로들을 밀레도로 불러 마지막 유언을 남기지 않았습니까? 살아생전에 다시는 바울의 얼굴을 보지 못하게 된 에베소의 장로들은 엉엉 울면서 차례로 바울의 목을 끌어안고 작별의 입맞춤을 계속했지만, 그들은 더 깊은 슬픔에 빠져들고 말았습니다. 그들은 모두 항구로 나가 바울이 배에 오르기까지 바울을 전송하였습니다. 그러나 오늘 본문 1절에 의하면, 에베소의 장로들이 항구에서도 바울과의 영원한 작별이 아쉬워 또다시 바울을 끌어안고 놓아 주지 않았음을 알 수 있습니다. 할 수 없이 바울은 일행과 함께 에베소의 장로들을 억지로 떼어냈습니다. 그러고서야 바울은 겨우 배에 오를 수 있었습니다. 에베소의 장로들이 바울과의 영원한 작별을 얼마나 슬퍼하고 아쉬워했는지, 바울이 일행과 함께 그들을 억지로 떼어냈다는 본문의 증언을 통해 더욱 생생하게 확인할 수 있습니다.

이때 바울은 당시의 평균수명으로 이미 인생 말년에 접어들었을 때였다고 했습니다. 순전히 바울의 개인적인 입장에서만 보자면, 자신을 그토록 사랑하며 붙잡는 에베소의 장로들과 바울이 굳이 작별할 이유가 없었습니다. 에베소는 바울이 3년 동안 복음을 전했던 곳이기에, 바울로부터 주님을 영접한 수많은 그리스도인들이 있었습니다. 만약 바울이 에베소에 눌러앉아 그곳에 정착하려 했다면, 에베소의 장로들과 교인들은 뛸 듯이 기뻐했을 것입니다. 바울은 그들로부터 존경받으면서, 그들의 경제적 지원으로 편안하게 여생을 마감할 수 있었습니다. 결박과 환난이 도사린 예루살렘행보다는, 그편이 육체적으로 훨씬 편하고 나았습니다.

그러나 바울은 그렇게 하지 않았습니다. 사랑하는 에베소의 장로들을 억지로 떼어놓으면서까지 그들과 작별하고, 주님께서 명령하신 예루살렘행에 나섰습니다. 바울은 소명의 사람이었기 때문입니다. 소명의 사람은 어떤 상황 속에서든 오늘에 갇히지 않고, 오늘을 발판 삼아 내일을 지향합니다. 그래서 소명의 사람은 날마다 새날을 살아갑니다. 바울이 자기 일신의 안일을 위해 소명을 마다하고 자신을 환영하는 에베소에 정착했더라면, 그에게는 더 이상 새로운 내일이 없었을 것입니다. 자기 안일을 추구하는 사람은 지금 오늘의 덫에 갇혀 있기에, 그런 사람에게는 순식간에 과거로 회귀해 버리는 오늘과 어제 외에, 새로운 존재를 위한 새로운 날로서의 내일이 있을 수 없습니다.

1절을 다시 보시겠습니다.

우리가 그들을 작별하고, 배를 타고 바로 고스로 가서 이튿날 로도에 이르러, 거기서부터 바다라로 가서.

밀레도에서 에베소의 장로들과 겨우 헤어진 바울은 일행과 함께 배를 타고 밀레도 남쪽 약 70킬로미터 지점에 위치한 섬, 고스로 갔습니다. 교역의 중심지였던 고스는, '의학의 아버지' 혹은 '의사의 아버지'로 추앙받는 그리스의 의학자 히포크라테스의 고향이기도 했습니다. 바울 당시에도 고스에는 유명한 의학교가 있었고, 좋은 의사로부터 육체의 질병을 고치기 원하는 병자들이 원근각처에서 고스를 찾았습니다. 이처럼 의학으로 명성을 떨치던 고스에는, 그리스 신화에 '의술의 신'으로 등장하는 '아스클레피오스의 신전'도 있었습니다. 알렉산더 대왕의 궁중화가 아펠레스가 그 신전에 그린 〈바다에서 올라오는 아프로디테〉는 고대세계의 걸작으로 꼽혔습니다. 2천년 전 바울이 고스 섬에 도착했을 때, 아스클레피오스 신전에는 그 걸작이 그대로 전시되어 있었습니다. 고스는 예술의 도시이기도 했던 것입니다.

하지만 바울은 날이 밝자 지체하지 않고 선박으로 고스를 출발하여, 동남쪽으로 약 80킬로미터 떨어져 있는 로도 섬으로 갔습니다. 헬라어로는 '로도스'로 불리는 섬입니다. 소아시아반도 연안에 자리 잡은 섬들 가운데 가장 큰 섬인 로도스는 '장미의 섬'으로 불리기도 했습니다. 일조량이 풍부하여 가는 곳마다 화려한 장미꽃이 눈부시게 피어 있었기 때문입니다. 동서를 잇는 해상교역의 중심지였던 로도스에는 수사학과 웅변으로 유명한 대학도 있었습니다.

그러나 뭐니 뭐니 해도 당시 로도스 섬을 유명하게 만든 것은 '헬리오스 콜로서스Helios Colossus'였습니다. '헬리오스'는 그리스 신화에 등장하는 '태양의 신'을 일컫고, '콜로서스'는 '거대한 조각상巨像'을 뜻합니다. 주전 305년 마게도니아의 공격을 막아 낸 로도스 시민들은 승리를 자축하기 위해 청동으로 '헬리오스 콜로서스'를 만들어 세웠는데, 그 높이가 무려 36미터나 되었습니다. 사람 모양의 태양신 헬리오스의 청동상을 36미터의 높이로 건립하는 것은, 당시의 기술이나 장비로는 거의 불가능한 일이었습니다. 하지만 로도스 시민들은 주전 280년경, 12년 만에 그 거대한 헬리오스 콜로서스를 세우는 데 성공하였습니다. 그리고 헬리오스 콜로서스는 완공과 동시에 에베소의 아데미 신전과 함께 고대세계 7대 불가사의 중 하나로 불렸습니다.

하지만 불과 56년 후인 주전 224년, 그 거대한 헬리오스 콜로서스는 지진으로 무너지고 말았습니다. 그러나 무너진 잔해들도 얼마나 거대했던지, 무너진 그 청동 잔해들이 또다시 로도스의 명물이 되었습니다. 주후 1세기 로마의 군인이자 학자였던 대大폴리니우스가 그 무너진 청동 잔해들을 보기 위해 로도스를 직접 방문하였습니다. 그리고 그의 박물지에 '신상의 엄지손가락을 양팔로 껴안을 수 있는 사람은 아무도 없다'는 기록을 남길 정도였습니다. 그러나 주후 654년 로도스 섬을 점령한 아랍인들이 그 청동 잔해들을 분해하여 시리아의 유대 상인들에게 팔아 버림으로써, 전설적인 헬리오스 콜로서스는 흔적도 없이 사라져 버렸습니다. 열흘 전인 12월 24일 영국의 일간지 〈더 타임스The Times〉가 2억 5천만 유로, 우리 돈으로 3,200억 원을 들여 로도스의 '헬리오스 콜로서스'를 다시 세우는 프로젝트가 추진 중이라고 보도하였습니다. 단순히 무너진 36미터 높이의 옛 헬리오스 콜로서스를 복원하는 것이 아니라, 그보다 네 배나 높은 135미터 높이의 새로운 조각상을 세운다는 것입니다. 135미터라면 뉴욕에 있는 '자유의 여신상'보다 41.5미터 더 높습니다. 그로 인해 세계 많은 사람들의 이목이 갑자기 로도스 섬에 집중되고 있습니다. 2천 년 전 로도스에 도착한 바울은 항구에 흩어져 있던 로도스의 명물, 무너진 헬리오스 콜로서스의 거대한 청동 잔해들을 보았을 것입니다.

로도스에서 다시 배를 갈아탄 바울은 동쪽으로 약 85킬로미터 지점에 위치한, 소아시아반도 남쪽 항구 바다라로 갔습니다. 중요한 무역 항구도시였던 바다라는 그 지정학적 이점으로 인해, 계절에 상관없이 언제나 수백 척의 상선들이 경유하는 해상교통의 요충지였습니다. 그리스 본토의 델피 신전에 필적하는 아폴로의 신탁소가 있는 곳으로도 유명했습니다.

이처럼 밀레도를 출발한 바울이 거친 곳들은 그저 그렇고 그런 곳들이 아니었습니다. 모두 소아시아반도 연안에서 빼어난 주요 도시들이었습니다. 평생 지병에 시달리던 바울은 히포크라테스의 출생지이자 병자들의 이상향인 고스 섬에 정착하여, 자신을 괴롭히던 지병을 다스리며 육체적으로 편안한 노후를 지낼 수도 있었습니다. 위대한 설교자였던 바울은 웅변과 수사학으로 유명한 '장미의 섬' 로도스에서 웅변과 수사학을 가르치며 보다 안정된 노후를 보장받을 수도 있었습니다. 또는 계절에 상관없이 항상 수백 척의 상선들이 드나드는 바다라에 정착하여, 자신의 천막 제조기술로 신규 사업을 벌일 수도 있었습니다. 그러나 바울은 육체적이거나 경제적인 이점을 지닌 그 빼어난 곳들을 단지 경유지로만 삼았을 뿐, 그 어느 곳에도 집착하거나 정착하려 하지 않았습니다. 만약 그랬더라면, 그가 맞는 날들이 더 이상 새 날일 수는 없었을 것입니다.

베니게로 건너가는 배를 만나서 타고 가다가(2절).

바울 일행은 목적지인 예루살렘으로 가기 위해, 바다라에서 지중해를 횡단하여 팔레스타인의 베니게로 직행하는 배를 탔습니다. 베니게는 오늘날의 레바논 지역으로, 로마제국의 행정구역상 수리아에 속해 있었습니다. 바다라에서 베니게까지는 해로로 약 650킬로미터였습니다. 당시의 선박으로 약 일주일 거리였습니다. 그 먼 거리를 직행하기 위해서는 상당한 규모의 상선이어야만 했습니다. 밀레도에서 작은 연안선으로 고스와 로도스를 거친 바울은, 해상교통의 요충지였던 바다라에 이르러서야 지중해를 횡단하여 베니게로 직행하는 큰 상선을 찾을 수 있었던 것입니다.

구브로를 바라보고, 이를 왼편에 두고 수리아로 항해하여 두로에서 상륙하니, 거기서 배의 짐을 풀려 함이러라(3절).

바울 일행이 탄 배는 지중해를 횡단하여, 화물을 풀기 위해 베니게의 두로에 정박하였습니다. 본문은 그 배가 지중해를 횡단하는 동안에, 바울이 "구브로를 바라보"았음을 증언하고 있습니다. 우리말 '바라보다'로 번역된 헬라어 동사 '아나프하이노ἀναφαίνω'는 본래 '나타나다'는 의미입니다. 배를 타고 가다 보면 섬들이 앞에서 나타났다가 옆으로 스치며 지나가지 않습니까? 본문은 그와 같은 상황을 묘사하고 있습니다. 베니게를 향해 지중해를 헤치고 나아가는, 바울이 승선하고 있는 배 앞으로 구브로 섬이 나타났습니다. 그리고 서쪽에서 약간 북동쪽으로 200킬로미터 길이로 뻗어 있는 그 섬은 배 왼편으로 계속 보였습니다. 바울은 최소한 만 하루 이상을 배 위에서 계속하여 그 섬을 바라보았을 것입니다.

오늘날의 터키 대륙을 일컫는 소아시아반도와 접하고 있는 에게해와 지중해 연안에는, 수없이 많은 섬들이 자리 잡고 있습니다. 그러나 지금까지 바울이 탄 배 앞에 나타났다 사라진 그 많은 섬들 가운데, 성경이 본문 이전에 이름을 밝힌 섬은 단 한 섬도 없었습니다. 그런데 구브로 섬만은 바울 앞에 나타났고, 바울이 그 섬을 계속 바라보았음을 본문이 유독 증언하는 까닭이 무엇이겠습니까? 길이 200킬로미터에 달하는 그 섬이 지중해에서 세 번째로 크기 때문이겠습니까? 아니면 사도행전을 기록한 누가가 아무 의미도 없이 그냥 그렇게 썼겠습니까? 성경은 하나님의 말씀입니다. 그러므로 성경에 기록된 내용과 단어마다에는 절대적인 의미가 내포되어 있다고 했습니다.

구브로 섬은 지중해 세계 전도에 나선 바울의 첫 전도지였습니다. 그리고 약 13년에 걸친 세 번의 전도 여행을 매듭짓고 예루살렘으로 향하는 바울 앞에 구브로 섬이 다시 나타났습니다. 바울이 약 13년 만에 전도 여행의 원점으로 되돌아온 것이었습니다. 바울은 배 위에서 최소한 만 하루 이상 그 섬을 바라보았습니다. 구브로 섬의 경관을 감상한 것이 아니었습니다. 그 섬은, 지난 세월 동안 자신을 이끌어 주신 하나님의 손길과 바울 자신의 삶을 비춰 주는 화면이었습니다.

바울은 안디옥교회 담임목사였던 바나바의 초청으로 안디옥에서 공동목회를 하던 중, 성령 하나님의 지시에 따라 1차 전도 여행에 나서게 되었습니다. 그리고 첫 전도지였던 구브로 섬에서, 바울의 생애에 두 가지의 중요한 변혁이 일어났습니다. 첫 번째 변혁은 그의 이름이 바뀐 것입니다. 바울의 이름은 본래 사울이었습니다. 사울은 이스라엘 초대왕의 이름이었고, 바울은 사울 왕을 배출한 베냐민 지파 출신이었습니다. 바울의 아버지는 아들에게, 사울 왕처럼 위대한 인물이 되라고 이름을 사울이라고 지어 주었습니다. 젊은 시절의 바울이 유대교 내에서 출세하기 위해 교회 짓밟기에 앞장섰던 것은, 그의 본명이 사울이었던 것과 무관하지 않았습니다. 그러나 첫 전도지 구브로에서 그의 이름이 사울에서 바울로 바뀌었습니다. '바울'은 '작은'의 의미로, '멈추다', '단념하다'를 뜻하는 헬라어 동사 '파우오παυω'에서 파생되었습니다. 주님의 부르심을 받은 이후에도 본명인 사울로 불리던 바울은, 첫 전도지인 구브로에서 자신이 크고 대단하다는 생각을 완전히 버렸습니다. 교회를 짓밟던 폭도였던 자신을 부르시어 전도자로까지 사용해 주시는 하나님의 손길 앞에서 그는, 하나님의 은혜의 손길 없이는 도저히 살 수 없는 지극히 작고 작은 바울이 되었습니다.

두 번째 변혁은 구브로 섬을 관통하는 동안에, 바울이 전도팀의 우두머리가 된 것이었습니다. 안디옥을 출발할 때, 전도팀의 우두머리는 안디옥교회의 담임목사였던 바나바였습니다. 그러나 첫 전도 현장인 구브로에서부터 바울의 전도 역량이 두드러지게 나타났습니다. 바나바는 전도팀의 우두머리 역할을 기꺼이 바울에게 양보했고, 바울은 겸손하게 순종하였습니다. 그 이후부터 전도 여행은 바울의 소명의식하에 계속되었습니다. 구브로 다음 행선지였던 버가에서 풍토병에 걸린 바울이 전도 여행을 포기하지 않고 험산준령의 타우로스 산맥을 넘어 비시디아 안디옥까지 갔던 것도, 바울에게 전도팀의 우두머리로서 투철한 소명감이 있었기에 가능했던 일이었습니다.

첫 전도지였던 구브로에서 일어난 이 두 가지 변혁은, 바울의 전 생애에 지대한 영향을 미쳤습니다. 그 이후 바울은 약 13년에 걸쳐 지중해 세계를 세 차례나 전도 여행하면서도, 하나님 앞에서 지극히 작고 작은 자신의 실체와, 하나님의 이끄시는 손길에 순종하는 소명감을, 단 한 번도 잊은 적이 없었습니다. 그의 인생은 자신을 이끄시는 하나님의 손길을 따라 강물처럼 흘러갔습니다. 강물이 강줄기에서 빠져나와 웅덩이에 머무는 순간부터 그 물은 썩기 시작합니다. 강물은 강줄기를 따라 쉼 없이 흘러가야 늘 생명의 새 물일 수 있습니다. 바울의 삶도 하나님의 손길을 따라 강물처럼 흘러갔기에, 그는 언제나 주님 안에서 생명의 새날을 누릴 수 있었습니다.

그리고 약 13년이 흘러, 지금 바울은 눈앞에 나타난 구브로를 바라보고 있습니다. 전도 여행의 원점을 스쳐지나 가고 있는 것입니다. 바울은 여전히 하나님의 은혜의 손길 없이는 살 수 없는 지극히 작고 작은 바울이었고, 자신을 이끄시는 하나님의 손길에 전적으로 순종하는 소명의 사람이었습니다. 그는 자신이 향하고 있는 예루살렘행이 결박과 환난의 길임을 알고 있었지만 전혀 개의치 않았습니다. 지난 13년 동안 그렇게 하셨던 것처럼, 지금도 자신을 예루살렘으로 친히 이끌고 계시는 하나님의 손길을 그가 알고 있었기 때문입니다. 본문 4-6절에 의하면, 바울이 예루살렘에서 당할 결박과 환난을 알고 두로의 제자들도 바울을 말렸지만, 바울은 하나님의 손길을 따라 의연하게 예루살렘으로 향했습니다. 그래서 그는 참수형을 당해 죽을 때까지 날마다 하나님께서 주시는 생명의 새날을 살았고, 하나님의 말씀으로 성경에 기록된 그의 말과 글도 시공을 초월하여 여전히 수많은 사람들을 살리고 있습니다. 올해 우리 교회 표어를 따르자면, 바울이 믿었던 하나님의 손은 그 정도로 길었습니다.

지중해를 항해하는 바울 앞에 구브로가 나타났듯이, 우리 인생의 항로 앞에 지금 2016년이 나타나 우뚝 서 있습니다. 이 2016년을 화면 삼아 지난 세월 동안 우리의 삶을 인도해 주셨던 하나님의 손길과, 우리 자신의 삶을 한번 되돌아보십시다. 그동안 매일 밤이 지나면 어김없이 아침이 동텄었지만, 그 많은 날들이 새날이 되지는 못한 것은 우리가 그리스도인답게 살지 못한 까닭이요, 우리가 그리스도인답게 살지 못한 것은 하나님을 온전히 믿지 못했기 때문 아닙니까?

올해 우리 교회 표어는 민수기 11장 23절 말씀에 기인한, '여호와의 손이 짧으냐'입니다. 여호와 하나님의 손은, 우리의 손처럼 짧지 않습니다. 천지를 창조하신 하나님의 손은, 우리의 손처럼 한계를 지니고 있지 않습니다. 우리의 손이 하지 못하는 일이라고, 전능하신 하나님의 손도 불가능한 것은 아닙니다. 온 우주 만물을 주관하시는 하나님의 손에는, 능치 못한 일이 없습니다. 하나님의 손은 우리의 과거와 현재 그리고 미래를 완벽하고도 영원토록 책임질 수 있을 만큼 충분히 깁니다.

그 하나님의 손이 우리와 함께하고 계십니다. 그 하나님 손길 앞에서, 자신을 하나님보다 더 크게 여기던 사울이기를 포기하십시다. 하나님 손길만을 의지하는, 지극히 작고 작은 바울이 되십시다. 그 하나님의 손길이 이끄시는 대로 흐르는 강물처럼, 어떤 상황 속에서든 그리스도인답게 소명의 삶을 살아가십니다. 우리는 날마다 삼위일체 하나님 안에서 생명의 새해 새날을 누리게 될 것이요, 우리가 새로워지는 만큼 이 세상도 새로워질 것입니다.

나는 그동안 삼위일체 하나님을 믿는다면서도 하나님의 손을, 그저 나의 손 정도로만 여겨왔습니다. 그래서 입으로는 그리스도인이었지만 삶으로는 그리스도인답지 못했고, 결과적으로 수없이 달력을 교체했지만 그 어느 해도 새해를 누리지는 못했습니다. 그럼에도 하나님께서 여전히 우리를 믿어 주시고, 또 한 해의 기회를 허락해 주셔서 감사합니다.

결코 짧지 않은 하나님의 손, 천지를 창조하신 하나님의 전능하신 손이 우리를 붙들고 계심을 늘 기억하며 살게 해주십시오. 하나님보다 나를 더 크게 여기던 사울의 삶을 과감하게 벗어던지게 해주십시오. 하나님 앞에서 지극히 작고 작은 바울이 되어, 흐르는 강물처럼 어느 한순간에도 정체함이 없이, 하나님의 손이 이끄시는 대로 그리스도인답게 소명의 삶을 살아가게 해주십시오. 그리하여 올해는 정녕 하나님께서 주시는 생명의 새해 새날을, 마음껏 누리게 해주십시오. 이 세상은 우리가 새로워지는 만큼만 새로워진다는 사실을, 언제 어디서나 잊지 않게 해주십시오. 아멘.

2. 다 그 처자와 함께

사도행전 21장 1-6절

우리가 그들을 작별하고 배를 타고 바로 고스로 가서 이튿날 로도에 이르러 거기서부터 바다라로 가서 베니게로 건너가는 배를 만나서 타고 가다가 구브로를 바라보고 이를 왼편에 두고 수리아로 항해하여 두로에서 상륙하니 거기서 배의 짐을 풀려 함이러라 제자들을 찾아 거기서 이레를 머물더니 그 제자들이 성령의 감동으로 바울더러 예루살렘에 들어가지 말라 하더라 이 여러 날을 지낸 후 우리가 떠나갈새 그들이 **다 그 처자와 함께** 성문 밖까지 전송하거늘 우리가 바닷가에서 무릎을 꿇어 기도하고 서로 작별한 후 우리는 배에 오르고 그들은 집으로 돌아가니라

밀레도에서 에베소의 장로들과 어렵게 작별한 바울과 그의 일행은 바다라에 이르러서야, 지중해를 횡단하여 팔레스타인의 베니게로 직행하는 배를 탈 수 있었습니다. 지중해의 물결을 가르며 베니게로 향해 나아가던, 바울이 탄 배 앞에 구브로 섬이 나타났습니다. 그리고 서쪽에서 약간 동북쪽

으로 약 200킬로미터의 길이로 뻗어 있는 그 섬은 배 왼편으로 계속 보였습니다. 바울이 구브로를 첫 전도지로 삼아 전도 여행을 시작한 이래, 약 13년 만에 전도의 원점으로 되돌아온 것이었습니다.

바울은 배 위에서 최소한 만 하루 이상 그 구브로 섬을 바라보았습니다. 사울 왕의 후예임을 내세우던 사울에서 지극히 작고 작은 바울로 그의 이름이 바뀌고, 교회를 짓밟던 폭도였던 그가 전도팀의 우두머리로 세움 받았던 곳이 바로 그 섬이었습니다. 그러므로 약 13년 만에 바울이 배 위에서 다시 바라본 그 섬은, 지난 세월 동안 신묘막측하게 자신을 이끌어 주셨을 뿐 아니라, 어떤 결박과 환난의 길이라 할지라도 계속하여 자신을 이끌어 주실 하나님의 손길을 비춰 주는 은혜의 화면이었습니다.

바울이 탄 배는 약 일주일 만에 지중해를 횡단하여, 화물을 풀기 위해 베니게의 두로에 정박하였습니다. 구약성경에서부터 등장하는 두로는, 팔레스타인에서 고대세계 최대의 해운 도시였습니다. 다윗과 솔로몬 시대에는 두로 왕이 이스라엘과 우호조약을 맺고, 궁전과 예루살렘성전을 건축하는 데 필요한 백향목 일체와 기술자들을 이스라엘에 지원하기도 했습니다. 주전 65년 로마제국의 자유무역 도시로 편입된 이후에 두로는 로마제국의 번영과 더불어 더 큰 부를 누렸지만, 그와 정비례하여 더 심한 타락의 도시로 전락하였습니다.

제자들을 찾아 거기서 이레를 머물더니(4절 상).

7절에 의하면, 바울이 타고 온 배의 최종 목적지는 두로 남쪽의 돌레마이였습니다. 사도행전 20장 16절은, 바울이 "될 수 있는 대로 오순절 안에 예루살렘에 이르려고" 서둘렀음을 증언하고 있습니다. 그러나 바다라에서 두로까지 직행하는 배를 탄 바울은, 지중해 해안선을 따라 계속 작은 배를 바꾸어 타면서 두로에 이르는 것보다 훨씬 많은 날을 이미 벌고 있었습니다. 그래서 바울은 자신이 타고 온 배가 두로에서 화물을 내리고, 새 화물을 적재하여 돌레마이로 출항할 때까지 이레 동안 두로에서 머물기로 하였습니다. 그렇다고 두로에서 편안하게 쉬기 위함이 아니었습니다.

바울은 일행과 함께 타락의 도시, 두로에 살고 있는 제자들을 찾아 나섰습니다. 마가복음 7장은, 예수님께서 두로를 방문하셔서 귀신 들린 소녀에게서 귀신을 쫓아 주셨음을 증언하고 있습니다. 그때부터 두로에는 주님을 영접한 제자들이 있었습니다. 사도행전 15장 3절에 따르면, 1차 전도 여행을 마친 바울이 바나바와 함께 예루살렘으로 가는 길에 베니게의 두로에서 그 제자들을 만나, 타락의 도시에서 살고 있는 그들의 믿음을 북돋아 주고, 또 주님께서 이방인에게 어떻게 구원의 역사를 펼치고 계시는지 증언해 준 적이 있었습니다. 그 이후 오늘의 본문 속에서 두로에 잠시 정박한 바울은 약 10년 만에 그때의 제자들을 찾아가, 그들과 이레 동안 함께 지낸 것이었습니다.

전혀 예기치 않게, 약 10년 만에 바울을 다시 만난 두로의 제자들의 기쁨이 얼마나 컸겠습니까? 그들이 기뻐한 것은, 바울이 예전에 그들에게 은혜를 끼친 사람이었기 때문입니다. 만약 바울이 그들에게 해를 입히고 떠났다면, 그들은 10년 만에 나타난 바울을 거들떠보지도 않든지, 아니면 치를 떨든지 했을 것입니다. 내가 10년 후에 누군가를 오랜만에 만났을 때 그 사람이 나와의 재회를 진심으로 반가워할 것인가, 아니면 나를 거들떠보지도 않고 도리어 치를 떨 것인가는, 전적으로 지금 내 삶의 자세에 달려 있습니다. 어제 내 삶의 결과가 오늘이듯이, 오늘의 결과가 내일일 것임을 잊지 않는 것이 지혜입니다.

4절을 다시 보시겠습니다.

> 제자들을 찾아 거기서 이레를 머물더니, 그 제자들이 성령의 감동으로 바울더러 예루살렘에 들어가지 말라 하더라.

두로의 제자들도 "바울더러 예루살렘에 들어가지 말라"고 하였습니다. 두 달 전 사도행전 20장 22-24절을 숙고할 때 말씀드렸던 것처럼, 헬라어 원문을 보면 두로의 제자들은 바울에게 예루살렘으로 가지 말라고 권유한 것이 아니라, 명령하였습니다. 한글 성경에 '하더라'로 번역된 동사 '레고ἔπω'가 원문에 미완료형으로 기록되어 있습니다. 두로의 제자들이 바울에게 예루살렘에 가지 말라고 한 번 명령하고 그친 것이 아니라, 동일한 명령을 되풀이하여 반복했다는 말입니다.

두로의 제자들이 사도 바울에게 그렇게 명령한 근거는 그들 자신에게 있지 않았습니다. 본문은 그들이 "성령의 감동으로" 바울에게 그렇게 명령하였음을 밝혀 주고 있습니다. 성령님께서 두로의 제자들에게도, 바울이 가려는 예루살렘행이 결박과 환난의 길임을 일러 주셨던 것입니다. 두로의 제자들은 몰랐다면 모르지만, 그 사실을 안 이상, 사랑하는 바울이 결박과 환난의 길로 내닫는 것을 알면서도 그냥 가만히 보고만 있을 수는 없었습니다. 그들은 예루살렘에 가지 말라고 명령형으로 되풀이하여 말하면서 바울을 만류했습니다. 두로의 제자들은 에베소의 제자들처럼, 오랜 기간 동안 바울과 함께 지낸 사람들이 아니었습니다. 약 10년 전에 바울이 예루살렘으로 가는 길에 한 번 만나 은혜를 함께 나누었을 뿐이었습니다. 그럼에도 주님 안에서 위대한 사도 바울을 사랑하는 두로의 제자들의 마음은 에베소의 교인들 마음 못지않았습니다.

하지만 두로의 제자들이 계속하여 만류한다고 해서, 바울이 주님으로부터 부여받은 자신의 소명을 내려놓을 사람은 아니었습니다. 바울은 에베소의 장로들 앞에서 그랬던 것처럼, 두로의 제자들 앞에서도 자신의 굳은 결심을 분명하게 천명하였을 것입니다.

> 보라, 이제 나는 성령에 매여 예루살렘으로 가는데, 거기서 무슨 일을 당할는지 알지 못하노라. 오직 성령이 각 성에서 내게 증언하여 결박과 환난이 나를 기다린다 하시나, 내가 달려갈 길과 주 예수께 받은 사명, 곧 하나님의 은혜의 복음을 증언하는 일을 마치려 함에는, 나의 생명조차 조금도 귀한 것으로 여기지 아니하노라(행 20:22-24).

사람이 계산하면서 말을 하면, 상대도 그 말을 들으면서 계산합니다. 아무리 큰 소리로 외쳐도 마음에도 없는 빈말은, 상대의 마음에 닿기도 전에 허공 속에서 산산이 부서지고 맙니다. 그러나 나지막한 소리로 속삭여도 믿음에서 우러나는 말은, 바위도 뚫고 강철도 녹입니다. 바울의 이 굳은 믿음의 선포 앞에서, 두로의 제자들이 무슨 말로 그를 다시 만류할 수 있었겠습니까?

> 이 여러 날을 지낸 후 우리가 떠나갈 새, 그들이 다 그 처자와 함께 성문 밖까지 전송하거늘, 우리가 바닷가에서 무릎을 꿇어 기도하고(5절).

마침내 이레가 지나, 배가 다시 출항하는 날이 되었습니다. 두로의 제자들도 성문 밖까지 바울 일행을 배웅하였습니다. 항구까지 따라 나갔다는 말입니다. 팔레스타인 최대의 해운 도시였던 두로의 항구에는 늘 사람들로 붐볐습니다. 특히 큰 상선이 출항하는 시간이면 더 많은 사람들이 붐볐습니다. 그러나 바울 일행은 밀레도에서 에베소의 장로들과 작별할 때처럼, 주위 사람들을 조금도 개의치 않고, 두로의 제자들과 함께 바닷가에 무릎을 꿇고 기도하였습니다. 두로의 제자들은 바울이 결박과 환난의 길에서 능히 승리할 수 있기를, 바울은 타락의 도시 두로에서 제자들이 계속 믿음을 지킬 수 있도록, 서로를 위해 기도해 주었을 것입니다.

여기에서 우리가 주목해야 할 중요한 사실이 있습니다. 5절을 다시 보시겠습니다.

이 여러 날을 지낸 후 우리가 떠나갈 새, 그들이 다 그 처자와 함께 성문 밖까지 전송하거늘, 우리가 바닷가에서 무릎을 꿇어 기도하고.

두로의 제자들만 항구까지 바울 일행을 따라 나간 것이 아니었습니다. 두로의 제자들은 모두 자신들의 "처자"들도 데리고 항구까지 나갔습니다. 그들은 자신들의 처자들과 함께 바닷가에 무릎을 꿇어 바울 일행과 기도하였고, 자신들의 처자들과 함께 배에 오르는 바울 일행을 끝까지 전송하였습니다. 사도행전을 통틀어 누구든 중요한 현장에 자신들의 처자들을 동행했다는 증언은 본문이 유일합니다. 두로의 제자들은 그 정도로 깊은 믿음의 소유자들이었습니다.

그들이 모두 아내와 자식들을 데리고 항구까지 나가 바울을 전송했다는 것은, 그들이 지난 이레 동안 자신들의 처자들과 함께 바울로부터 주님의 말씀을 들은 것을 의미합니다. 바울의 예루살렘행이 결박과 환난이 도사린 길임을 알고 두로의 제자들이 예루살렘으로 가지 말라고 거듭하여 명령형으로 바울을 만류할 때에도, 그들의 처자들도 그 현장에 있었습니다. 그들의 거듭된 만류에 "내가 달려갈 길과 주 예수께 받은 사명, 곧 하나님의 은혜의 복음을 증언하는 일을 마치려 함에는, 나의 생명조차 조금도 귀한 것으로 여기지 아니하노라"던, 일말의 흐트러짐도 없는 바울의 선포도, 그들의 처자들 역시 직접 보고 들었습니다. 그 모든 경험은 그들에게 더없이 생생한 신앙 교육이었습니다.

이레가 지나 바울이 두로를 떠나는 날이 되었습니다. 이제 바울과 헤어지면 살아생전에 다시는 바울의 얼굴을 보지 못할 것이었습니다. 두로의 제자들은 모두 처자들을 데리고 항구로 나갔습니다. 이 세상에서 바울과 영영 작별하는 그 마지막 현장을 자신들의 처자들에게도 보여 주고 싶었던 것입니다. 바꾸어 말해 바울과 작별하는 마지막 현장을 처자들과 함께 지켜봄으로써, 두로의 제자들 자신들이 먼저 주님을 위해 육체의 생명마저 귀하게 여기지 않는 바울의 믿음을 본받고, 사랑하는 가족들 역시 앞으로 그런 믿음으로 살 수 있기를 원했던 것입니다. 두로의 제자들과 그들의 아내 그리고 자식들은 모두 바닷가에서 바울과 함께 무릎 꿇고 기도했습니다. 이제 죽음의 길에 나서는 바울이 도리어 자신들을 위해 기도해 주는 기도의 내용을 들으며, 두로의 제자들과 그들의 처자들은 울컥 가슴에 치미는 뜨거운 감동을 받았을 것입니다.

서로 작별한 후 우리는 배에 오르고 그들은 집으로 돌아가니라(6절).

서로 작별을 나누고, 마침내 바울은 일행과 함께 배에 올랐습니다. 바울은 지금 크루즈 여행에 나서는 길이 아니었습니다. 결국에는 죽음으로 끝날, 혹독한 결박과 환난의 길에 오르고 있습니다. 하지만 바울의 얼굴 표정은 조금도 흔들림 없이, 평소처럼 의연했습니다. 바울의 그 얼굴은 두로의 제자들과 그들의 아내 그리고 자식들의 마음속에, 세상의 그 어떤 지우개로도 지울 수 없는 영원한 큰 바위 얼굴로 새겨졌을 것입니다. 에베소의 장로들처럼 그들도 바울 일행이 탄 배가 그들의 시야에서 사라질 때까지 바울을 향해 계속하여 손을 흔들었을 것입니다. 그리고 그들이 각자 자신의 집으로 돌아가면서, 가족들 간에 나누었을 유무언의 대화를 우리는 시간과 공간을 초월하여 엿들어 볼 수 있습니다.

여보! 바울 선생님 앞에서 내 모습이 참 부끄러웠습니다. 주님의 제자면서도 주님을 위해 생명은 고사하고, 마땅히 버려야 할 작은 것 하나 버리지 못하는 내가 너무나도 부끄러웠습니다. 이번에 바울 선생님과 일주일을 함께 지낸 것은 하나님의 특별한 은총이었습니다. 바울 선생님의 삶은, 내 인생관과 신앙관을 송두리째 바꾸어 주었습니다. 나도 이제부터 주님 안에서 영원한 가치를 위해 살기로 결심했습니다. 주님께서 주신 영원한 생명을 위해서라면, 나도 바울 선생님처럼 육체의 생명을 기꺼이 던지려 합니다. 그것이 주님 안에서 당신과 우리 자식들과 이웃들, 그리고 나 자신을 바르게 사랑하는 길임을 이제야 비로소 분명하게 깨달았습니다.

아버지, 어머니! 바울 선생님과의 만남에 저를 동석시켜 주시고, 바울 선생님이 배에 오르는 마지막 모습까지 보게 해주셔서 감사합니다. 죽음의 길인 줄 알면서도 예루살렘으로 의연하게 나아가는 바울 선생님을 통해, 참된 믿음과 바른 용기 그리고 진정한 신념이 무엇인지 배웠습니다. 저도 참된 믿음과 신념을 위해 저 자신을 용기 있게 던질 수 있게끔, 아버지 어머니께서도 저를 위해 기도해 주십시오.

바울과 헤어지는 마지막 작별의 현장에까지 사랑하는 아내와 자식들을 대동하였던 두로의 제자들은 참으로 지혜로운 그리스도인들이었습니다. 그들은 사랑하는 가족들에게 주어야 할 가장 소중한 것이 무엇인지 알고 있었습니다. 그것은 세상의 부귀영화가 아니었습니다. 그들이 사랑하는 가족에게 주기 원했던 것은, 바울처럼 영원하신 주님을 위해 자신을 송두리째 드릴 수 있는 바른 믿음이었습니다. 목적으로서의 부귀영화는 가족과 세상을 동시에 망치지만, 주님께 자신을 드리는 바른 믿음은 자신과 세상을 동시에 살립니다. 여러분은 여러분의 사랑하는 가족에게 그동안 무엇을 주었고, 앞으로 무엇을 남겨 주기 위해 애쓰고 계십니까?

　본문 속 두로의 제자들과 그들의 처자들에 대해 묵상하면서 설교를 준비하던 제게, 그동안 잊고 있었던 오래 전 일이 기억났습니다. 제가 20대 말이었을 때의 일입니다. 당시 저는 선데이 크리스천이면서도, 새벽기도회와 금요기도회에도 자주 참석하곤 했습니다. 한번은 금요기도회에서, 목사님이 옆 사람과 기도제목을 나누고 서로 기도해 주라고 했습니다. 제 옆에는 중년 부부가 앉아 있었습니다. 남편이 대기업의 임원이었던 그 부부는, 평소 제가 같은 교회에 다니면서 존경하던 분들이었습니다. 그 부부는 외아들이 군 면제를 받을 수 있도록 40일 작정기도 중이라며, 제게도 기도를 부탁한다고 했습니다. 그 이후에 안 사실이지만, 그 부부의 아들도 신체검사에서 체중 미달로 불합격 판정을 받기 위해 매일 금식하다시피 하고 있었습니다. 저는 그 부부의 부탁대로 기도할 수가 없었습니다. 그리고 그 부부를 더 이상 존경할 수도 없었습니다. 선데이 크리스천인 제가 생각하기에도, 하나님께 그런 불의한 기도를 드리는 것은 부적절하게 보였습니다. 삼위일체 하나님이 그런 불의한 기도의 대상이라면, 하나님은 무당의 푸닥거리 대상과 다를 바가 없었습니다. 그 부부의 아들은 신체검사에서 연이어 체중 미달 판정을 받고, 결국 군 입대를 면제받았습니다. 저를 만난 그 부부는 하나님께서 자신들의 작정기도에 응답해 주셨다며 제 손을 잡고 기뻐했습니다. 그러나 저는 지금도 그것은 인간이 시도한 불의의 결과물일 뿐, 하나님의 응답과는 무관한 일이라 믿고 있습니다.

그 부부의 아들은 불의한 방법으로 군 입대를 면제받은 덕분에, 자기 또래보다 당시에 3년 더 빨리 사회에 진출하였습니다. 그리고 약 20년이 지나 우연히 그 가정 이야기를 전해 들었습니다. 안타깝게도 아버지는 불의의 교통사고로 세상을 떠났고, 결혼하여 가정을 이룬 아들은 홀로 남은 어머니를 전혀 돌보지 않는다는 것이었습니다. 외아들의 군 입대 면제를 위해 40일 작정기도를 하면서까지 외아들에게 주입시켜 준 이기심의 독성과 폐해가, 고스란히 어머니에게 되돌아간 것입니다. 다시 말해 그 어머니가, 아들에게 그토록 정성을 다해 심어 준 이기심의 직접적인 피해자가 된 것입니다. 그러나 그 아들도 머지않아 자기 자식으로부터 똑같은 대접을 받게 될 것입니다. 자식은 부모가 하는 대로 보고, 배우고, 그대로 따르기 때문입니다. 자기만 위하는 이기적인 사람들이 이 세상에서는 더 빨리 출세하고, 더 많은 재물을 소유할 수 있습니다. 그러나 사회 공익을 해치고, 자기 짐을 다른 사람에게 지우면서까지 자기만 위하는 그런 이기적인 인간을 통해, 거룩하고 영원하신 하나님의 뜻이 이루어질 수는 없습니다.

하나님을 믿는다면서도 사랑하는 가족들에게 남을 생각하지 않는 이기심만을 심어 주는 사람에게는, 하나님의 손은 자기 손처럼 짧을 뿐입니다. 하나님의 손이 짧다고 여기는 만큼 세상의 것들과 이기심으로 더욱 채워 주려 하지만, 그럴수록 그것은 하나님과 가족들의 사이를 더 멀리 떼어놓는 미련한 짓에 지나지 않습니다. 2016년을 맞아 우리 모두 두로의 제자들처럼, 전능하신 하나님의 손에 자신의 생을 송두리째 맡겼던 바울의 믿음을 먼저 우리 자신의 믿음으로 삼으십시다. 그리고 하나님의 손에 자신을 맡기는 그 믿음을 사랑하는 가족들과 함께 공유하십시다. 그것이 가족과 이웃, 그리고 자기 자신을 바르게 사랑하는 유일한 길입니다. 하나님의 전능하신 손이 그런 사람을 도구 삼아 이 세상을 살리는 당신의 섭리를 펼치심은 두말할 나위도 없습니다.

오늘 본문을 통해 두로의 제자들을 만나게 하시고, 그들을 거울삼아, 사랑하는 가족에게 지금 우리가 무엇을 주고 있는지 되돌아보게 해주셔서 감사합니다. 자기만 위하는 이기심을 주면 이기심의 독성과 폐해가 되돌아오고, 물질을 주려 하면 비인격적인 물질이 가족 관계를 비인격적으로 해체시킬 뿐인데도, 하나님의 손이 인간의 손처럼 짧다고 여길수록 더욱 이기심과 물질에 목을 매는 어리석음을 범하게 됨을 잊지 말게 해주십시오. 천지를 창조하신 하나님의 전능하신 손, 능치 못함이 없으신 하나님의 손이 나와 함께하고 계심을 진심으로 감사합니다. 하나님의 손이 이끄시는 대로 정의와 사랑의 삶에 우리 자신을 던지는 믿음을 우리가 먼저 지니고, 사랑하는 가족들과 그 믿음을 공유하게 해주십시오. 그리하여 우리가 가는 곳마다 주님께서 주시는 새 시간, 새날이 날마다 엮어지게 해주십시오. 아멘.

3. 전도자 빌립의 집에

사도행전 21장 7–14절

두로를 떠나 항해를 다 마치고 돌레마이에 이르러 형제들에게 안부를 묻고 그들과 함께 하루를 있다가 이튿날 떠나 가이사랴에 이르러 일곱 집사 중 하나인 **전도자 빌립의 집에** 들어가서 머무르니라 그에게 딸 넷이 있으니 처녀로 예언하는 자라 여러 날 머물러 있더니 아가보라 하는 한 선지자가 유대로부터 내려와 우리에게 와서 바울의 띠를 가져다가 자기 수족을 잡아매고 말하기를 성령이 말씀하시되 예루살렘에서 유대인들이 이같이 이 띠 임자를 결박하여 이방인의 손에 넘겨주리라 하거늘 우리가 그 말을 듣고 그곳 사람들과 더불어 바울에게 예루살렘으로 올라가지 말라 권하니 바울이 대답하되 여러분이 어찌하여 울어 내 마음을 상하게 하느냐 나는 주 예수의 이름을 위하여 결박당할 뿐 아니라 예루살렘에서 죽을 것도 각오하였노라 하니 그가 권함을 받지 아니하므로 우리가 주의 뜻대로 이루어지이다 하고 그쳤노라

바울이 일행과 함께 일주일 동안 머물렀던 두로를 떠나는 날, 두로의 제자들은 자신들의 처자들을 항구까지 데리고 나가 배에 오르는 바울 일행을

마지막 순간까지 전송하였습니다. 두로의 제자들은, 주님이 이끄시는 손길에 자신을 온전히 맡긴 바울의 믿음을 온 가족과 함께 공유하기를 원했던 것입니다. 참된 가족 사랑도, 이웃 사랑도, 자기 사랑도, 정의의 삶도, 주님께 자신을 온전히 맡기는 바른 믿음 속에서만 가능합니다.

> 두로를 떠나 항해를 다 마치고 돌레마이에 이르러 형제들에게 안부를 묻고, 그들과 함께 하루를 있다가(7절).

바울 일행이 두로에서 다시 승선한 배는 두로 남쪽 30킬로미터 지점에 위치한, 그 배의 최종 목적지인 돌레마이에 도착했습니다. 바울은 돌레마이에서도 믿음의 형제자매들을 찾았습니다. 우리말 '안부를 묻다'로 번역된 헬라어 동사 '아스파조마이$\alpha\sigma\pi\acute\alpha\zeta o\mu\alpha\iota$'는 '환영하다', '영접하다', '포옹하다'는 뜻입니다. 바울은 돌레마이에 있는 믿음의 형제자매들을 찾아 형식적으로 안부를 물은 것이 아니라, 그들과 일일이 포옹하면서 하룻밤 믿음을 함께 나누었습니다.

> 이튿날 떠나 가이사랴에 이르러, 일곱 집사 중 하나인 전도자 빌립의 집에 들어가서 머무르니라(8절).

날이 새자 바울은 일행과 함께 돌레마이에서 남쪽으로 약 60킬로미터 떨어진, 지중해에서 예루살렘으로 향하는 길목인 가이사랴로 갔습니다. 걸어서 이틀 길이었습니다. 헤롯 대왕에 의해 건설된 가이사랴는 로마 총독이 거주하는, 유대 지방의 정치적 수도였습니다. 도시 이름이 가이사랴로 명명된 것은, 로마 황제 카이사르 아우구스투스를 기리기 위함이었습니다.

가이사랴에 도착한 바울은 일행과 함께 빌립의 집을 숙소로 삼았습니다. 빌립은 사도행전 6장에서 예루살렘 모교회가 기독교회 역사상 최초로 선출한 일곱 집사 가운데 한 명이었습니다. 본문을 기록한 누가는 빌립을 "전도자"로 소개하고 있습니다. 그가 가이사랴에서 전도자로 불렸기 때문이기도 하겠지만, 예수님의 직계 제자였던 사도 빌립과 구별할 필요도 있었기 때문일 것입니다. 빌립이 교회 역사상 최초의 집사로 선출되어 주님의 손길을 따라 살아갈 때, 당시의 바울은 그리스도인들을 체포, 연행, 투옥시키는 것을 천직으로 삼던 폭도였습니다. 이를테면 빌립과 바울은 물과 기름처럼 결코 융화할 수 없는, 서로 대척점에 서 있는, 견원지간과도 같았습니다. 그랬던 그 두 사람이 언제부터 주님 안에서 믿음의 우정을 쌓았는지는 알 수 없습니다. 그러나 가이사랴를 방문한 바울이 일행과 함께 아무 스스럼없이 빌립의 집을 불쑥 찾아가 숙소로 삼을 정도로, 나이 든 바울과 빌립은 친근한 사이였습니다.

본문 9절 이후는 그 빌립의 집에서 일어난 일에 대해 밝혀 주고 있습니다.

그에게 딸 넷이 있으니 처녀로 예언하는 자라(9절).

빌립에게는 예언의 은사를 지닌 네 명의 딸들이 있었습니다. 이 딸들에 대해서는 다음 시간에 깊이 생각해 보기로 하겠습니다.

여러 날 머물러 있더니, 아가보라 하는 한 선지자가 유대로부터 내려와 우리에게 와서, 바울의 띠를 가져다가 자기 수족을 잡아매고 말하기를, 성령이 말씀하시되 예루살렘에서 유대인들이 이같이 이 띠 임자를 결박하여 이방인의 손에 넘겨주리라 하거늘(10-11절).

사도행전 20장 22-24절을 숙고할 때 잠시 살펴보았던 것처럼, 바울이 머물고 있던 빌립의 집에 선지자 아가보가 나타났습니다. 사도행전 11장 28절에 의하면, 아가보는 클라우디우스 황제 치하에서 일어날 대흉년을 정확하게 예언했던 유명한 선지자였습니다. 그 아가보가 바울의 허리띠를 가지고 오게 하여 자신의 손과 발을 결박하였습니다. 그리고 바울이 예루살렘에서 유대인들의 고발로 로마군의 감옥에 투옥될 것임을 예언하였습니다. 성령님께서 선지자 아가보를 통해 빌립의 집에 모인 사람들에게도, 바울의 예루살렘행이 결박과 환난이 도사린 길임을 알려 주신 것이었습니다.

우리가 그 말을 듣고 그곳 사람들과 더불어 바울에게 예루살렘으로 올라가지 말라 권하니(12절).

여기에서 "우리"는, 사도행전을 기록한 누가 자신을 포함한 바울 일행을 가리킵니다. 그리고 "그곳 사람들"은 빌립의 집안사람들, 즉 빌립과 그의 네 딸들을 의미합니다. 바울이 예루살렘에서 투옥될 것이라는 유명한 선지자 아가보의 예언에 바울을 수행하던 바울 일행도, 빌립 가족들도, 모두 합심하여 바울에게 예루살렘으로 올라가지 말라고 바울을 만류하였습니다. 말로만 만류한 것이 아니었습니다. 13절을 보면, 그들은 모두 함께 울면서 바울을 만류하였습니다. 우리말 '권하다'로 번역된 헬라어 동사 '파라칼레오 $\pi\alpha\rho\alpha\kappa\alpha\lambda\acute{\epsilon}\omega$'가 원문에 미완료형으로 기록되어 있습니다. 바울 일행과 빌립 가족들이 울면서 계속하여 바울을 만류하였다는 말입니다.

바울이 대답하되, 여러분이 어찌하여 울어 내 마음을 상하게 하느냐? 나는 주 예수의 이름을 위하여 결박당할 뿐 아니라, 예루살렘에서 죽을 것도 각오하였노라 하니(13절).

자기 일행과 빌립 가족들의 거듭된 눈물의 만류에 바울이 도리어 그들에게 반문하였습니다. "여러분이 어찌하여 울어 내 마음을 상하게 하느냐?" 우리말 '상하게 하다'로 번역된 헬라어 동사 '쉰드립토$\sigma\upsilon\nu\theta\rho\acute{\upsilon}\pi\tau\omega$'는 '산산이 깨뜨리다', '으깨다'는 의미입니다. 자기 일행과 빌립 가족들의 거듭된 눈물의 만류에, 바울의 심정은 갈가리 찢어지고 으깨어지는 것 같은 아픔을 느꼈습니다. 지금까지는 에베소의 장로들과 두로의 제자들처럼, 바울을 잘 아는 것 같으면서도 실은 바울의 깊은 심중은 잘 알지 못하는 사람들이 바울의 예루살렘행을 만류하였습니다. 그러나 이번에는, 바울이 왜 예루살렘으로 향하려 하는지 누구보다 잘 알고 있는 자신의 일행이 울면서 바울 앞을 가로막고 나섰습니다. 게다가 믿음에 관한 한 바울의 대선배 격인 빌립마저 네 딸들과 함께 눈물로 바울을 만류하였습니다. 소위 전도자로 불리는 빌립이 전도자의 소명을 다하려는 바울의 앞길을 가로막고 나선 것입니다. 어찌 바울의 심정이 갈가리 찢어지고 으깨어지지 않았겠습니까?

바울은 그들에게 단호하게 선언하였습니다. "나는 주 예수의 이름을 위하여 결박당할 뿐 아니라, 예루살렘에서 죽을 것도 각오하였노라." 이 선언은 주님의 손길에 자신을 맡긴 바울의 굳은 결심의 재천명임과 동시에, 자신의 앞길을 결코 가로막아서는 안 될 자기 일행과 빌립에 대한 질타였습니다. 젊은 시절의 빌립이 기독교회 역사상 최초의 집사로 선출되어 주님의 손에 이끌려 맹활약을 펼칠 때, 바울은 교회를 짓밟는 폭도였습니다. 그러나 세월이 흘러 지금은 빌립이, 주님의 이끄심에 자신을 맡긴 바울의 예루살렘행을 눈물로 만류하다가 도리어 바울의 질타를 받았습니다. 바울과 빌립의 믿음의 수준이 완전히 역전된 셈이었습니다. 이런 역전이 대체 어떻게 초래되었겠습니까?

  사도행전은 기독교회 역사상 최초로 선출된 일곱 명의 집사 가운데 빌립 집사의 활약상을 가장 두드러지게 소개하고 있습니다. 사도행전 8장이 온통 빌립 집사의 활약상으로 채워져 있습니다. 유대인들은 이방인의 피가 섞인 사마리아인들에게 짐승보다 못한 취급을 하였습니다. 예수님으로부터 "예루살렘과 온 유대와 사마리아와 땅끝까지 이르러 내 증인"이 되라는 지상명령을 받은 사도들마저도(행 1:8), 짐승보다 못한 사마리아인들에게 복음을 전할 생각은 아무도 하지 못했습니다. 그 사마리아인들을 직접 찾아가 최초로 복음을 전한 사람이 바로 빌립 집사였습니다.

  사마리아 성이 복음화되어, 빌립이 그곳에서 영적 지도자로 안정적인 삶을 살 수 있게 되었을 때였습니다. 주님께서는 사마리아에 있던 빌립을 70여 킬로미터나 떨어진 유대광야 길로 부르셨습니다. 먼 길을 걸어가느라 심신이 지쳤을 빌립에게 주님께서는 쉴 틈도 주시지 않았습니다. 주님께서 빌립에게 그 광야 길에 나타난, 에디오피아 여왕의 내시가 타고 있는 마차로 나아가라고 명령하셨습니다. 빌립은 지친 몸을 끌면서 어슬렁어슬렁 걸어가지 않았습니다. 주님의 명령이 떨어지는 즉시, 빌립은 에디오피아 내시가 타고 있는 마차를 향해 단숨에 달려갔습니다. 그리고 그 내시와 마차를 함께 타고 가면서 복음을 전하고, 길가에 물이 있는 곳에서 멈추어 그에게 세례를 베풀어 주었습니다. 이처럼 사마리아인에게 최초로 복음을 전했던 빌립은 이방인에게도 최초로 복음을 전했을 뿐 아니라, 이방인에게 최초로 세례를 베푼 그리스도인이기도 했습니다. 이를테면 빌립은 주님의 사도들도 감히 넘볼 수 없는, 2천 년 기독교 전도 역사상 최초의 타이틀 세 개를 거머쥔 3관왕이었습니다.

그리고 빌립의 활약상을 전해 주는 사도행전 8장은 다음과 같이 끝을 맺고 있습니다.

> 이에 명하여 수레를 멈추고, 빌립과 내시가 다 물에 내려가 빌립이 세례를 베풀고 둘이 물에서 올라올새, 주의 영이 빌립을 이끌어간지라. 내시는 기쁘게 길을 가므로 그를 다시 보지 못하니라. 빌립은 아소도에 나타나 여러 성을 지나다니며 복음을 전하고 가이사랴에 이르니라(행 8:38-40).

에디오피아의 내시에게 세례를 베푼 빌립을 주님께서 다시 이끌어가셨습니다. 빌립은 주님의 이끄심을 따라 유대광야 길이 끝나는 가사 위쪽 아소도에서부터 지중해 해안을 따라 북상하며 각 성에서 복음을 전하고, 마침내 가이사랴에까지 이르렀습니다. 이처럼 젊은 시절의 빌립은 단 한 번도 자기 안일을 꾀하려 한 적이 없었습니다. 그가 주님의 이끄심 앞에서 자기 주장을 하거나 이의를 제기한 적도 한 번도 없었습니다. 젊은 시절의 빌립은 자신을 이끄시는 주님의 손길에 철저하게 자신을 맡긴 믿음의 청년이었습니다. 그가 2천 년 기독교 전도 역사상 사도들도 넘볼 수 없던, 최초의 3관왕이 될 수 있었던 것은 결코 우연이 아니었습니다.

젊은 시절 사도행전 8장에서 주님을 위해 맹활약을 펼쳤던 빌립은, 사도행전 속에서 두 번째이자 마지막으로 오늘의 본문에 다시 등장했습니다. 사도행전 8장과 오늘의 본문 사이에는 약 30년의 시차가 있습니다. 젊은 시절 주님의 이끄심에 자신의 삶을 맡겼던 빌립이 대도시 가이사랴에 이른 후에는 약 30년 동안 그곳에 정착하여, 아직 결혼하지 않은 네 명의 딸들과 함께 살고 있습니다. 만약 빌립의 집이 협소했더라면, 과년한 네 딸들이 함께 살고 있는 빌립의 집을 바울이 그의 일행과 함께 숙소로 사용할 엄두는 아예 내지도 못했을 것입니다. 네 딸들과 함께 살고 있는 빌립의 집은 바울과 바울의 일행, 그리고 유대에서 내려온 선지자 아가보를, 모두 재워 주고 먹여 줄 수 있을 정도로 크고 넉넉했습니다.

이처럼 당시의 평균 수명으로 인생 말년에 접어든 빌립은 여전히 전도자라는 호칭은 지니고 있었지만, 실제로는 전도자라기보다는 세속적으로 유복한 가장으로 살고 있었습니다. 그 빌립 앞에서 선지자 아가보가, 바울이 예루살렘에서 투옥당할 것임을 예언했습니다. 예전의 빌립이었다면 아가보의 그 예언에, 주님의 이끄심을 좇아 그 결박과 환난의 길을 마다하지 않는 바울과 자신도 동행하겠다며, 망설이지 않고 바울을 따라나섰을 것입니다. 그러나 본문의 빌립은 자신의 딸들, 그리고 바울의 일행과 함께 바울의 앞길을 가로막으며, 예루살렘으로 올라가지 말라고 거듭하여 눈물로 바울을 만류하였습니다.

대도시 가이사랴에 정착하여 유복한 삶을 살던 인생 말년의 빌립은, 더 이상 예전의 빌립이 아니었습니다. 그에게는 주님의 이끄심보다, 세상에서 지금 현재 누리고 있는 유복한 삶이 더 중요했습니다. 주님의 말씀에 자신을 의탁하는 것이 아니라, 자신이 누리고 있는 유복한 삶에 대한 유불리의 기준으로 주님의 말씀과 뜻을 판단하였습니다. 결박과 환난이 도사린 길이라면, 주님의 뜻을 따질 필요도 없이 응당 가지 말아야 했습니다. 한마디로 그의 삶에서 예수님의 십자가가 사라져 버렸습니다. 십자가는 여전히 전도자라 불리는 빌립의 입 속에서 말과 구호로만 존재할 뿐, 자기 희생과 헌신을 전제로 한 삶의 십자가는 실종되고 말았습니다. 십자가는 구호가 아니라, 삶으로 수반될 때 생명으로 역사하는 법입니다. 빌립이 믿음에 관한 한 자기보다 훨씬 후배 격인 바울에게 질타당한 것은 사필귀정이었습니다. 그러나 그것은 주님의 은혜였습니다. 빌립은 바울을 통한 주님의 질타를 받고서야 그릇된 자신의 삶을 바르게 추슬렀을 것이요, 결과적으로 주님 안에서 비로소 새 삶과 새날을 회복할 수 있었을 것입니다.

빌립에 비한다면 인생 말년에 접어들어서도 자기 안일을 꾀하기보다, 주님의 손길에 자신을 변함없이 맡긴 바울은, 우리가 반드시 본받아야 할 진정한 그리스도인이었습니다. 빌립의 활약상을 전해 주는 사도행전 8장 다음 장인 사도행전 9장에서 주님의 부르심을 받은 바울은, 그 이후 오늘의 본문에서 가이사랴의 빌립 집에 이르기까지, 주님을 향한 초심을 그대로 고이 간직하고 있었습니다. 그가 빌립의 집에서 선포했던 '나는 주 예수의 이름을 위하여 결박당할 뿐 아니라, 예루살렘에서 죽을 것도 각오하였노라'는 그의 선언은 2천 년 전 순간적인 공기의 진동으로 소멸되지 않고, 그의 삶의 실천으로 이어졌습니다. 그가 로마에서 참수형을 당해 죽을 때까지 자신을 이끄시는 주님의 손에 자신을 온전히, 그리고 끝까지 맡긴 것입니다. 그래서 그는 2천 년의 시간과 공간을 뛰어넘어 오늘도, 주님 안에서 영원히 살아 있습니다.

믿음의 시작과 과정이 중요하다면, 믿음의 끝은 더 중요합니다. 끝까지 믿음으로 마무리되지 않으면, 참된 믿음이 아니기 때문입니다. 그러므로 믿음은 과거형이 아니라, 살아 있는 한, 항상 현재진행형이어야 합니다. 언제나 지금 주님을 믿고, 주님의 손에 현재진행형으로 자신을 맡기는 것이 믿음입니다. 과거에 아무리 주님을 잘 믿었어도 지금은 자신의 유복한 삶과 자신이 지닌 것들을 주님보다 더 중하게 여기면, 그 사람에게 하나님의 손은 어린아이의 손보다 더 짧아 보일 수밖에 없습니다. 그런 사람은 십자가로 자신의 외양을 장식하는 명목상의 그리스도인일 수는 있을지언정, 십자가의 삶을 실천하는 생명의 그리스도인으로 살아갈 수는 없습니다.

인간의 몸으로 이 땅에 오셔서 인간의 죗값을 대신 치르시기 위해 십자가의 제물로 돌아가신 예수님의 최후를 누가복음 23장 46절은 이렇게 증언하고 있습니다.

> 예수께서 큰 소리로 불러 이르시되 아버지, 내 영혼을 아버지 손에 부탁하나이다 하고, 이 말씀을 하신 후 숨지시니라.

예수님께서는 육체의 생명이 멎는 바로 그 순간, 당신의 영혼을 하나님 아버지의 손에 부탁하셨습니다. 예수님께서 마지막 순간까지 믿으셨던 것은 이 세상의 그 무엇도 아닌, 바로 하나님 아버지의 손—천지를 창조하신 전능하신 손, 죽음을 파쇄하시는 영원한 생명의 손이었습니다. 그래서 예수님께서는 하나님의 손이 이끄시는 대로 당신 자신을 십자가의 죽음에 기꺼이 내어놓으셨고, 하나님의 손은 죽음 한가운데에서 예수님을 일으켜 영원한 생명의 구주로 세우셨습니다.

그 하나님의 손이 우리와 함께하고 계십니다. 우리 모두 예수님을 본받아, 죽기까지 예수님을 본받아 살았던 바울처럼, 우리의 코 끝에서 호흡이 멎을 때까지 하나님의 손에 우리 자신을 언제나 현재진행형으로 맡겨 드리십시다. 그때 우리는 생명의 십자가를 우리의 삶으로 실천할 수 있고, 죽어서 도리어 영원히 사는, 십자가의 신비를 날마다 체험하게 될 것입니다.

세상의 유복한 삶에 젖어 자신을 이끄시는 하나님의 손길에 무뎌진 빌립을 질타하신 오늘 본문의 말씀을 통해, 무딜 대로 무뎌진 우리 믿음의 실체를 보게 해주셔서 감사합니다. 믿음은 과거완료형의 자랑이거나 과거형의 간증이 아니라, 언제나 현재진행형의 실천임을 잊지 말게 해주십시오. 신앙 연륜이나 호칭에 상관없이, 언제 어디서나 우리를 이끄시는 하나님의 손을 의지하여, 날마다 초심으로 십자가의 삶을 현재진행형으로 구현하게 해주십시오. 무늬만 그리스도인이 아니라, 우리의 코 끝에서 호흡이 멎는 마지막 순간까지, 영육 간에 참된 그리스도인으로 살아가게 해주십시오. 그리하여 섬길수록 섬김 받고, 낮아질수록 높임 받으며, 죽을수록 살아나는 십자가의 신비를, 주님 안에서 새로워진 우리의 삶으로 날마다 체험하게 해주십시오. 아멘.

4. 처녀로 예언하는 자라

사도행전 21장 7-14절

두로를 떠나 항해를 다 마치고 돌레마이에 이르러 형제들에게 안부를 묻고 그들과 함께 하루를 있다가 이튿날 떠나 가이사랴에 이르러 일곱 집사 중 하나인 전도자 빌립의 집에 들어가서 머무르니라 그에게 딸 넷이 있으니 **처녀로 예언하는 자라** 여러 날 머물러 있더니 아가보라 하는 한 선지자가 유대로부터 내려와 우리에게 와서 바울의 띠를 가져다가 자기 수족을 잡아매고 말하기를 성령이 말씀하시되 예루살렘에서 유대인들이 이같이 이 띠 임자를 결박하여 이방인의 손에 넘겨주리라 하거늘 우리가 그 말을 듣고 그곳 사람들과 더불어 바울에게 예루살렘으로 올라가지 말라 권하니 바울이 대답하되 여러분이 어찌하여 울어 내 마음을 상하게 하느냐 나는 주 예수의 이름을 위하여 결박당할 뿐 아니라 예루살렘에서 죽을 것도 각오하였노라 하니 그가 권함을 받지 아니하므로 우리가 주의 뜻대로 이루어지이다 하고 그쳤노라

성경에 기록된 각 문장과 단어에는 절대적 의미가 내포되어 있다고 했습니다. 무의미한 문장이나 단어라면 하나님의 절대적인 말씀이 될 수 없습니

다. 예수님께서 이 땅에서 베푸신 이적들 가운데 사복음서에 모두 기록된 이적은 '오병이어'의 이적뿐입니다. 예수님께서 빵 다섯 조각과 물고기 두 토막으로 거대한 인파를 배불리 먹이셨던 '오병이어'의 이적이 그만큼 큰 메시지를 담고 있기 때문일 것입니다. 마태복음 14장 20-21절은 오병이어의 이적이 일어난 현장에 있었던 사람에 대해 다음과 같이 증언하고 있습니다.

다 배불리 먹고 남은 조각을 열두 바구니에 차게 거두었으며, 먹은 사람은 여자와 어린이 외에 오천 명이나 되었더라.

우리말 "먹은 사람"으로 번역된 '사람'이 헬라어 원문에 성인 남자를 일컫는 '아네르ἀνήρ'로 기록되어 있습니다. 즉 오병이어의 현장에 있었던 성인 남자의 수는 오천 명으로 밝혀져 있는 반면, 그 자리에 동석하고 있던 여자와 어린이의 숫자는 생략되어 있습니다. 그래서 이 구절은 성경 비판론자들에 의해, 성경이 여성과 어린이를 비하한 대표적인 예로 공격받고 있습니다. 그러나 이 구절의 참된 의미는 오히려 그 반대입니다.

2천 년 전 유대 사회는 철저하게 가부장적 사회였습니다. 이를테면 남성, 그것도 성인 남성 중심 사회였습니다. 성인 남성들은 여자와 아이를 자신들과 동일한 사람으로 취급하지 않았습니다. 어떤 모임이든 참석자를 언급할 때 여자와 아이는 입에 올리지도 않았습니다. 여자와 아이가 아무리 많이 참석해 있어도, 그들은 없는 것과 마찬가지였습니다. 그래서 오병이어의 현장에 있었던 사람들과 관련하여 마가와 누가 그리고 요한도 다음과 같이 기록하였습니다.

떡을 먹은 남자는 오천 명이었더라(막 6:44).

이는 남자가 한 오천 명 됨이러라. 제자들에게 이르시되 떼를 지어 한 오십 명씩 앉히라 하시니(눅 9:14).

예수께서 이르시되 이 사람들로 앉게 하라 하시니 그곳에 잔디가 많은지라. 사람들이 앉으니 수가 오천 명쯤 되더라(요 6:10).

마가와 누가 그리고 요한은 모두 당시의 관례에 따라, 여자와 아이는 아예 언급조차 하지 않았습니다. 그들은 동일하게 그 현장에 남자만 오천 명 있었던 것으로 기록하였습니다. 만약 그들의 증언만 있었다면 우리는, 오병이어의 현장에 성인 남성들만 있었던 것으로 오해하고 있을 것입니다. 그러나 마태는 달랐습니다. 마태는 당시의 가부장적 사회 관습과 성인 남성 중심의 사고방식에서 벗어나, 오병이어의 현장에서 예수님께서 떼어 주신 빵과 생선을 "먹은 사람은 여자와 어린이 외에 오천 명이나 되었더라"고 증언하였습니다. 당시로서는 언급할 필요조차 없던 여인들과 어린이들의 존재를 기록함으로써, 성인 남자 오천 명보다 더 많은 여인들과 어린이들이 오병이어의 현장에 있었음을 증언한 것입니다. 그것은 당시로서는 혁명적인 발상이었습니다. 우리는 마태의 그 증언을 통해 예수님께서 이 땅에 계시는 동안에 성인 남자들보다 더 많은 여인들과 어린이들, 특히 여인들이 주님을 좇았음을 알 수 있습니다.

부활하신 예수님께서 승천하신 뒤, 소위 마가의 다락방에서부터 초대교회가 시작되었습니다. 사도행전 1장 13-15절 상반절은 그곳에 모였던 사람들의 면면과 수를 밝혀 주고 있습니다.

들어가 그들이 유하는 다락방으로 올라가니 베드로, 요한, 야고보, 안드

레와 빌립, 도마와 바돌로매, 마태와 및 알패오의 아들 야고보, 셀롯인 시몬, 야고보의 아들 유다가 다 거기 있어, 여자들과 예수의 어머니 마리아와 예수의 아우들과 더불어 마음을 같이하여 오로지 기도에 힘쓰더라. 모인 무리의 수가 약 백이십 명이나 되더라.

소위 마가의 다락방에 모인 사람들은 약 120명으로, 그들은 세 그룹으로 나누어져 있었습니다. 예수님의 제자 그룹, 예수님의 동생 그룹, 그리고 예수님의 생모 마리아를 포함한 여인 그룹이었습니다. 첫째 그룹인 예수님의 제자들은, 예수님을 배신했다가 자살로 생을 마감한 가룟 유다를 제외한, 방금 확인한 구절에 이름이 밝혀져 있는 열한 명입니다. 둘째 그룹인 예수님의 동생들은 마태복음 13장 55절에 의하면 야고보, 요셉, 시몬, 유다—이렇게 총 네 명이었습니다. 성인 남자들로 구성된 첫째 그룹과 둘째 그룹에 속한 사람을 다 합쳐도 열다섯 명밖에 되지 않습니다. 나머지는 모두 셋째 그룹에 속한 여성들이었습니다. 그 수가 100명이 넘습니다. 초대교회 교인 약 120명 가운데 무려 100명 이상이 여성들이었습니다. 이처럼 교회의 역사를 밝혀 주는 사도행전은 1장 벽두에서부터, 여성들의 헌신과 기도로 교회가 세상에 뿌리내릴 수 있었음을 일깨워 주고 있습니다.

마태복음 8장 14절은 베드로에게 장모가 있었음을 전해 주고 있습니다. 베드로에게 아내가 있었다는 말입니다. 그러나 우리는 그 유명한 베드로의 아내 이름이 무엇인지 알지 못합니다. 성경이 베드로 아내의 이름을 우리에게 가르쳐 준 적이 없기 때문입니다. 사도 요한이나 마태의 아내 이름을 알지 못하는 것도 동일한 이유로 인함입니다. 그러나 사도행전 5장 1절에는, 하나님을 속일 수 있다고 착각했던 어리석은 아나니아의 아내 이름이 삽비라라고 기록되어 있습니다. 그런가 하면 사도행전 18장 2절은, 고린도에서부터 바울을 지성으로 도왔던 아굴라의 아내 이름이 브리스길라임을 밝혀 주고 있습니다. 위대한 사도들의 아내 이름은 언급조차 않으면서도, 유독 아나니아와 아굴라 아내의 이름을 성경이 공개한 까닭은 간단합니다. 성경에서 아내는 남편의 '돕는 배필'입니다. 따라서 아내 삽비라의 부추김으로 남편 아나니아가 하나님을 속이려 들었고, 아내 브리스길라의 내조 덕분에 아굴라가 바울의 신실한 동역자가 될 수 있었음을 강조하기 위함이었습니다.

이처럼 2천 년 전 남성들이 여성들을 자신들과 동일한 사람으로 취급하지 않고, 있어도 없는 것으로 간주하던 왜곡된 가부장적 유대 사회 속에서, 신약성경의 기자들은 여성의 존재를 과감하게 기록하였습니다. 여성의 등장 속에는 앞에서 살펴본 것처럼 긍정적이든 부정적이든, 항상 특별한 메시지가 내포되어 있기 때문이었습니다. 그러므로 성경에서 여성이 등장하면, 우리는 그 여성의 등장이 전해 주는 메시지를 바르게 파악하기 위해 늘 긴장해야 합니다. 오늘 본문에도 여성들이 등장하고 있습니다.

가이사랴에 도착한 바울은 일행과 함께 전도자 빌립의 집을 숙소로 삼았습니다.

> 그에게 딸 넷이 있으니 처녀로 예언하는 자라(9절).

우리는 사도 베드로나 요한에게 몇 명의 자식이 있었는지도 모릅니다. 그러나 본문은 이례적으로 빌립에게 네 명의 딸들이 있었음을 밝혀 주고 있습니다. 우리말로 단수형 '처녀'라 번역된 헬라어가 원문에는 단수형 '파르테노스$\pi\alpha\rho\theta\acute{\epsilon}\nu o\varsigma$'가 아닌 복수형 '파르테노이$\pi\alpha\rho\theta\acute{\epsilon}\nu o\iota$'로 기록되어 있습니다. 빌립의 딸 네 명이 모두 예언의 은사를 지닌, 결혼하지 않은 처녀들이었습니다.

이제 우리는 선지자 아가보가 왜, 바울이 빌립의 집에 체류하고 있는 동안에 그 집에 나타났었는지 그 이유를 알 수 있습니다.

클라우디우스 황제 치하에서 일어날 대흉년을 정확하게 예언했던 선지자 아가보가 빌립의 집을 방문하였습니다. 그는 바울을 만나러 온 것이 아니었습니다. 바울과 아가보는 본문 이전에는 일면식도 없는 사이였습니다. 예언의 은사를 지니고 있던 선지자 아가보는, 역시 예언의 은사를 지닌 빌립의 네 딸들과 평소에 교분을 맺고 있었음을 짐작할 수 있습니다. 그날도 아가보는 가이사랴를 방문한 길에 빌립의 네 딸들을 만나러 왔다가, 그 집에 머물고 있는 바울과 조우하였습니다. 아가보는 이미 우리가 알고 있는 바와 같이, 바울의 허리띠를 가져오게 하여 자신의 수족을 묶은 다음, 바울이 예루살렘에서 유대인들에 의해 결박당하여 로마군에게 넘겨질 것이라고 예언하였습니다. 그리고 그 이후에 벌어진 상황에 대해서도, 우리는 이제 의구심을 해소할 수 있습니다.

우리가 그 말을 듣고 그곳 사람들과 더불어 바울에게, 예루살렘으로 올라가지 말라 권하니(12절).

본문에서 '우리'는 사도행전을 기록한 누가를 포함한 바울 일행을, 그리고 '그곳 사람들'은 빌립 집안 사람들, 즉 빌립과 그의 네 딸들을 가리킨다고 했습니다. 바울의 예루살렘행이 결박과 환난의 길임이 밝혀졌을 때 지금까지는 에베소의 장로들과 두로의 제자들처럼, 바울을 잘 아는 것 같지만 실제로는 바울의 깊은 심중은 알지 못하는 사람들이 눈물로 바울의 예루살렘행을 만류하였습니다. 그런데 이번에는, 바울이 왜 예루살렘으로 가려 하는지 누구보다도 잘 알고 있는 바울의 일행이 눈물로 바울을 만류하고 나섰습니다. 그들이 단독으로 그랬던 것은 아니었습니다. 그들은 전도자 빌립, 특히 빌립의 네 딸들과 더불어 바울의 예루살렘행을 만류하였습니다.

본문 12절의 방점은 '그곳 사람들' 즉 빌립의 네 딸들에게 찍혀 있습니다. 빌립의 네 딸들은 평범한 여인들이 아니었습니다. 그들은 예언하는 여인들로 소문나 있었습니다. 선지자 아가보의 예언에, 예언의 은사를 지닌 빌립의 네 딸들이 바울의 예루살렘행을 만류하자, 그들의 아버지였던 빌립은 말할 것도 없고 바울의 일행마저 그들에게 가세해 버렸습니다. 만약 빌립의 네 딸들이 에베소의 장로들이나 두로의 제자들처럼 예언의 은사를 지니지 못했더라면, 그 네 명의 여인들이 아무리 바울의 앞길을 가로막았어도 바울의 일행은 흔들리지 않았을 것입니다.

이상과 같은 관점에서 오늘의 본문은 중요한 메시지를 던져 주고 있습니다. 예언의 은사를 지닌 사람은 주님의 말씀을 맡은 사람입니다. 그러나 아무리 주님의 말씀을 많이 알고 주님의 말씀에 대해 해박한 지식을 지니고 있어도, 주님의 말씀을 삶에 바르게 적용하지 못하면, 특히 여인이 주님의 말씀을 바르게 적용하지 못하면, 결과적으로 자신은 말할 것도 없고 주위 사람들도 주님의 뜻을 그르치게 한다는 것이 오늘의 본문이 주는 메시지입니다.

전승에 의하면 빌립의 네 딸들은 당시 크게 명성을 떨치던 여인들이었습니다. 성경이 그들을 예언하는 처녀들로 소개할 정도였으니, 예언의 은사를 지닌 그들의 명성이 자자한 것은 당연하지 않았겠습니까? 그러나 그들은 바울이 예루살렘에서 결박과 투옥당할 것이라는 아가보의 예언을 듣는 즉시, 바울의 예루살렘행을 저지해야 한다고 단정했습니다. 그리고 그들의 잘못된 적용은, 자기 아버지와 바울 일행마저 자신들의 잘못된 적용 속으로 끌어들이고 말았습니다. 차라리 그들이 예언하는 여인들로 소문나지 않았던들,

일시적이나마 주위 사람마저 실족시키는 오점을 남기지는 않았을 것입니다.

바울은 눈물로 자신을 만류하는 빌립과 그의 네 딸 그리고 자신의 일행을 질책하였습니다.

여러분이 어찌하여 울어 내 마음을 상하게 하느냐? 나는 주 예수의 이름을 위하여 결박당할 뿐 아니라 예루살렘에서 죽을 것도 각오하였노라 (13절).

바울은 환난과 결박을 일러 주시는 성령님의 예고를, 주님의 구원 사역을 위해 도리어 자기 한 몸을 기꺼이 던져야 하는 소명으로 받아들이고 자기 삶에 적용하였습니다. 말씀과 관련하여 우리 앞에는 늘 두 가지 적용의 길이 있습니다. 바울처럼 주님의 말씀을 구현하기 위해 자신의 삶을 던지는 적용의 길이 있는가 하면, 빌립의 네 딸들과 같이 말씀에 대한 해박한 지식을 지녔으면서도 말씀을 자기 안일과 이기심을 위한 수단으로 삼는 적용의 길도 있습니다. 그 두 길 가운데 어떤 적용의 길을 선택하느냐에 따라 자신과 주위 사람을 더불어 살릴 수도 있고, 반대로 자신과 주위 사람을 동시에 무너뜨릴 수도 있습니다.

오병이어의 현장과 초대교회, 그리고 빌립의 집에만 여성들이 많았던 것은 아닙니다. 오늘날에도 어느 교회든 남성보다 여성 교인이 더 많습니다. 우리 교회는 다른 교회에 비하여 남성 교인이 상대적으로 많습니다만, 일반적으로 대부분의 교회에는 여성 교인이 남성 교인보다 훨씬 더 많습니다. 주일예배는 물론이고, 각종 성경공부와 새벽기도회를 포함한 온갖 기도모임의 참석자도 여성들이 압도적으로 많습니다. 그런데도 그리스도인들에 의해 교회와 세상이 새로워지지는 않는다면, 그 이유 중의 하나가 예배와 성경공부 그리고 기도회에 열심히 참석하는 여성 교인들이 말씀에 대한 해박한 지식은 지녔지만, 자기 안일과 욕망 그리고 이기심을 위하여 정작 말씀을 삶 속에 바르게 적용하지는 못하기 때문인 것은 아니겠습니까? 그 결과 주위 사람마저도 자신의 그릇된 적용 속으로 끌어들이고 있는 것은 아니겠습니까?

얼마 전에 한 중년 남성이 말했습니다. 아내가 동창모임에만 다녀오면 도무지 말이 통하지 않는다고 말입니다. 겨우 초등학생인 아이에게 온갖 과외를 다 시키고, 머지않아 조기유학을 위하여 기러기 가족이 되려는 계획까지 세우고 있다는 것입니다. 이 가정처럼, 자녀의 조기유학을 내세워 부부가 떨어져 사는 기러기 가족의 결정권은 대부분 여자가 행사합니다. 그러나 저는 기러기 가족이 되고서도 자식 교육에 실패하고, 심지어 가정까지 깨어지는 경우를 무던히도 많이 보았습니다. 어린 자식에게 기러기 가족을 감수한 조기유학도 중요하겠지만, 온 가족이 함께 돕고 봉사하며 살아가는 가정교육은 더 중요합니다. 한 인간의 바른 인성과 예의범절, 건강한 공동체의식과 봉사정신은 모두 가정교육으로 확립됩니다. 기러기 가족으로 자식에게 좋은 학벌의 옷은 입혀 주었지만, 정작 바른 인성과 품성을 옷 입혀 주지는 못했다면 그 사람은 자식의 지적 교육에도, 영적 교육에도, 실패한 사람입니다. 그 사람의 자식이 지니고 있는 모든 지식은 자기 안일과 욕망 그리고 이기심을 확장시키고 지키기 위한 흉기로 사용될 것이 뻔하기 때문입니다. 우리나라 공교육이 무너졌다면, 무너진 공교육을 우리가 바로 세우지 않으면 어느 나라 사람이 바로 세워 주겠습니까? 그것은 그리스도인인 우리가 공교육을 계속 신뢰하면서 우리의 자식들을 지속적으로 공교육에 맡기는 것으로부터 가능하고, 거기에는 반드시 여성 그리스도인들의 믿음의 결단이 필요합니다.

부모가 미국에 유학하거나 주재원으로 근무하는 중에 미국에서 아이를 낳으면, 그 아이는 출생과 함께 한국 국적과 미국 국적을 동시에 갖게 됩니다. 그리고 한국으로 돌아와서도 복수국적이 유지됩니다. 남성의 경우에는 군복무와 관련하여 만 16세가 되는 해에 어느 나라 국적으로 살아갈 것인지 선택해야 합니다. 미국 국적을 선택하면, 한국에서 미국 국민의 특권을 누리면서 군복무의 의무에서도 벗어날 수 있습니다. 반면에 한국 국적을 선택하는 것은, 한국에서 미국 국민이 누릴 수 있는 특권을 포기하고 대한민국 국민으로 군복무의 의무를 다해야 함을 뜻합니다. 지난 1월 7일 법무부의 발표에 따르면 2014년 1월부터 2015년 10월까지 1년 10개월 동안 복수국적을 지닌 한국인 가운데 미국 국적을 선택한 남성은 1,704명이었습니다. 그 반면에 한국 국적을 선택한 남성은 30명에 불과하였습니다. 그렇지만 저는 그 30명의 젊은이들이 자랑스럽습니다. 그 젊은이들의 어머니들도 자랑스럽습니다. 복수국적을 지닌 어린 아들이 하나의 국적을 선택하는 데에도, 사실은 어머니가 결정적인 영향력을 행사하지 않습니까?

우리 교회에도 그런 자랑스러운 어머니들이 있습니다. 어느 여집사님은, 자신이 미국에서 미국인으로 낳은 아들이 16세가 되던 해 미국 국적을 포기하는 것을 지켜보았습니다. 자신의 아들이 한국인으로 다른 집 아들들에게 진 안보의 빚을 기꺼이 갚게 한 것입니다. 미국 이민으로 미국에서 학교를 졸업한 또 다른 여집사님은 한국에서 사는 남편과 결혼하여 귀국하였습니다. 결혼 10년 만에 아이를 가졌고, 병원에서는 태 속의 아이가 아들이라고 했습니다. 그 여집사님은 친정이 있는 미국에 가서 아들을 미국인으로 낳으려고 했습니다. 미국인이 누릴 수 있는 혜택도 받게 해주고 군복무도 면하게 해주기 위함이었습니다. 그러나 남편은 아들을, 한국에서 국방의 의무를 다하는 한국인 아들로 낳기를 원했습니다. 여집사님은 기도하는 가운데 남편의 뜻을 따랐습니다. 그리고 지금 그 여집사님은 한국인인 아들을, 군복무의 의무를 다해야 하는 한국 국민으로 낳은 것을 감사하며 살고 있습니다. 얼마나 자랑스러운 그리스도인들입니까? 북한 김정은은 4차 핵실험에 이어, 오늘 아침에 장거리 로켓까지 발사함으로써 우리의 생존을 위협하고 있습니다. 우리의 안보를 우리 자신이 지키려는 의지를 갖고 실행하지 않는다면, 어느 나라 백성이 우리를 대신하여 지켜 주겠습니까? 그러나 우리 손으로 우리나라를 지키기 위해서도 여성 그리스도인들의 결단을 필요로 합니다.

아무리 주님의 말씀을 많이 읽어 많이 알고 있어도 주님의 말씀을 자기 안일과 이기심을 위한 도구로 잘못 적용한다면, 그런 사람에 의해 교회와 세상이 새로워질 수는 없습니다. 그런 사람은 빌립의 네 딸들처럼, 자기도 모르게 주님의 뜻을 가로막는 오점을 남길 수밖에 없습니다. 교회와 세상은 말씀의 도구가 되어 말씀을 위해 자신을 던지는 사람들에 의해 새로워집니다. 바울의 안일을 위해 눈물로 바울의 앞길을 가로막은 빌립의 네 딸들을 질책한 바울의 마음을 축소하면, 한국 국민으로 군복무의 의무를 다하기 위해 미국 국적을 포기한 아들과 어머니의 마음이 되고, 모자의 그 마음을 확대하면 '여러분이 어찌하여 울어 내 마음을 상하게 하느냐? 나는 주 예수의 이름을 위하여 결박당할 뿐 아니라, 예루살렘에서 죽을 것도 각오하였노라'고 선포한 바울의 마음이 됩니다. 공동선을 위해 자기 안일과 이기심을 포기할 줄 아는 그런 그리스도인들에 의해, 어찌 교회와 세상이 새로워지지 않겠습니까?

보도에 따르면 이스라엘 군대에 복무 중인 복수국적자는 무려 4천 명이나 된다고 합니다. 다른 나라 국적을 내세워 합법적으로 군복무를 하지 않아도 될 이스라엘 청년들이 이스라엘 공동체를 지키기 위해 자원입대한 것입니다. 이스라엘 현역 군인의 수는 우리나라 군인 수의 4분의 1밖에 되지 않는데, 복수국적 군인은 무려 130배나 되는 셈입니다. 세계에서 유대인 어머니의 교육은 유명하지 않습니까? 그들은 자기 자식을 공동선에 기여하고 헌신하는 공동체의 일원으로 교육시킵니다. 오늘날 작은 이스라엘이 거대한 아랍 세계를 압도하는 데에 유대인 어머니들이 절대적인 영향력을 미치고 있다는 것은, 아무도 부인하지 못할 주지의 사실입니다.

어떻습니까? 혹 우리 교회 여성들은 누구보다 주님의 말씀을 많이 알면서도, 정작 자기 안일과 욕망 그리고 이기심 때문에 말씀을 바르게 적용하지는 못하는 빌립의 딸들인 것은 아닙니까? 그래서 자신의 잘못된 적용 속으로 가족과 주위 사람마저 끌어들이고 있지는 않습니까? 우리 교회 남성들은 빌립의 네 딸들에게 가세하여 바울의 앞길을 가로막았던 바울 일행처럼, 주님의 말씀보다 사람의 말과 시류에 더 민감한 것은 아닙니까? 우리는 지금 민족의 명절인 설 연휴를 맞아 사랑하는 가족이 함께 모이고 있습니다. 이번 설 연휴를 우리 각자의 가정을 본문의 거울 앞에 비춰보는 성찰의 기회로 삼으십시다. 그리고 남성과 여성을 막론하고, 바울처럼 말씀을 바르게 적용하고 실천하는 말씀의 증인들이 되십시다. 말씀은 아는 것만큼이나, 바르게 적용하고 실천하는 것이 더 중요합니다. 결코 짧지 않은 손을 가지신 여호와 하나님의 말씀의 능력은, 바른 적용과 실천을 통해 드러납니다. 바른 적용과 실천이 배제된 사람에게 성경은 전능하신 하나님의 말씀이 아니라, 단순한 인쇄물에 지나지 않습니다.

빌립의 네 딸들의 모습 속에서 나의 실체를 확인하게 해주셔서 감사합니다. 생명의 말씀이요 능력의 말씀인 주님의 말씀을, 단지 지적 유희의 대상으로 삼아 온 어리석음을 용서해 주십시오. 남성이든 여성이든, 이 시간에 머리 숙인 우리 모두 바울처럼, 주님의 말씀을 바르게 적용하고 실천하는 말씀의 증인들이 되게 해주십시오. 주님의 말씀에 우리 자신을 던지는 우리로 인해 무너진 이 땅의 공교육이 회복되게 해주시고, 풍전등화와 같은 안보가 확립되게 해주십시오. 공동선을 위해 자기 안일과 이기심을 기꺼이 포기할 줄 아는 우리로 인해, 이 땅의 공익과 정의와 질서가 바로 세워지게 해주십시오. 민족의 명절을 맞아 온 가족이 함께 모이는 이번 설 연휴를 계기로, 우리의 가정이 초대교회가 시작된 마가의 다락방이 되게 해주십시오. 아멘.

5. 죽을 것도 각오하였노라 사순절 첫째 주일

사도행전 21장 7-14절

두로를 떠나 항해를 다 마치고 돌레마이에 이르러 형제들에게 안부를 묻고 그들과 함께 하루를 있다가 이튿날 떠나 가이사랴에 이르러 일곱 집사 중 하나인 전도자 빌립의 집에 들어가서 머무르니라 그에게 딸 넷이 있으니 처녀로 예언하는 자라 여러 날 머물러 있더니 아가보라 하는 한 선지자가 유대로부터 내려와 우리에게 와서 바울의 띠를 가져다가 자기 수족을 잡아매고 말하기를 성령이 말씀하시되 예루살렘에서 유대인들이 이같이 이 띠 임자를 결박하여 이방인의 손에 넘겨주리라 하거늘 우리가 그 말을 듣고 그곳 사람들과 더불어 바울에게 예루살렘으로 올라가지 말라 권하니 바울이 대답하되 여러분이 어찌하여 울어 내 마음을 상하게 하느냐 나는 주 예수의 이름을 위하여 결박당할 뿐 아니라 예루살렘에서 **죽을 것도 각오하였노라** 하니 그가 권함을 받지 아니하므로 우리가 주의 뜻대로 이루어지이다 하고 그쳤노라

선지자 아가보는 바울과 바울 일행 그리고 빌립과 그의 네 딸들 앞에서, 바울이 예루살렘에서 유대인들에 의해 결박당하여 로마군에 넘겨질 것이라

고 예언하였습니다. 아가보는 그러므로 바울이 예루살렘에 가지 말아야 한다든가, 아니면 그래도 가야 한다든가, 하는 식으로 자기 개인의 의견을 덧붙이지 않았습니다. 그는 단지 바울이 예루살렘에서 결박과 투옥당할 것이라는 성령님의 예고를, 아무 가감 없이 그대로 전하였습니다.

아가보의 그 예언에 먼저 반응한 사람들은 결박과 투옥당할 당사자인 바울이 아니라, 그의 일행과 빌립의 네 딸들이었습니다. 바울이 왜 예루살렘으로 가려 하는지 누구보다 잘 알고 있던 바울 일행마저도, 예언의 은사를 지녔다는 빌립의 네 딸들에게 가세하여 바울의 예루살렘행을 눈물로 만류하였습니다. 겉으로는 가슴 뭉클한 감동적인 장면입니다. 그들이 얼마나 바울을 사랑하고 존경하고 아꼈으면 아가보의 예언에, 울면서까지 바울의 예루살렘행을 거듭하여 만류하였겠습니까?

그러나 그들은 중요한 사실을 깨닫지 못하고 있었습니다. 그들이 바울의 예루살렘행을 가로막는 것은, 예루살렘으로 주님의 부르심을 받은 바울의 인생을 망칠 뿐 아니라 주님의 뜻을 거스르는 행위였습니다. 비록 결박과 투옥이 도사린 길일지라도 그 길을 향한 주님의 부르심에 바울이 순종해야, 바울을 통해 당신의 백성을 구하시려는 주님의 섭리가 이루어질 수 있음을, 빌립의 네 딸들과 바울 일행은 도무지 생각하려 하지 않았습니다. 그들은 주님의 말씀에 대해 누구보다 해박한 지식을 지니고 있었지만, 그 말씀을 자기 안일과 욕망 그리고 이기심의 수단으로 삼는 데에 너무나도 익숙해 있었습니다.

바울 개인의 입장에서 보자면, 자신의 안일을 염려하여 눈물로 예루살렘행을 거듭하여 만류하는 빌립의 네 딸들과 자기 일행은 얼마나 고마운 사람들이었겠습니까? 그러나 바울은 그들에게 감사를 표하기는커녕 도리어 그들을 질타하였습니다.

바울이 대답하되, 여러분이 어찌하여 울어 내 마음을 상하게 하느냐? 나는 주 예수의 이름을 위하여 결박당할 뿐 아니라, 예루살렘에서 죽을 것도 각오하였노라 하니(13절).

바울은 결박과 투옥을 뛰어넘어, 예루살렘에서 "죽을 것도 각오"하고 있었습니다. '언제든 죽을 준비가 되어 있다'는 말이었습니다. 무엇을 위해서였습니까? 돈을 위해서였습니까? 권력을 위해서였습니까? 인간의 박수갈채를 위해서였습니까? 바울은 오직 "주 예수의 이름을 위하여" 결박당할 뿐 아니라, 예루살렘에서 죽을 것도 각오하고 있었습니다.

바울은 무병장수하고, 부귀영화를 누리며, 가문의 번영을 추구하기 위해 예수를 믿은 것이 아니었습니다. 황금을 찾아 위험을 마다않고 서부와 남미 러시를 이루던 미국인들처럼, 바울 역시 예수님을 이용하여 일확천금을 얻으려 만난을 무릅쓰고 예루살렘으로 가려는 것이 아니었습니다. 그가 죽음을 각오하면서까지 빌립의 네 딸들과 자기 일행마저 눈물로 만류하는 예루살렘을 굳이 찾아가려는 이유는 오직 하나, '주 예수의 이름'을 위해서였습니다.

'주 예수의 이름'을 위한 그의 의지는 강철 같은 불굴의 의지였습니다. '주 예수의 이름'을 위한 그의 용기는 용솟음치는 화산처럼 강렬했습니다. '주 예수의 이름'을 위해 죽음마저 불사하는 그의 각오는 태산같이 굳건했습니다. 도대체 바울이 지녔던 그 의지, 그 용기, 그 각오의 원천이 무엇이었겠습니까? 만약 그 원천이 바울 자신이었다면, 바울은 우리와는 본질적으로 다른 전설 속의 인물이 분명하고, 우리 같은 범인은 그를 흉내 내는 것조차 불가능할 것입니다.

바울이 어떻게 '주 예수의 이름'을 위하여 결박당할 뿐 아니라 죽음마저 각오하는 의지와 용기를 지닐 수 있었는지, 우리는 바울 자신의 증언 속에서 그 해답을 찾을 수 있습니다. 바울은 밀레도에서 에베소의 장로들을 불러 마지막 유언을 남기지 않았습니까? 그때 바울은 다음과 같이 선포했었습니다.

> 내가 달려갈 길과 주 예수께 받은 사명, 곧 하나님의 은혜의 복음을 증언하는 일을 마치려 함에는 나의 생명조차 조금도 귀한 것으로 여기지 아니하노라(행 20:24).

바울이 고린도에서 3차 전도 여행을 매듭짓고 마게도냐와 드로아를 거쳐 밀레도에 이르기까지, 각 성을 거칠 때마다 성령님께서 바울에게 그의 예루살렘행이 환난과 결박의 길임을 계속하여 예고해 주셨습니다. 바울은 성령님의 거듭된 그 예고를 얼마든지, 자신의 예루살렘행을 막아 주시려는 주님의 섭리로 받아들이고 예루살렘행을 포기할 수도 있었습니다. 그러나 바울은 성령님의 그 예고를, 모든 사람이 꺼려 하는 그 길로 자신을 부르시는 주님의 소명으로 받아들였습니다. 그리고 자신이 '달려갈 길'과 '주 예수께 받은 사명'을 완수하기 위해서는 자신의 '생명조차 조금도 귀한 것으로 여기지' 않는다고 천명했습니다. 이미 이때부터 바울은 죽을 각오가 되어 있었습니다. 중요한 것은 바울이 죽음마저 각오할 정도로 완수하고자 했던, '주 예수께 받은 사명'이 무엇이었느냐는 것입니다.

바울은 그것을 '하나님의 은혜의 복음을 증언하는 일을 마치'는 것이라고 설명했습니다. 죽음을 각오하고 '은혜의 복음을 증언'하기를 완수하는 것이 바울에게는 '달려갈 길'이었고, '주 예수께 받은 사명'이었습니다. 여기에서

간과하지 말아야 할 것은 바울이 복음을 단순히 복음이라 말하지 않고, '은 혜의 복음'이라고 불렀다는 사실입니다. 바울의 학구열이나 탐구력이 복음을 발굴해 낸 것이 아니었습니다. 만약 그랬다면 바울에게 복음은, 그 복음을 직접 발굴한 바울의 종속변수에 지나지 않았을 것입니다. 바울에게 복음은 '은혜의 복음'이었습니다. 바울이 복음을 알기도 전에, 복음을 상상하는 것조차 불가능했을 때, 바울에게 십자가의 은혜로 복음이 먼저 주어졌습니다. 로마서 5장 8절을 통한 바울의 고백을 빌리자면, "바울이 아직 죄인 되었을 때에 그리스도께서 바울을 위하여 죽으심으로 하나님께서 바울에 대한 당신의 사랑을 확증"해 주신 것이었습니다.

바울이 거룩한 의인이어서 주님께서 바울을 위해 십자가의 제물이 되신 것이 아니었습니다. 바울이 더러운 죄인이었을 때, 그에게 공동묘지 이후에는 살 소망이 전무했을 때, 주님께서 그 더러운 죄와 사망의 노예인 바울을 영원히 살려 주시기 위해 십자가의 제물로 돌아가시는 은혜의 복음을 실행하셨습니다. 그러나 그 사실을 알지 못해 주님의 교회를 짓밟던 바울을 주님께서 다메섹 도상에서 정확하게 집어 내시고, 그에게 복음을 깨닫는 은혜까지 베풀어 주셨습니다. 그래서 바울에게 복음은 그냥 복음이 아니라, 항상 '은혜의 복음'이었습니다. 그 은혜의 복음, 그 복음의 은혜, 그 복음을 베풀어 주신 주님의 십자가의 은혜를 생각할 때마다, 바울은 은혜의 주님께 자신을 드리지 않을 수 없었습니다. 은혜의 주님께 자신을 드릴수록 주님의 은혜가 더욱 넘쳤기 때문입니다.

그래서 바울은 주 예수의 이름을 위하여 결박당할 뿐 아니라, 예루살렘에서 죽을 것도 각오할 수 있었습니다. 눈물로 자신의 앞길을 가로막는 빌립의 네 딸들과 자기 일행의 만류를 뿌리치고, 죽음마저 불사하고 예루살렘으로 향하는 바울의 강철 같은 불굴의 의지, 화산처럼 강렬한 용기, 태산처럼 군건한 각오의 원천은 모두 예수 그리스도의 은혜, 은혜의 복음이었습니다.

바울의 그 중요한 유언의 내용을 전해 주는 사도행전 20장 24절의 한글 번역은 헬라어 원문의 뜻을 100퍼센트 반영하지 못하고 있습니다. 원문은 성경에서 정관사가 가장 많이 사용된 구절 가운데 속합니다. 정관사가 일곱 번이나 사용된 원문을 그대로 우리말로 옮기면 다음과 같습니다.

> 내가 달려갈 그 길과 그 주 예수께 받은 그 사명, 곧 그 하나님의 그 은혜의 그 복음을 증언하는 일을 마치려 함에는, 나의 그 생명조차 조금도 귀한 것으로 여기지 아니하노라.

바울에게 하나님은 그리스 신화에 등장하는 아무 신이 아니었습니다. 바울을 위해 당신의 독생자 예수 그리스도를 내어 주신 여호와, 바로 그 하나님이셨습니다. 바울에게 은혜는 아무데서나 얻을 수 있는 싸구려 은혜가 아니었습니다. 바울이 아직 죄인 되었을 때에 예수 그리스도께서 바울의 죗값을 대신 치르시기 위해 십자가의 제물로 돌아가신, 바로 그 은혜였습니다. 바울에게 복음은, 자신이 소유한 부동산 가격이 올랐다는 식의 세속적 굿 뉴스가 아니었습니다. 교회를 짓밟던 폭도였던 자신을 다메섹 도상에서 정확하게 집어 내시고 예수 그리스도의 십자가를 통해 새 생명을 누리게 해주신, 바로 그 복음이었습니다. 바울에게 예수님은, 당시 이스라엘에 동일한 이름을 지니고 있던 수많은 예수 중의 한 사람이 아니었습니다. 자신을 살리시려 십자가의 제물로 돌아가셨다가 사흘째 되는 날 죽음을 깨뜨리고 영원히 부활하신 나사렛 예수, 바로 그 예수님이셨습니다. 바울의 사명은 세상의 것들을 얻고 누리기 위한 세상의 사명이 아니었습니다. 바울이 주님으로부터 부여받은 사명은 죄와 사망의 올무 속에서 죽어 가는 인간들에게 하나님의 은혜의 복음을 전하는, 바로 그 사명이었습니다. 이미 인생 말년에 접어든 바울이 앞으로 달려가야 할 길은, 이 세상 노인들이 꾀하는 자기 안일의 길이 아니었습니다. 은혜의 복음을 증언하는 사명을 완수해야 할, 바로 그 길이었습니다. 바울은 그 길을 완주하기 위해서라면 자신의 생명조차 조금도 귀한 것으로 여기지 않았습니다. 그 생명은, 예수 그리스도와 함께 십자가에 못박힌 바울의 옛사람이었습니다. 바울은 자신의 옛사람이 죽으면 죽을수록, 예수 그리스도 안에서 은혜의 새 생명이 더욱 넘침을 알고 있었습니다.

그래서 바울은 고린도전서 15장 9-10절을 통해 이렇게 고백하기도 했습니다.

> 나는 사도 중에 가장 작은 자라. 나는 하나님의 교회를 박해하였으므로 사도라 칭함을 받기를 감당하지 못할 자니라. 그러나 내가 나 된 것은 하나님의 은혜로 된 것이니, 내게 주신 그의 은혜가 헛되지 아니하여 내가 모든 사도보다 더 많이 수고하였으나 내가 한 것이 아니요, 오직 나와 함께하신 하나님의 은혜로라.

교회를 짓밟던 바울에게는 주님의 사도가 될 자격이 아예 없었습니다. 그런데도 그가 주님의 사도로 살 수 있었던 것은 전적으로 주님의 은혜 덕분이었습니다. 주님의 은혜로 사도가 된 바울은 그 어떤 사도보다 주님을 위해 더 많이 수고하고 헌신하였습니다. 그러나 그마저도 바울의 공로일 수는 없었습니다. 그것 역시 주님의 은혜로 가능했기 때문입니다. 이처럼 구원의 은혜를 입은 바울은 주님의 은혜로 시작하여, 주님을 위해 참수형을 당하기까지 주님의 은혜만을 좇는 삶으로 일관하였습니다. 주님의 은혜가 자신을 살렸고, 주님의 은혜가 자신을 사도로 이끌었고, 자신의 코 끝에서 호흡이 멎을 때 주님의 은혜가 자신을 영원한 하나님의 나라로 인도할 것이기 때문이었습니다. 그러므로 주 예수의 이름을 위해 결박당할 뿐 아니라 죽을 것도 각오하였다는 바울의 선포는 듣기 좋으라고 입발림으로 한 말이 아니라, 그의 진심이었습니다.

본문 14절을 보시겠습니다.

> 그가 권함을 받지 아니하므로 우리가 주의 뜻대로 이루어지이다 하고 그쳤노라.

본문에서 "우리"는 아가보의 예언을 듣고 바울의 예루살렘행을 눈물로 만류하던 빌립의 네 딸들과 바울 일행을 통틀어 일컫습니다. 그들은 바울이 자신들의 눈물의 만류에도 설득당하지 않자, "주의 뜻대로 이루어지이다" 하고 바울을 만류하기를 "그쳤"습니다. 우리말 '그치다'로 번역된 헬라어 동사 '헤쉬카조ἡουχάζω'는 '입을 다물다'는 뜻입니다. 원문의 뉘앙스는, 당신이 우리 말을 듣지 않으므로 우리도 이제 더 이상 말하지 않겠다는 식입니다. 그들이 말로는 '주의 뜻이 이루어지이다'라고 했지만, 그것은 이슬람 신도들이 매사에 '인샬라' 즉 '알라의 뜻이라면'이라고 말하는 것처럼, 형식적이고 의례적인 인사말에 불과했습니다. 그들은 주 예수의 이름을 위하여 죽음마저 각오하였다는 바울의 결단에 심정적으로 동조하거나, 바울의 앞길을 잘못 가로막은 데 대해 미안해하는 기색을 보이지 않았습니다.

바꾸어 말하면 그들은, 바울이 온몸과 영혼으로 깊이 잠겨 있는 그 은혜의 깊이에 아직 이르지 못하고 있었습니다. 동일하게 구원받은 그리스도인인데도 그들은 바울의 예루살렘행을 눈물로 만류하였고, 바울은 주 예수의 이름을 위하여 예루살렘에서 죽을 것도 각오하였습니다. 그 차이는 결국 주님의 은혜에 대한 깨달음의 깊이에 기인하고 있었습니다. 바울이 에베소의 장로들에게 남긴 유언의 결론 부분에서 다음과 같이 언급한 까닭이 바로 거기에 있었습니다.

> 지금 내가 여러분을 주와 및 그 은혜의 말씀에 부탁하노니, 그 말씀이 여러분을 능히 든든히 세우사 거룩하게 하심을 입은 모든 자 가운데 기업이 있게 하시리라(행 20:32).

바울은 에베소의 장로들과 작별하면서 그들을 주님과 "그 은혜의 말씀"에 부탁한다고 말했습니다. 그들이 은혜의 말씀을 통해 자신들을 구원해 주신 주님의 은혜 속에 거하는 한, 그 은혜의 말씀이 그들을 더욱 든든히 세워 하나님 나라의 유업을 이어받게 해줄 것이기 때문이었습니다.

〈새신자반〉에서 그리스도인의 신분과 수준에 대해 배웠습니다. 모든 신분은 그 신분에 걸맞은 수준을 요구합니다. 대학생의 신분을 지닌 청년의 언행이 여전히 고등학생 수준에 머물러 있다면, 사람들은 그런 청년을 가리켜 유치하다고 말합니다. 대학생에게는 반드시 대학생의 신분에 걸맞은 수준의 언행이 수반되어야 합니다.

사흘 전에 프랑스의 한국계 입양아 출신인, 올해 48세의 장 뱅상 플라세 상원의원이 프랑스 국가개혁장관으로 임명되었습니다. 그는 같은 날 퇴진한 플뢰르 펠르랭 문화장관에 이어, 프랑스 역사상 한국계 입양아로서 두 번째 장관직에 오른 인물입니다. 보도에 의하면 그는 1968년 한국에서 권오복이란 이름으로 태어났습니다. 일곱 살 때이던 1975년, 수원의 한 보육원에서 프랑스 노르망디에 사는 변호사 부부의 양자로 입양되었습니다. 한국인 고아가 프랑스 변호사 부부의 양자로, 그리고 한국인에서 프랑스인으로 신분이 바뀌었습니다. 그 아이가 자신의 노력으로 그 신분을 획득한 것은 아니었습니다. 프랑스의 변호사 부부가 그를 양자로 선택함으로, 한국인 고아였던 그 아이에게 새로운 신분이 거저 주어졌습니다. 그러나 그 아이는 거저 주어진 새 신분에 걸맞은 수준의 삶을 영위하기 위해 새로운 언어와 문화를 습득하고, 얼굴 모양과 피부색이 전혀 다른 사람들과 어울려 살려 눈물겨운 노력을 기울였을 것입니다. 그가 그런 노력을 먼저 기울였기에, 그에게 새로운 신분이 주어진 것입니까? 그 반대입니다. 상상치도 않았던 새로운 신분이 먼저 거저 주어졌기에, 그 신분에 걸맞은 수준의 삶을 살기 위해 그는 최선을 다해 노력하였습니다. 그리고 그는 마침내 48세의 젊은 나이에 강대국 프랑스의 장관 신분을 얻었습니다. 40년 전 한국의 어린 고아 시절과 비교한다면 엄청난 신분 상승입니다. 이제부터는 그가 프랑스의 장관 신분에 걸맞은 수준의 언행을 실행해 갈 것임은 두말할 나위가 없습니다.

우리가 구원받은 그리스도인이 되었다는 것은, 죽을 수밖에 없는 더러운 죄인이 하나님의 자녀로 우리의 신분이 바뀌었음을 의미합니다. 그것은 한국의 고아가 프랑스의 장관으로 신분이 바뀐 것과는 비교 자체가 되지 않는 신분의 수직 상승입니다. 이 세상 어느 나라에서든 장관의 신분을 얻는 것은 명예로운 일이지만, 길어야 몇 년 후에는 반드시 퇴임하기 마련입니다. 그러나 하나님의 자녀가 된 우리의 새로운 신분에는 시효나 시한이 없습니다. 하나님의 영원한 나라를 유업으로 이어받은 하나님의 영원한 자녀인 우리의 신분은 영원불변입니다. 우리가 우리의 노력으로 그 신분을 얻었습니까? 결코 아닙니다. 하나님께서 예수 그리스도의 십자가의 은혜로 우리에게 거저 주신 은혜의 신분입니다. 하나님께서 거저 주신 그 은혜의 신분의 가치를 안다면, 이제 우리에게 남은 것은 그 신분에 걸맞은 수준의 삶을 실천하는 것입니다.

오늘은 우리를 위한 주님의 십자가 고난을 묵상하면서 우리의 그릇된 삶을 회개하는 사순절 첫째 주일입니다. 여호와 하나님의 짧지 않은 손은, 죄와 사망의 올무 속에서 죽어가던 우리를 내버려 두시지 않았습니다. 하나님께서는 우리가 아직 죄인 되었을 때 당신의 독생자로 하여금 우리의 죗값을 대신 치르게 하심으로, 우리를 당신의 영원한 자녀로 삼아 주셨습니다. 우리에게 영원히 새로운 신분을 은혜로 거저 주신 것입니다.

이제부터 우리 모두 바울처럼, 은혜로 얻은 새로운 신분에 걸맞은 수준의 삶을 살아가십시다. 주 예수의 이름을 위하여 결박당할 뿐 아니라, 죽을 것도 각오한 바울을 본받아 살아가십시다. 주님 안에서 죽으면, 도리어 삽니다. 아니, 죽어야 삽니다. 주님의 은혜로 새로운 신분을 얻은 우리의 옛사람이 죽어야, 우리의 삶이 주님의 은혜 속에서 새로운 수준의 새 생명을 누릴 수 있습니다. 우리에게 새로운 신분의 은혜를 베풀어 주신 하나님의 짧지 않은 손이 언제나 우리와 함께하고 계시기에, 우리는 하나님의 그 은혜를 힘입어, 새로운 신분에 걸맞은 수준의 삶을 얼마든지 살아갈 수 있습니다.

오랫동안 주님의 은혜를 잊고 살아왔습니다. 그래서 나의 삶은 물을 떠난 붕어처럼, 무기력하기만 했습니다. 오늘 사순절 첫째 주일을 맞이하여 주님의 은혜가 나를 떠난 것이 아니라, 내가 여전히 주님의 은혜 속에 있음을 확인시켜 주셔서 감사합니다.

주님의 은혜가, 주님의 십자가 보혈을 통해 나를 살리셨습니다. 주님의 은혜가, 죽어 마땅한 더러운 죄인인 나의 신분을 하나님의 영원한 자녀로 바꾸어 주셨습니다. 주님의 은혜가, 하나님과 나 사이를 가로막고 있던 장벽을 허물어 주셨습니다. 주님의 은혜가, 어젯밤에도 그리스도인으로 나의 심장이 뛰게 하여 오늘을 맞게 해주셨습니다. 주님의 은혜가, 이 시간에도 나로 하여금 이 자리에 나와 삼위일체 하나님을 예배하게 해주셨습니다.

주님, 주님의 은혜가 아니고는 내가 할 수 있는 것이 아무것도 없음을 고백합니다. 주님의 은혜 때문에, 주님의 은혜를 힘입어, 주님의 은혜로, 주님의 은혜를 위해 살아가게 해주십시오. 주님께서 은혜로 거저 주신 새로운 신분에 걸맞은 수준의 삶을, 주님의 은혜로 실천하며 살게 해주십시오. 주님의 은혜 속에서 우리의 옛사람이 날마다 죽게 해주셔서, 우리의 삶을 통해 주님의 새 생명이 사방으로 퍼져 나가게 해주십시오. 아멘.

6. 그의 집에 머물려 사순절 둘째 주일

사도행전 21장 15-16절

이 여러 날 후에 여장을 꾸려 예루살렘으로 올라갈새 가이사랴의 몇 제자가
함께 가며 한 오랜 제자 구브로 사람 나손을 데리고 가니 이는 우리가 **그의 집
에 머물려** 함이라

성경 내용의 거의 대부분은 하나님의 말씀을 좇아 바르게 살라는 명령
으로 이루어져 있습니다. 만약 성경 내용이 하나님의 그런 명령으로만 구성
되어 있다면, 성경은 인간의 도덕경이나 윤리 지침서와 구별되지 않을 것이
요, 하나님의 명령을 제대로 지킬 수 없는 인간은 하나님의 심판을 면치 못
할 것입니다. 성경이 하나님의 말씀을 좇아 살 것을 명령하는 데에는 언제
나 대전제가 있습니다. 아브라함이 먼저 하나님을 알고 하나님의 명령을 좇
았기에 믿음의 조상이 된 것이 아닙니다. 우상의 도시 하란에서 여호와 하
나님을 알지도 못하고 살던 아브라함을 하나님께서 먼저 믿음의 조상으로

선택하여 부르셨습니다.

> 여호와께서 아브람에게 이르시되, 너는 너의 고향과 친척과 아버지의 집
> 을 떠나 내가 네게 보여 줄 땅으로 가라. 내가 너로 큰 민족을 이루고 네
> 게 복을 주어 네 이름을 창대하게 하리니, 너는 복이 될지라. 너를 축
> 복하는 자에게는 내가 복을 내리고 너를 저주하는 자에게는 내가 저주
> 하리니, 땅의 모든 족속이 너로 말미암아 복을 얻을 것이라 하신지라
> (창 12:1-3).

아브라함이 하나님을 알기도 전에 하나님의 은혜가 아브라함에게 먼저 임
했습니다. 그 하나님의 은혜에 이끌려 아브라함은 하나님의 부르심에 순종
하였습니다. 늙어서까지 자식이 없던 아브람이 믿음의 조상 아브라함으로
그 존재가 완전히 새로워질 수 있었던 것은, 전적으로 하나님의 은혜 덕분
이었습니다.

아브라함의 아들은 이삭이었습니다. 이삭의 아내인 리브가가 쌍둥이 아
들을 수태하였습니다. 어느 날 리브가는 자신의 태 속에서 쌍둥이가 심하게
싸우는 것을 느꼈습니다. 어찌할 바를 몰라 리브가가 하나님께 기도드리자,
하나님께서 리브가에게 이렇게 말씀하였습니다.

> 여호와께서 그에게 이르시되, 두 국민이 네 태중에 있구나. 두 민족이 복
> 중에서부터 나누이리라. 이 족속이 저 족속보다 강하겠고, 큰 자가 어린
> 자를 섬기리라 하셨더라(창 25:23).

그 쌍둥이가 세상에 태어나기도 전에, 아직 어머니 리브가의 태 속에 있

을 때, 하나님께서 "큰 자가 작은 자를 섬기리라"고 말씀하셨습니다. 당시 유대사회는 장자 우선사회였습니다. 아들들 가운데 장자를 우선적으로 우대한 것입니다. 아우들은 형을, 그중에서도 장자를 섬겨야 했습니다. 그런데도 하나님께서는 리브가의 태 속에 있는 쌍둥이가 이 세상에 태어나 자신의 역량을 발휘하기도 전에, 선이나 악을 행하기도 전에, 장자인 형이 동생을 섬기게끔 동생을 선택하셨습니다. 하나님께서 태 속의 동생에게 먼저 은혜를 베푸신 것입니다. 그 동생이 야곱이었습니다. 자기 목적을 위해 거짓까지 서슴지 않던 야곱이 새로운 존재 이스라엘로 거듭날 수 있었던 것 역시, 그의 노력이나 의지 이전에, 하나님의 은혜였습니다.

하나님께서 레위기 11장 45절을 통해 이스라엘 백성에게, "내가 거룩하니 너희도 거룩할지어다"라고 명령하셨습니다. 거룩하신 하나님 아버지처럼 너희도 거룩하라는 명령입니다. 하나님의 거룩하심은 완전무결하지 않습니까? 대체 이 세상 그 어느 인간이 완전무결한 하나님의 거룩하심에 이를 수 있겠습니까? 하나님께서 이렇게만 명령하셨다면, 죄인인 인간 가운데 하나님의 이 명령을 준수할 수 있는 인간은 아무도 없습니다. 그러나 하나님의 명령인 레위기 11장 45절의 전문全文은 다음과 같습니다.

나는 너희의 하나님이 되려고 너희를 애굽 땅에서 인도하여 낸 여호와라. 내가 거룩하니 너희도 거룩할지어다.

하나님께서 이스라엘 백성을 이집트의 노예살이에서 먼저 해방시켜 주셨습니다. 죄와 사망의 노예였던 그들을 거룩하신 당신의 자녀로 부르시는 은혜를, 하나님께서 먼저 베풀어 주신 것입니다. 그러므로 하나님께서 이스라엘 백성에게, 내가 거룩하니 너희 자력으로 너희도 거룩하라고 명령하신 것이 아니라, 내가 너희를 나의 거룩한 백성으로 먼저 구별해 주었으므로 너희는 이제부터 나의 그 은혜를 좇아 거룩한 삶을 살아가라는 말씀이었습니다. 그들이 죽음의 광야를 넘어 거룩한 언약의 땅—가나안에 입성할 수 있었던 것 역시 하나님의 은혜로 인함이었습니다.

이처럼 하나님께서는 인간에게 먼저 은혜를 베풀어 주시는 아버지이십니다. '은혜'를 일컫는 헬라어 '카리스χάρις'는 '아무 조건 없이 거저 베푸는 호의'를 뜻합니다. 만약 내게 자격이 있어 무엇을 받는다면, 그것은 받아 마땅한 나의 권리이거나 대가일 것입니다. 그렇지만 하나님께서는 아무 자격도 없는 우리에게, 오히려 심판받아 죽어 마땅한 죄인인 우리에게, 거룩한 당신의 자녀로 부르시는 조건 없는 호의, 은혜를 먼저 베풀어 주셨습니다. 하나님의 그 은혜를 깨달으면 그 은혜 때문에, 그 은혜를 힘입어, 그 은혜에 이끌려, 우리는 하나님의 거룩한 자녀로 살아가지 않을 수 없습니다. 그리고 하나님의 그 은혜에 대한 깨달음이 크고 깊을수록, 우리는 더욱 우리의 의지를 다해 그 은혜의 주님을 좇게 됩니다.

바울은 자신의 예루살렘행을 눈물로 거듭하여 만류하는 자기 일행과 빌립의 네 딸들을 질타하였습니다.

> 바울이 대답하되, 여러분이 어찌하여 울어 내 마음을 상하게 하느냐? 나는 주 예수의 이름을 위하여 결박당할 뿐 아니라, 예루살렘에서 죽을 것도 각오하였노라 하니(13절).

똑같이 구원의 은혜를 입은 그리스도인들이었는데도 바울의 일행과 빌립의 네 딸들은, 단지 바울의 예루살렘행이 결박과 투옥의 길이라는 이유만으로 바울의 앞길을 눈물로 가로막고 나섰습니다. 하지만 바울은 주 예수의 이름을 위하여 결박과 투옥당할 뿐 아니라, 예루살렘에서 죽을 것도 각오하였습니다. 지난 시간에 말씀드린 것처럼 그 차이는, 주님의 은혜에 대한 깨달음의 깊이에 기인하였습니다.

평소에 바울은, 자신을 "죄인 중에 괴수"(딤전 1:15)로 여기고 있었습니다. 자기에게는 구원받을 자격이 전무하다는 말이었습니다. 그런데도 주님께서는 그 괴수 죄인을 멸망과 저주의 심판대에 세우시지 않고, 도리어 구원의 은혜와 함께, 당신의 사도로 세우시는 은혜까지 베풀어 주셨습니다. 우상의 도시 하란에서 하나님을 알지도 못하던 아브라함을 믿음의 조상으로 부르신 하나님의 은혜, 태어나지도 않은 태 속의 쌍둥이 중에 동생 야곱을 언약의 자손으로 선택하신 그 은혜, 이집트의 비천한 노예였던 이스라엘 백성을 당신의 거룩한 자녀로 불러내신 그 은혜와 동일하게 불가사의한 은혜였습니다. 삼위일체 하나님의 그 불가사의한 은혜를 깊이 깨달을수록, 바울은 자신의 온 의지와 뜻과 마음을 다해 주님을 좇지 않을 수 없었습니다.

우리 교회에는 〈새신자반〉 10주, 〈성숙자반〉 10주, 〈사명자반〉 10주, 총 30주에 걸친 성경공부가 1년에 두 차례씩 개설되고 있습니다. 〈새신자반〉은 초신자가 아니라 신앙 연륜에 상관없이, 그리스도 안에서 새로운 삶을 실천하며 살기 원하는 분들을 위한 과정입니다. 〈성숙자반〉은 주님 안에서 좀더 성숙한 그리스도인으로 살아가기 원하는 분들을 위한 과정이고, 〈사명자반〉은 바울처럼 생명이 있는 동안에 주님의 뜻을 이루기 위한 사명자로 살아가기 원하는 분들을 위한 과정입니다. 그러나 30주에 걸친 성경공부에 참여한다는 것과, 실제로 그렇게 살아간다는 것은 다른 문제입니다. 십자가의 보혈을 통해 자기에게 새 생명을 주신 주님의 은혜를 믿음으로 바르게 깨달은 사람만, 주님 안에서 새롭게 거듭난 새신자의 삶을 실천할 것입니다. 살아가면서 주님의 은혜를 더 깊이 깨닫게 되면, 주님 안에서 영적인 성장을 추구하는 성숙자로 살게 될 것입니다. 그리고 주님의 은혜 속에 깊이 침잠한 사람이라면, 바울처럼 주님을 위해 자신의 온 삶을 던지는 사명자로 살아갈 것입니다.

그렇다면 바울처럼 주님의 은혜에 의지를 다해 자신의 온 삶으로 응답하는 사람을, 주님께서 당신의 변함없는 은혜로 계속하여 책임져 주시지 않겠습니까? 오늘 본문은 바로 이 질문에 대한 대답입니다.

> 이 여러 날 후에 여장을 꾸려 예루살렘으로 올가갈새(15절).

여러 날이 지난 후, 마침내 바울은 결박과 투옥이 기다리고 있는 예루살렘을 향해 발걸음을 떼었습니다. 가이사랴에서 예루살렘은 약 100킬로미터 떨어져 있었습니다. 인생말년에 접어든 바울에게는 걸어서 사흘 길이었습니다. 그 먼 길에 오른 바울 일행의 수는 예전보다 더 늘어났습니다.

> 가이사랴의 몇 제자가 함께 가며 한 오랜 제자 구브로 사람 나손을 데리고 가니, 이는 우리가 그의 집에 머물려 함이라(16절).

본래 바울의 일행은 사도행전을 기록한 누가와 디모데, 그리고 흉년을 당한 예루살렘 교인들에게 구제헌금을 전달할 고린도와 마게도냐 각 지역 교회의 대표들이었습니다. 하지만 바울이 예루살렘을 향해 가이사랴를 출발할 때에는, 그 본래의 일행에 "가이사랴의 몇 제자"도 합류하였습니다. 그들 가운데는 특히 주님을 영접한 지 오래 된, 구브로 사람 나손도 있었습니다.

나손이 바울의 일행에 합류한 까닭을 본문은, "이는 우리가 그의 집에 머물려 함이라"고 밝히고 있습니다. 예루살렘에 집을 소유하고 있던 나손은, 바울과 그의 일행을 자기 집에 묵게 해주기 위해 가이사랴에서부터 바울을 따라 나선 것이었습니다.

사도행전 20장 4절에 의하면, 바울이 고린도를 출발할 때 바울의 일행은 바울 자신을 포함하여 여덟 명이었습니다. 그 여덟 명에 마게도냐에서 합류한 누가를 합치면 총 아홉 명이 됩니다. 거기에 또 가이사랴에서 바울을 따라나선 '몇 제자'를 합치면 바울 일행은 최소한 십여 명이 됩니다. 한 집에 머물기에는 적은 숫자가 아닙니다. 나손은 그 많은 사람들의 숙식을 자기 집에서 해결해 줄 수 있을 정도로, 예루살렘에 큰 집을 소유하고 있었습니다. 이를테면 나손은 부자였습니다. 바울은 지금 벼슬에 오르기 위해 예루살렘으로 가는 것이 아니었습니다. 바울이 예루살렘에서 결박과 투옥당하리라는 것은 선지자 아가보를 통해 이미 공개된 사실이었습니다. 지켜야 할 것이 많은 부자는 따질 것도 많고, 눈치 보아야 할 사람도 많습니다. 하지만 부자 나손은 그 누구, 그 무엇에도 개의치 않고, 유대인들에 의해 결박당하여 로마군에게 넘겨질 것이라는 바울과 그의 일행을 예루살렘의 자기 집에 묵게 해주기 위해 가이사랴에서부터 바울을 따라나섰습니다.

구브로 출신으로 예루살렘에 살고 있던 나손이 이때 왜 가이사랴에 가 있었는지, 가이사랴에서 어떻게 바울을 만났는지, 바울과 그의 일행을 왜 예루살렘의 자기 집에 묵게 해주려 했는지, 그 동기나 과정에 대해서는 본문이 전혀 설명해 주지 않습니다. 본문이 주려는 메시지는 그런 부수적인 데 있지 않기 때문입니다. 본문의 메시지는 바울이 자신을 구원해 주신 주님의 은혜에 자신의 삶으로 응답했을 때, 주님께서 바울과 그의 일행이 예루살렘에서 머물 숙소까지 책임져 주실 정도로 계속하여 은혜를 베풀어 주셨다는 데 있습니다. 앞으로 계속 살펴보겠습니다만, 예루살렘에 도착한 바울은 약 일주일 만에 체포당하고 말았습니다. 그리고 2년 후 로마로 압송될 때까지 그는 계속하여 감옥에 갇혀 있었습니다. 주님께서는 예루살렘에 도착한 바울이 체포당하기 전까지 겨우 일주일 정도 머물 집을 책임져 주시기 위해, 예루살렘에서 100킬로미터나 떨어진 가이사랴에서부터 구브로 출신의 나손을 동원하시는 불가사의한 은혜를 바울에게 베풀어 주신 것이었습니다.

이처럼 바울에 대한 하나님의 은혜는 단 일회적으로 그치지 않았습니다. 교회를 짓밟던 폭도였던 자신을 먼저 구하시고 불러 주신 하나님의 은혜에 바울이 자신의 삶으로 응답하였을 때, 하나님께서는 오늘의 본문에서 확인했듯이 바울을 위해 세심한 것까지 책임져 주시는 은혜를 계속하여 베풀어 주셨고, 하나님의 중단 없는 그 은혜 속에서 바울은 자신의 온 의지를 다해 주님을 좇은, 우리가 아는 위대한 사도가 되었습니다. 그러므로 예수 그리스도의 십자가 보혈을 통해 먼저 구원의 은혜를 입은 우리는, 주님께서 우리의 삶 속에 날마다 계속하여 베풀어 주고 계시는 주님의 은혜를 헤아려 볼 줄 아는 눈을 지녀야 합니다. 주님께서 아무리 은혜를 베풀어 주셔도 그 은혜를 헤아려 볼 줄 아는 눈을 지니지 못하면, 우리의 의지나 결단만으로는 사명자나 성숙자는 고사하고 평생 새신자로도 살 수 없습니다.

2주 전 2부 예배 후, 엘리베이터에서 만난 젊은 여성도님이 제게 말했습니다. 자기 남편의 삶이, 회심 이전의 저와 똑같았답니다. 예전의 저처럼 엉망이었다는 말입니다. 그런데 최근에 남편이 하나님의 은혜로 변화되어, 완전히 새사람이 되었다고 했습니다. 그리고 남편이 100주년기념교회에 가보자고 해서, 그날 우리 교회를 찾아와 처음으로 예배드렸다고 했습니다. 차를 이동시키려 먼저 나갔다는 그분의 남편은 직접 보지 못했지만, 남편의 변화에 대해 말하는 그 여성도님의 얼굴에는 감격의 생기가 역력했습니다. 저는 그분의 감격을 그대로 느낄 수 있었습니다.

평소 남편의 삶이 엉망이었다면 세상에서 가장 속상했을 사람은, 그 남편과 한 몸을 이룬 아내 아니었겠습니까? 엉망이었던 남편의 삶이 하루아침에 새로워졌다면, 세상에서 가장 감격했을 사람도 아내 아니었겠습니까? 그러나 아내의 감격이 아무리 커도, 당사자인 남편의 감격에는 미치지 못할 것입니다. 자기도 어쩔 수 없었던 자신의 삶을 새롭게 세워 주신 주님의 은혜가, 생각하면 할수록 감사하지 않겠습니까? 주님의 그 은혜를 잊지 않는 한, 그 남편은 앞으로 주님의 뜻을 좇아 살려 누구보다 애쓸 것입니다.

그 여성도님은 마치 예전의 제 모습을 직접 목격한 것처럼, 자기 남편의 삶이 회심 이전의 저와 똑같았다고 했습니다. 아마도 저의 책이나 설교를 통해 알게 된 저의 옛 모습을 그렇게 표현하였을 것입니다. 그러나 제 삶이 얼마나 엉망이었는지, 어떻게 책이나 설교를 통해 다 밝힐 수 있겠습니까? 과거의 제 삶은 그분이 생각하는 엉망보다 훨씬 더 엉망이었습니다. 욥기 25장 6절의 표현을 빌리면, 한마디로 저는 구더기 같은 인간, 벌레 같은 인생이었습니다. 그러나 많은 분들이 알고 계시는 것처럼 1984년 8월 2일 새벽 2시, 스스로 제 생명을 갉아먹던 그 죽음의 수렁에서 제가 벗어났습니다. 그것은 저 자신의 의지가 아니었습니다. 제 노력이나, 저 자신의 힘에 의해서도 아니었습니다. 그것은 하나님의 은혜였습니다. 하나님께서 당신의 짧지 않은 손으로 저를 그 수렁에서 건져 주신 것입니다. 그때 제 의지나 노력으로는 벗어날 수 없던 수렁에서 해방된 제 감격과 기쁨이 얼마나 컸었는지는, 저의 둔한 재주로는 도저히 표현할 길이 없습니다.

그러나 하나님의 은혜가 그때 그 한 번으로 끝나 버렸다면, 저는 엉망보다 더 엉망이었던 옛 삶으로 이내 회귀해 버리고 말았습니다. 저의 나약함과 태만함과 무지함과 부족함 그리고 온갖 허물과 잘못에도 불구하고 하나님께서 끊임없이 당신의 은혜로 제 삶을 늘 감싸 주셨기에, 오직 그 은혜 덕분에 오늘도 제가 이렇게 이 자리에 서 있습니다. 제가 제 의지를 다해 주님께 충성하려는 것 역시, 항상 저를 감싸고 계시는 주님의 그 은혜로 인함입니다. 그러나 언제든 제가 하나님의 그 은혜를 외면한다면, 그 즉각 제 인생은 자만과 교만으로 또다시 무너져 내리고 말 것입니다.

오늘은 우리에게 구원의 은혜를 먼저 베풀어 주시기 위해 주님께서 십자가에서 당하신 고난을 묵상하면서 우리의 그릇된 삶을 참회하는 사순절 둘째 주일입니다. 매일 매 순간 하나님의 은혜를 헤아려 보며, 그 은혜 속에 침잠하여 살았던 바울은 이렇게 고백하였습니다.

> 자기 아들을 아끼지 않으시고, 우리 모두를 위하여 내주신 분이, 어찌
> 그 아들과 함께 모든 것을 선물로 거저 주지 않으시겠습니까? (롬 8:32,
> 새번역)

우리말 '선물로 거저 주다'로 번역된 헬라어 동사 '카리조마이χαρίζομαι'는 '은혜'를 뜻하는 '카리스'에서 파생된 단어입니다. 그렇지 않습니까? 우리를 죄와 사망의 덫에서 구원해 내시기 위해 당신의 독생자를 십자가의 제물로 내어 주신 하나님께서, 어찌 우리에게 매일 매 순간 필요한 은혜를 계속하여 거저 베풀어 주시지 않겠습니까? 시인은 시편 121편을 통해 하나님의 은혜를 이렇게 찬양하였습니다.

> 내가 산을 향하여 눈을 들리라. 나의 도움이 어디서 올까? 나의 도움은
> 천지를 지으신 여호와에게서로다. 여호와께서 너를 실족하지 아니하게

하시며, 너를 지키시는 이가 졸지 아니하시리로다. 이스라엘을 지키시는 이는 졸지도 아니하시고, 주무시지도 아니하시리로다. 여호와는 너를 지키시는 이시라. 여호와께서 네 오른쪽에서 네 그늘이 되시나니, 낮의 해가 너를 상하게 하지 아니하며, 밤의 달도 너를 해치지 아니하리로다. 여호와께서 너를 지켜 모든 환난을 면하게 하시며, 또 네 영혼을 지키시리로다. 여호와께서 너의 출입을 지금부터 영원까지 지키시리로다(시 121:1-8).

눈을 들어 보십시오. 천지를 창조하신 여호와 하나님의 손은 결코 짧지 않습니다. 그 하나님의 은혜를 헤아려 보려는 사람에게는 하늘의 해와 달과 별도, 길가의 꽃과 나무도, 바람과 새의 노랫소리도, 곁에 있는 사람들도, 하나님의 은혜의 손길 아닌 것이 없습니다. 하나님의 은혜가 우리를 온통 떠받쳐 주고 계십니다. 하나님의 그 지속적인 은혜에 의해, 죽음이 두려워 자기 아내를 누이라 속일 정도로 나약했던 아브라함이 마침내 강인한 믿음의 조상으로 우뚝 섰습니다. 하나님의 그 중단 없는 은혜를 힘입어, 사기꾼과 같았던 야곱이 새로운 이스라엘의 막을 올렸습니다. 하나님의 그 영원한 은혜 속에서, 사도 바울은 2천 년의 시간과 공간을 뛰어넘어 우리 가운데 영원히 살아 있습니다.

하나님의 그 은혜가 지금 우리와 함께하고 계십니다. 우리가 하나님을 잊고 있을 때에도, 하나님의 은혜는 우리를 떠나신 적이 없습니다. 우리 모두 그 은혜를 헤아려 보는 눈을 지니고, 그 은혜에 깨어 있는 그리스도인이 되십시다. 하나님의 그 은혜 속에서 우리 역시 새신자로 살아가는 감격을, 성숙자의 삶을 영위하는 희열을, 자기 인생의 경주를 사명자로 완주하는 보람을 누리게 될 것입니다.

아브라함을 믿음의 조상으로 세워 주신 그 변함없는 은혜로, 야곱을 새로운 이스라엘로 거듭나게 해주신 그 지속적인 은혜로, 바울이 예루살렘에서 겨우 일주일 정도 머물 숙소까지 친히 책임져 주신 그 섬세한 은혜로, 주님께서 항상 우리를 떠받쳐 주고 계심을 감사합니다. 내가 주님을 잊고 있던 그때에도, 주님께서 따뜻한 은혜로 계속하여 나를 감싸고 계셨음을 감사합니다.

이제부터 주님의 그 은혜에 날마다 깨어 있게 해주십시오. 주님의 그 은혜를 헤아려 볼 줄 아는 눈을 갖게 해주십시오. 하늘의 해와 달, 새와 바람 소리, 길가의 꽃과 나무, 사람들의 이야기를 통해서도, 우리를 향한 주님의 은혜를 헤아려 볼 줄 알게 해주십시오. 주님의 그 은혜 속에서 날마다 새신자의 감격을, 성숙자의 희열을, 사명자의 보람을 누리며 살게 해주십시오. 아멘.

7. 야고보에게로 들어가니 사순절 넷째 주일

사도행전 21장 17-18절
예루살렘에 이르니 형제들이 우리를 기꺼이 영접하거늘 그 이튿날 바울이 우리
와 함께 **야고보에게로 들어가니** 장로들도 다 있더라

주 예수의 이름을 위하여 결박당할 뿐 아니라 예루살렘에서 죽을 것도 각
오한 바울은, 마침내 예루살렘을 향해 일행과 함께 가이사랴를 출발하였습
니다. 예루살렘에서 자기 집을 숙소로 제공해 줄 나손도 바울과 함께 동행
하였습니다. 가이사랴에서 예루살렘은 100킬로미터의 거리였지만, 예루살
렘은 해발 800미터의 고지대였습니다. 평지를 100킬로미터 걸어가는 것보
다, 점점 지대가 높아지는 예루살렘행 100킬로미터는 인생말년에 접어든 바
울이 걸어가기에 쉬운 길이 아니었을 것입니다. 바울이 2차 전도 여행을 매
듭지으면서 예루살렘을 들른 이후 약 5년 만에 다시 이루어진 본문의 방문
은, 바울의 생애에서 마지막 예루살렘 방문이 되었습니다. 바울이 예루살렘

에서 체포당하여 2년 동안 투옥되어 있다가, 로마로 압송되어 그곳에서 참수형을 당해 죽었기 때문입니다.

> 예루살렘에 이르니 형제들이 우리를 기꺼이 영접하거늘(17절).

드디어 바울은 일행과 함께 예루살렘에 도착하였습니다. 헬라어 원문에는 우리말 '이르다'로 번역된 동사 '기노마이γίνομαι'가 문장 제일 앞에 나오는데, 그 단어 첫 글자가 대문자로 기록되어 있습니다. 헬라어에서는 고유명사나 직접화법일 경우를 제외하고는, 동일한 단락 내에서는 일반적으로 대문자를 사용하지 않습니다. 굳이 대문자를 사용할 때는 중요한 의미를 부여할 때입니다. 바울이 살아생전에 예루살렘에 마지막으로 도착한 것이 얼마나 의미심장했던지, 대문자를 동원한 원문 자체가 강조하고 있는 셈입니다. 예루살렘의 신자들은 예루살렘에 도착한 바울과 그의 일행을 기쁘게 영접해 주었습니다.

> 그 이튿날 바울이 우리와 함께 야고보에게로 들어가니, 장로들도 다 있더라(18절).

이튿날 바울은 "우리"라고 표현된 그의 일행과 함께 예루살렘 교회의 지도자들을 찾아갔습니다. 그리고 바울이 만난 지도자들 가운데 본문에 이름이 밝혀진 인물은 야고보뿐이었습니다. 그 야고보는 사도행전 12장 2절에서 이미 참수형을 당해 순교한 예수님의 제자 야고보가 아니라, 예수님의 동생 야고보였습니다.

예수님께서는 성령님에 의해, 동정녀 마리아에게서 태어나셨습니다. 그 이후 마리아가 일평생 독신으로 산 것은 아니었습니다. 마태복음 13장 55절에 의하면 마리아는 성령님에 의해 예수님을 낳은 이후, 약혼자 요셉과 결혼하여 네 명의 아들을 더 낳았습니다. 이를테면 예수님의 동생들인 셈이었습니다. 그들 가운데, 예수님의 첫째 동생 이름이 야고보였습니다. 예수님께서는 성령님에 의해 동정녀였던 마리아에게서 태어난 하나님의 아들이신 반면에, 야고보는 아버지 요셉과 어머니 마리아 사이에서 태어난 인간이기에, 예수님과 야고보는 본질적으로 동일할 수 없었습니다. 그러나 예수님과 야고보가 한 어머니의 태에서 태어났다는 의미에서, 사람들은 인간의 용어를 사용하여 야고보를 예수님의 동생—혈육으로 부르고 있습니다.

예루살렘에 도착한 바울이 예루살렘 교회 지도자인 야고보를 만나러 갈 때, 본문을 기록한 누가 역시 본문에 '우리'로 표현된 바울 일행의 자격으로 동행하였습니다. 그리고 누가는, 바울이 우리와 함께 야고보에게 '갔다'고 표현하지 않고, 야고보에게로 '들어갔다'고 기록했습니다. 헬라어에는 '가다'를 뜻하는 다양한 동사들이 있습니다. 그러나 누가는 '가다'는 의미의 동사를 다 제쳐놓고, '들어가다'를 뜻하는 동사 '에이세이미εἴσειμι'를 사용하였습니다. 굳이 그 동사를 사용하려면, 바울이 우리와 함께 '예루살렘 교회로 들어갔다' 함이 타당해 보입니다. 그런데도 누가는 특별히 야고보를 지적하면서, 바울이 우리와 함께 "야고보에게로 들어"갔다고 표현하였습니다.

예수님의 동생 야고보의 이름이 사도행전에 처음 등장한 것은 12장에서입니다. 분봉왕 헤롯 아그립바에 의해 투옥된 베드로는 참수형을 당하기 전날 밤, 하나님께서 내미신 구원의 손을 의지하여 삼엄한 경비의 감옥에서 극적으로 벗어났습니다. 베드로는 곧장 신자들이 함께 모여 기도하고 있는,

마가라 하는 요한의 어머니 마리아의 집으로 갔습니다. 당시의 상황에 대해 사도행전 12장 17절이 전해 주고 있습니다.

> 베드로가 그들에게 손짓하여 조용하게 하고 주께서 자기를 이끌어 옥에
> 서 나오게 하던 일을 말하고, 또 야고보와 형제들에게 이 말을 전하라 하
> 고 떠나, 다른 곳으로 가니라.

이튿날이면 참수형을 당해 죽을 베드로를 위해 간절히 기도하던 신자들은, 멀쩡하게 살아서 돌아온 베드로를 보고 소스라치게 놀랐습니다. 베드로는 하나님의 구원의 손이 철옹성 같은 감옥으로부터 자신을 어떻게 구출해 주셨는지, 그곳에 모여 있는 신자들에게 상세하게 설명하였습니다. 그리고 베드로는 그곳을 떠나면서, "야고보와 형제들"에게도 자기 말을 전해 달라고 당부했습니다. 다른 곳에 있는 '야고보와 형제들'에게도 자신이 방금 한 설명을 전해 달라는 부탁이었습니다. 당시 그리스도인들은 서로 형제로 불렀기에, 베드로가 그곳에 없는 사도들과 교인들을 통틀어 '형제'라 불렀다면 이상할 것이 전혀 없습니다. 그러나 베드로도 오늘의 본문처럼, 그들을 '야고보와 형제들'이라고 구별하여 불렀습니다. 다른 사람은 모두 한데 묶어 형제라고 통칭한 반면, 예수님의 동생인 야고보만은 그의 이름을 별도로 구별하여 부른 것입니다. 이것은 유대인의 언어 관습상, 예수님의 제자인 베드로도 벌써 이때부터 예수님의 동생 야고보를 예루살렘 교회의 지도자로 인정하고 있었음을 의미입니다.

예수님의 동생 야고보의 이름이 사도행전에서 두 번째로 등장하는 곳은 15장입니다. 사도행전 15장은 역사적으로 제1회 예루살렘공의회로 불리는, 기독교 역사상 최초로 예루살렘에서 개최되었던 교회 지도자들의 총회에

관한 증언 내용입니다. 그 총회의 주제는 이방인 그리스도인에 대한 할례 문제였습니다. 주님을 영접한 이방인들은 구원을 위한 필수적 전제조건으로 율법에 따라 할례를 받아야 한다고 주장하는 측과, 그럴 필요가 없다고 주장하는 측 사이에 오랜 시간 동안 열띤 공방이 벌어졌습니다. 장구한 세월 동안 유대인들이 금과옥조로 받들어 오던 할례 문제였던 만큼, 자칫 그 문제로 인해 교회가 분열될 수도 있었습니다. 그때 이방인 그리스도인들은 할례를 받을 필요가 없다고 최종 판결을 내린 사람이 야고보였습니다. 예수님의 동생 야고보가 그 역사적인 첫 번째 총회의 의장이었습니다. 그리고 구약성경을 정확하게 인용한 야고보의 최종 판결에 아무도 이의를 제기하지 못했습니다. 야고보는 그 정도로 절대적인 권위를 지닌, 초대교회의 명실상부한 우두머리였습니다.

그러므로 우리는 누가가 오늘의 본문에서 굳이, 바울이 우리와 함께 '야고보에게로 들어갔다'고 표현한 까닭을 알 수 있습니다. 예수님의 동생인 야고보에게 경의를 표하기 위함이었습니다. 우리말에도 자기보다 윗사람을 만나러 갈 때 '들어가다'는 표현이 있습니다. 이를테면 대통령을 만나기 위해 '청와대에 들어간다'는 식입니다. 청와대에 '간다'고 해도 되지만, 청와대에 '들어간다'고 자신을 청와대보다 작게 표현함으로써, 청와대에 살고 있는 대통령을 높이는 것입니다. 헬라어에 '들어가다'를 뜻하는 여러 동사들이 있습니다. 그러나 누가가 본문에 사용한 동사 '에이세이미'는 성경에서 성전에 들어갈 때에만 사용된 특별한 단어입니다. 그리고 이 단어가 성경에서 사람을 만나러 갈 때 사용된 경우는 본문의 야고보가 유일합니다. 당시의 그리스도인들이 예수님의 동생 야고보를 그 정도로 존경하였음을 의미합니다.

그렇지만 예수님의 동생 야고보가 처음부터 예수님의 뜻을 잘 알고 좇았던 것은 아닙니다. 요한복음 7장 5절은, 예수님의 동생들이 예수님을 전혀 믿지 않았음을 증언하고 있습니다. 한 어머니의 태에서 태어난 형제들은 이세상 누구보다 가까운 사이입니다. 세상 모든 사람이 오해하고 곡해해도 형제만은 서로 믿어야 합니다. 그러나 예수님의 동생들은 예수님을 도무지 믿을 수 없었습니다. 그들은 예수님의 어머니가 누군지 정확하게 알고 있었습니다. 바로 자신들의 어머니인 마리아였습니다. 그들은 예수님의 직업도 잘 알고 있었습니다. 자신들의 아버지인 요셉의 직업을 이어받은 목수였습니다. 그들에게 예수님은 한솥밥을 먹고 자란 맏형이었기에, 그들은 누구보다 예수님을 잘 알고 있었습니다.

하지만 어느 날부터 맏형이 갑자기 이상해지기 시작했습니다. 느닷없이 자신이 하나님의 아들이랍니다. 자신이 만민을 죄에서 구원하기 위해 이 땅에 온, 이스라엘 백성이 그토록 고대하던 메시아랍니다. 자신이 하늘에서 내려왔으므로, 머지않아 하늘로 다시 올라갈 것이랍니다. 하나님께서 자기 안에 계시고, 자기는 하나님 안에 거하고 있답니다. 한 어머니의 배에서 태어난 동생들로서는, 이렇게 황당한 말을 거침없이 쏟아내는 맏형을 믿는 것은 고사하고 이해할 수도 없었습니다. 그래서 마가복음 3장 21절에 의하면, 예수님의 주위 사람들은 예수님을 미쳤다고 단정하기도 했습니다. 우리가 그들이었더라도 마찬가지였을 것입니다.

그러나 사도행전 1장은 그들의 판이하게 달라진 모습을 우리에게 보여 주고 있습니다. 예수님께서 부활 승천하신 이후 사도들을 포함한 약 120명의 신자들이 소위 마가의 다락방에서 함께 모여 기도함으로, 초대교회가 태동되었습니다. 그 120명의 신도 중에는 예수님의 어머니 마리아뿐 아니라, 놀랍게도 예수님의 동생들도 포함되어 있었습니다. 사도행전 1장 13-14절은 예수님의 동생들이 사도들과 함께 기도한 것이 아니라, 사도들이 예수님의 동생들과 더불어 기도하였음을 밝혀 주고 있습니다. 맏형 예수를 믿기는커녕 오히려 미쳤다고 단정했던 예수님의 동생들이 예수님의 부활 승천 뒤에는, 도리어 초대교회의 구심점이 되어 있었습니다. 어떻게 그런 대전환이 가능할 수 있었겠습니까?

고린도전서 15장 3-8절에는 예수님께서 부활하신 뒤, 부활하신 당신의 모습을 직접 보여 주셨던 대상이 밝혀져 있습니다. 그 대상 가운데 단체가 아닌 개인은 단 세 사람뿐입니다. 사도 베드로와 바울, 그리고 당신의 큰 동생 야고보였습니다. 예수님께서 동생 야고보를 개별적으로 찾아가 부활하신 당신의 모습을 개인적으로 확인시켜 주실 정도로, 동생들에 대한 예수님의 사랑과 관심은 특별하였습니다. 그 덕분에 맏형을 미쳤다고 단정했던 동생들은 초대교회의 구심점이 되었고, 큰 동생 야고보는 초대교회의 우두머리가 되었습니다. 야고보는 예루살렘의 초대감독이었으며, 신약성경 야고보서의 저자이기도 했습니다. 누구보다 혈통을 중시하던 유대인들이었기에 예수님의 동생 야고보가 예수님의 직계 제자는 아니지만, 신자들이 그를 초대교회의 우두머리로 모신 것은 당시의 관습으로는 조금도 이상한 일이 아니었습니다. 그리고 누가가 오늘의 본문에서 야고보에 대한 경의를 나타내기 위해 특별한 동사 '에이세이미'를 사용하여, 바울이 일행과 함께 '야고보에게로 들어'갔다고 기록한 것 역시 적절한 표현이었습니다.

이슬람교의 창시자는 잘 아시는 것처럼 마호메트입니다. 사도행전 12장을 살펴볼 때 말씀드린 적이 있습니다만, 570년경 메카에서 태어나 일찍 부모를 여의었던 마호메트는 조부에 의해 양육되었습니다. 조부마저 사망하자, 그는 성인이 되기까지 숙부인 아부 탈리브 집에서 살았습니다. 숙부의 소개로 마호메트는 부유한 과부 하디자와 결혼하였습니다. 결혼 당시 마호메트는 25세, 하디자는 40세였습니다. 마호메트는 부유한 아내 덕에 경제적으로 안정된 삶을 누리면서 3남 4녀를 얻었지만, 그의 아들들은 모두 일찍 죽고 말았습니다. 그때부터 마호메트는 메카에 있는 히라산 동굴에서 명상과 기도생활을 시작하였습니다. 그리고 그의 나이 40세가 되던 주후 610년, 알라의 계시가 그에게 임하므로 이슬람교가 태동된 것으로 알려지고 있습니다. 처음에는 많은 어려움이 있었지만, 632년 그가 죽을 때엔 아라비아 반도 거의 전 지역이 이슬람교로 통일되어 있었습니다.

그러나 마호메트 사후 이슬람교는 교권 다툼으로 인한 심각한 내부 분열의 진통을 겪었는데, 수니파와 시아파의 분열이 가장 대표적이었습니다. 수니파는 유일신 알라와 그의 사자인 마호메트를 믿고 따른다는 단순하고도 소박한 교의를 으뜸으로 삼는 종파로서, 현재 전 세계 이슬람교도의 90퍼센트를 차지하고 있으며, 사우디가 종주국입니다. 이에 반해 시아파는 이슬람교의 윤리성을 극단적으로 추구하는 과격파로서, 이슬람혁명으로 팔레비 왕조를 타도하고 이슬람 사제들이 주요 권력기관을 장악하고 있는 이란이 종주국입니다. 국제 테러집단인 IS가 출현하기 이전까지 이슬람교도에 의해 자행된 무력 테러가 대부분 시아파에 의해 일어난 것은, 그들이 옳다고 믿는 바를 극단적으로 추구하는 그들의 교리와 무관하지 않았습니다. 그 반면에 근래 악명을 떨치고 있는 국제 테러집단 IS는 시아파 척결을 표방하는, 수니파 극단주의입니다.

비극적인 난민 사태를 수년째 배태하고 있는 시리아 내전은 소수파인 시아파가 다수파인 수니파를 오랫동안 철권통치한 데서부터 비롯되었습니다. 시아파의 종주국인 이란은 같은 시아파인 시리아 정부군을 돕고, 수니파의 종주국인 사우디는 수니파인 시리아 반군을 후원합니다. 거기에 시아파 척결을 내세우는 수니파 극단주의 IS가 시아파인 시리아 정부군을 공격하자, 시아파의 종주국인 이란은 IS 공격에 화력을 집중하고 있습니다. 이에 사우디는 이란을 견제하기 위해 IS를 암묵적으로 지지하고 있는 것으로 알려지고 있습니다. 예멘의 내전에서는 거꾸로 사우디가 정부군을 돕고, 이란은 반군을 지원하고 있습니다. 자기 종파를 지키기 위해서입니다. 이렇듯 칡넝쿨처럼 뒤엉킨 이슬람 종파 간의 살육 분쟁이 국제정치 이해관계와 맞물리면서, 현재의 중동사태는 해결의 실마리를 찾지 못하고 있습니다.

이와 같은 수니파와 시아파 간의 살육의 분쟁 한가운데엔 마호메트의 사위였던 알리가 있습니다. 이슬람교를 창시한 마호메트의 아들들이 모두 일찍 죽었으므로, 마호메트의 사위인 알리의 피를 이어받은 사람만 이슬람교의 지도자가 될 수 있다는 것이 시아파의 주장인 반면, 수니파는 이것을 인정하지 않으므로 결국 이슬람교는 처음부터 분열되고 말았습니다. 그런데 문제의 인물인 알리는 마호메트의 사위이기 이전에 마호메트의 사촌동생이었습니다. 일찍 고아가 된 마호메트가 숙부의 도움으로 성장하고 결혼하였음은 이미 말씀드린 바와 같습니다. 후에 대지도자가 된 마호메트는 숙부의 아들, 즉 자신의 사촌동생인 알리를 자기 사위로 맞아들임으로 숙부에 대한 은혜를 갚았습니다. 고아로 자란 마호메트에게 사촌동생 알리는, 실은 친동생이나 다름없었습니다. 그러나 바로 그 동생에 의해 이슬람교는 분열되고 말았습니다. 결과적으로 동생이 형의 뜻을 그르친 셈이었습니다. 그러나 예수님의 동생 야고보는 달랐습니다.

예수님과 한 어머니의 태에서 태어난 야고보는 예수님과의 혈연관계를 내세워, 교권을 장악하여 휘두르며 교회의 지도자가 아니라 지배자로 군림할 수도 있었습니다. 이슬람교를 창시한 마호메트의 동생 알리처럼, 아들이 없는 예수님을 대신하여 예수님의 동생인 자신의 핏줄을 이어받은 사람만 교회의 최고 지도자가 될 수 있다고 주장하면서, 자신이 장악한 교권을 세습

할 수도 있었습니다. 무엇보다도 혈통을 중시하는 유대인들이고 보면, 그와 같은 주장은 유대인들 사이에서 큰 설득력을 지녔을 것입니다. 누가가 오늘의 본문에서 '야고보에게로 들어갔다'고 기록할 정도로 뭇 신도들로부터 존경받던 야고보가 만에 하나라도 그런 시도를 획책했더라면, 기독교회도 이슬람교처럼 초창기부터 예수님의 동생으로 인해 분열되고 말았을 것입니다.

그러나 야고보는 그런 어리석음을 결코 범치 않았습니다. 그는 단지 주님의 몸 된 교회를 위해, 승천하신 주님의 빈자리를 잠시 메우는 자신의 역할에 충실하였습니다. 그리고 그는 오늘의 본문을 전하는 사도행전 21장을 끝으로, 사도행전의 무대에서 조용히 퇴장하였습니다. 교회가 분열된 것은 그이후 기독교가 로마제국의 국교가 되면서 권력에 눈먼 인간들의 교권 다툼에서 비롯된 것이요, 예수님의 동생 야고보는 초대교회가 이 땅에 뿌리내리게 하는 데 지대한 공헌을 하였습니다. 그는 과연 예수님과 한 어머니의 태에서 태어난 예수님의 동생다웠습니다.

오늘은 우리를 구원하시기 위해 예수님께서 십자가에서 당하신 고난을 묵상하면서, 우리의 그릇된 삶을 참회하는 사순절 네 번째 주일입니다. 이 땅에 오신 예수님께서 세상의 권력을 장악하여 세상의 지배자가 되려 하셨다면, 우리는 죄와 사망의 덫에서 영원히 멸망하고 말았을 것입니다. 예수님께서 우리의 죗값을 대신 치러 주시는 십자가의 제물이 되셨기에, 우리 같은 죄인에게도 영원한 생명과 구원의 길이 주어졌습니다. 예수님의 동생 야고보가 마호메트의 동생 알리처럼 교권을 장악하고 세습하려 했다면, 시리아와 예멘의 내전에서 보듯이, IS의 극악무도한 테러 행위가 말해 주듯이, 그리스도인들 역시 여전히 죽고 죽이는 종파 간의 피비린내 나는 살육전 한가운데에서 살고 있을 것입니다. 야고보는 주님의 빈자리를 잠시 메우며 교회가 이 땅에 뿌리내리게 하는 자신의 역할에 충실하였기에, 그가 사도행전의 무대에서 퇴장한 뒤에도 사도행전을 통한 주님의 역사는 계속 이어져 갔습니다.

우리 가운데 이 땅에서 천년만년 살 수 있는 사람은 아무도 없습니다. 언젠가 하나님께서 불현듯 부르시면, 우리 모두 빈손으로 하나님 앞에 서야 합니다. 그러므로 지금 우리 각자에게 주어진 자리와 직책이 무엇이든, 그것은 우리 자신의 치부致富를 위한 수단이거나, 세습의 대상이 아닙니다. 우리는 하나님께서 작정하신 기간 동안 하나님의 뜻을 좇아 그 자리와 직책을 거쳐 갈 뿐입니다. 이 땅에 오신 예수님께서도 그렇게 사셨고, 예수님의 동생 야고보도 그렇게 살았고, 예수님의 부르심을 받은 사도 바울도 그렇게 살았습니다. 그래서 예수님을 통해서도, 야고보를 통해서도, 바울을 통해서도, 하나님의 영원한 생명의 역사가 영원히 이어지고 있습니다.

뜻깊은 사순절 네 번째 주일을 맞아, 우리 역시 다 함께 그렇게 살아가십시다. 그것이 그리스도인으로서 나를 부인하는 것이요, 주님의 십자가에 동참하는 길입니다. 우리가 그렇게 살아가는 한, 비록 이 땅에서 우리의 생은 짧아도, 결코 짧지 않은 하나님의 손이 우리의 삶을 통해 엮어 가실 사도행전은 영원히 지속될 것입니다.

주님! 죽음은, 지금 내가 앉아 있는 책상에 내일 다른 사람이 앉게 되는 것을 의미함을, 지금 내가 하고 있는 일이 내일엔 다른 사람의 몫이 됨을 뜻함을, 잊지 말게 해주십시오. 지금 내가 앉아 있는 자리에서 사람들의 존경과 찬사를 받고 있다면, 야고보처럼 내가 떠난 뒤에 내 자리에 앉을 사람을 위해 지금 내가 해야 할 일을 행하며, 버려야 할 것을 버리게 해주십시오. 우리의 봉사는 지금 우리 주위에 있는 사람들을 위한 봉사일 뿐 아니라, 우리가 이 땅에 더 이상 없을 그때에 이 땅에 남아 있을 사람들을 위한 봉사로 이어져야 함을, 늘 기억하며 살게 해주십시오. 그리하여 우리의 인생은 짧아도, 결코 짧지 않은 하나님의 손 안에서, 우리의 인생이 영원한 사도행전으로 승화되어 가게 해주십시오. 아멘.

8. 하나님이 하신 일을 I 고난주일

사도행전 21장 17-19절
예루살렘에 이르니 형제들이 우리를 기꺼이 영접하거늘 그 이튿날 바울이 우리
와 함께 야고보에게로 들어가니 장로들도 다 있더라 바울이 문안하고 **하나님이**
자기의 사역으로 말미암아 이방 가운데서 **하신 일을** 낱낱이 말하니

사도 바울은, 고린도의 그리스도인들에게 써 보낸 첫 번째 편지인 고린도
전서 1장에서부터 십자가에 대해 증언했습니다.

십자가의 도가 멸망하는 자들에게는 미련한 것이요, 구원을 받은 우리에
게는 하나님의 능력이라(고전 1:18).

바울은 "멸망하는 자들"과 "구원을 받은 우리"를 대조하여 표현하였습니
다. 두 표현에 동원된 동사는 모두, 현재의 지속적인 상태를 나타내는 현재

분사형으로 기록되어 있습니다.

예수 없이도 살 수 있다고 믿는 사람들에게 십자가와 십자가의 도는 미련하기 짝이 없는 것입니다. 인간을 구원하기 위해 왔다는 메시아가 무기력한 사형수로 십자가에 못박혀 죽는 것보다 더 미련한 짓이 어디에 있겠습니까? 그러나 어느 날 불현듯 죽음이 그들을 덮치면, 대체 그들은 어디로 가는 것입니까? 예수 그리스도의 십자가를 통한 죄의 문제 해결 없이 그들이 거룩하신 하나님 앞에 과연 설 수 있으며, 하나님의 지엄하신 심판을 피할 수 있겠습니까? 그들은 살아 있는 것 같지만, 매일 스스로 자멸하고 있습니다. 그러므로 십자가의 도를 미련하다고 매도하는 그들 자신이, 실은 가장 미련한 인간들인 셈입니다. 반면에 구원받은 우리에게 십자가는 "하나님의 능력"입니다. 구원받은 우리에게 "십자가의 도"는 공허한 이론이거나 구호가 아닙니다. 그것은 죄와 사망의 굴레에서 영영 죽을 수밖에 없던 우리를 영원히 살리신 '하나님의 능력'입니다.

그리고 바울의 증언은 다음과 같이 이어집니다.

> 하나님의 어리석음이 사람보다 지혜롭고, 하나님의 약하심이 사람보다 강하니라(고전 1:25).

하나님께서 어리석으셔서 당신의 독생자를 십자가의 제물로 내어놓으신 것이 아니었습니다. 하나님께서 당신의 독생자로 하여금 인간의 죗값을 대신 치르게 하심으로 모든 죄인은 반드시 죽어야 한다는 당신의 공의와, 그럼에도 불구하고 인간을 살리시려는 당신의 사랑이 십자가를 통해 동시에 구현되게 하신 것은, 인간의 지혜가 상상치도 못할 하나님의 지혜였습니다. 하나님께서 약하셔서 당신의 독생자를 십자가의 죽음 속에 내버려 두신 것도 아니었습니다. 하나님께서는 당신의 독생자를 십자가에 못박는 로마 군병보다도, 당신의 독생자에게 사형을 선고한 로마제국보다 더 강하셨기에, 다시 말해 십자가에 못박혀 죽는 당신의 독생자를 완벽하게 책임지시고도 남을 만큼 충분히 강하셨기에, 당신의 독생자로 하여금 십자가의 죽음을 수용하게 하셨습니다. 십자가는 하나님의 지혜와 하나님의 강하심이 한데 어우러진 응집체였습니다.

십자가에 대한 바울의 증언은 고린도전서 2장에서도 계속됩니다.

> 형제들아, 내가 너희에게 나아가 하나님의 증거를 전할 때에 말과 지혜의 아름다운 것으로 아니하였나니, 내가 너희 중에서 예수 그리스도와 그의 십자가에 못박히신 것 외에는 아무것도 알지 아니하기로 작정하였음이라(고전 2:1-2).

어느 날 비수처럼 순식간에 날아드는 죽음 앞에서 우리의 언변이나 지식, 소유가 무슨 필요가 있겠습니까? 우리가 지닌 그 무엇도 죽음 앞에서는 자랑거리가 될 수 없습니다. 그래서 바울은 고린도의 그리스도인들에게 하나님의 구원의 비밀을 전할 때, 자신의 언변이나 지식을 내세우지 않았습니다. 그가 내세운 것은 오직 십자가에 못박히신 예수 그리스도, 예수 그리스도께서 못박히신 십자가였습니다.

유대인들에게 십자가는 거리끼는 것이었습니다(고전 1:23). 유대인들이 '나무에 달린 자는 하나님께 저주를 받았다'는 신명기 21장 23절을 예수님께 적용한 까닭이었습니다. 나무 십자가에 못박혀 죽은 예수님은, 그들이 보기에 하나님으로부터 저주받은 사람임에 틀림없었습니다. 이성을 좇아 논쟁하기 좋아하는 헬라인들에게 십자가는 어리석음의 상징이었습니다. 그들의 이

성으로는, 인간으로부터 제물을 받아야 할 신이 도리어 인간을 위한 제물로 죽는다는 것보다 더 어리석은 모순은 없었습니다.

그러나 바울은 십자가에 못박히신 예수 그리스도, 예수 그리스도께서 못박히신 십자가 외에는 "아무것도 알지 아니하기로 작정"하였습니다. 모든 것을 십자가의 관점에서 생각하고 판단하고 실행하며 살아가겠다는 결단이었습니다. 예수님의 십자가를 통해서만 죽은 심령이 살아나고, 육체의 죽음을 뛰어넘어 영원에 접속하는 구원의 신비가 일어남을, 바울 자신이 직접 체험했기 때문이었습니다. 유대인들과 헬라인들이 거리낌과 어리석음과 모순의 상징으로 단정했던 십자가가, 바울에게는 하나님의 공의와 사랑, 그리고 하나님의 지혜와 강하심이 씨줄과 날줄처럼 서로 교직하는, 신비로운 구원과 영원한 생명의 결정체였습니다.

그래서 바울은 고린도의 그리스도인들에게 써 보낸 두 번째 편지에서도 이렇게 선포하였습니다.

> 그리스도께서 약하심으로 십자가에 못박히셨으나 하나님의 능력으로 살아 계시니, 우리도 그 안에서 약하나 너희에 대하여 하나님의 능력으로 그와 함께 살리라(고후 13:4).

비록 예수님께서 연약하게 십자가에 못박혀 돌아가셨으나, 하나님의 강하신 능력에 의해 영원히 부활하셨으므로, 우리 역시 연약하지만 하나님의 강하신 능력을 힘입어 예수 그리스도의 십자가 안에서 이 세상의 그 어떤 시련도, 도전도, 불의도, 능히 맞서 극복할 수 있다는 의미였습니다.

여기에서 주목할 사실은 이 중요한 고린도전서와 고린도후서가 모두, 이제

방금 끝난 바울의 3차 전도 여행 중에 기록되었다는 사실입니다. 우리가 이미 상세하게 살펴보았던 것처럼, 바울은 3차 전도 여행 중에 3년 반 동안 에베소에서 복음을 전하였습니다. 그때 바울은 고린도의 그리스도인들을 위한 첫 번째 편지인 고린도전서를 써 보냈습니다. 그리고 에베소를 떠나 마게도냐 지방에 머무르면서, 고린도의 그리스도인들을 위한 두 번째 편지인 고린도후서를 써 보내었습니다. 두 편지의 핵심은 모두 십자가에 못박히신 예수 그리스도, 예수 그리스도께서 못박히신 십자가였습니다. 이것은 3차 전도 여행의 동기이자 동인이 곧 예수 그리스도와 그의 십자가였음을 의미합니다. 예수 그리스도와 그의 십자가가 없이는 구원의 신비도, 영원한 생명의 역사도, 복음의 능력도, 모두 불가능하기 때문이었습니다.

그 3차 전도 여행을 매듭지은 바울이 마침내 예루살렘에 도착하였습니다. 그리고 지난 시간에 확인한 것처럼, 바울은 일행과 함께 초대교회의 최고 지도자였던, 예수님의 동생 야고보를 찾아갔습니다. 그 자리에는 예루살렘 교회의 장로들도 있었습니다.

오늘의 본문 19절은 "바울이 문안하고"로 시작하고 있습니다. 우리말 '문안하다'로 번역된 헬라어 동사 '아스파조마이 $\dot{\alpha}\sigma\pi\dot{\alpha}\zeta o\mu\alpha\iota$'는 '포옹하다'는 뜻도 지니고 있습니다. 바울과 야고보의 이번 만남은, 사도행전 15장에서의 만남 이후 약 10년 만의 재회였습니다. 바울은 야고보와 반갑게 포옹하고, 유대인들의 관습에 따라 서로 입을 맞추며 문안하였을 것입니다. 그리고 본문에는 생략되어 있지만, 바울의 문안에는 구제헌금 전달도 포함되어 있었을 것입니다. 대흉년을 당한 예루살렘의 그리스도인들을 위해 마게도냐와 고린도의 그리스도인들이 구제헌금을 모았고, 바울은 일행과 함께 그 구제헌금을 운반하여 야고보에게 전달하였습니다. 약 10년 만에 이루어진 바울과 야고보의 재회는 이처럼 훈훈한 분위기 속에서 시작되었습니다.

바울이 문안하고, 하나님이 자기의 사역으로 말미암아 이방 가운데서 하신 일을 낱낱이 말하니(19절).

바울은 계속하여, 하나님께서 자신의 전도 여행을 통해 이방인들 가운데에서 행하신 일들을 낱낱이 간증하였습니다. 바울의 전도 여행 중에 하나님께서 행하신 구체적인 일들에 대해서는 다음 주일에 상세하게 살펴보도록 하겠습니다. 바울의 전도 여행 중에 하나님께서 행하신 일들을 한마디로 표현하면, 그것은 하나님께서 십자가에 못박히신 예수 그리스도, 예수 그리스도께서 못박히신 십자가를 통해 이방인들을 살리신 구원의 역사였습니다. 그 간증을 하는 바울이나, 간증을 듣는 야고보와 예루살렘의 장로들이나, 그 자리에 동석한 사람들은 십자가를 통한 영원한 생명과 구원의 신비를 새삼스럽게 절감하면서, 20절에 의하면 모두 하나님께 영광을 돌렸습니다.

〈새신자반〉에서 배운 것처럼 사람의 자식은 항상 사람이고, 개의 새끼는 예외 없이 개입니다. 같은 이치로 하나님의 독생자이신 예수님께서는 하나님이셨습니다. 하나님의 독생자이신 예수님께서 십자가를 지신 것은, 인간을 구원하시기 위해 하나님께서 십자가의 제물이 되신 것이었습니다. 하나님께서 인간의 죗값을 대신 치러 주시기 위해 인간에게 사형선고를 받으시고, 인간에게 채찍질을 당하시고, 인간에 의해 사지가 십자가에 못박히어, 인간에게 온갖 수모를 당하고 돌아가신 것입니다. 그렇기에 그 하나님께서 흘리신 보혈이 우리의 죄를 말끔하게 씻으시고, 우리를 죽음에서 영원히 건지시며, 죽음의 고난과 고통이 영원한 부활로 이어지는 십자가의 신비와 역설이 가능하게 하셨습니다.

세상에 삼위일체 하나님 이외에 이런 신이 어디에 또 있겠습니까? 그래서 바울은 '십자가의 도가 멸망하는 자들에게는 미련한 것이요, 구원받은 우리에게는 하나님의 능력'이라고 증언하였습니다. 또 '하나님의 어리석음이 사람보다 지혜롭고, 하나님의 약하심이 사람보다 강하다'고 선포하였습니다. 그리고 모든 것을 예수님의 십자가의 관점으로 생각하고 판단하고 실행하며 살아가기로 결단하였습니다. 인간을 위해 당신 자신이 제물 되어 주신 삼위일체 하나님, 그분만 참하나님이시요, 우리의 진정한 구원자시기 때문이었습니다. 바울은 그 하나님께서 자신의 전도 여행을 통해 이방인들에게 행하신 모든 일들을, 야고보와 예루살렘의 장로들에게 낱낱이 간증한 것이었습니다.

약 5주 전에 한 여성도님이 제게 사진을 보내어 왔습니다. 나무 십자가의 예수님을, 노란 천으로 만들어진 인형이 꼭 껴안고 있는 사진이었습니다. 그리고 그 사진 아래에는 다음과 같은 설명이 붙어 있었습니다.

십자가는 남편과 유럽 여행 갔을 때 이탈리아의 시에나에서 구입한, 올리브 나무로 만들어진 십자가입니다. 십자가를 안고 있는 노란 인형은, 첫째 아이가 애기였을 때 갖고 놀던 장난감이구요. 노란 인형의 이름은 란무입니다. 노란 단무지 색깔이라, 이름이 노란무가 되었습니다.
란무가 십자가를 꼭 안고 있습니다. 란무는 자신의 죄를 위해 십자가에 달려야 한다 해도, 십자가에 달리려 하지는 않았겠지요. 설령 란무가 십자가에서 죽는다 해도, 자신을 구원할 수도 없었을 거구요. 그래서 란무는 자기를 위해, 자신도 달리지 않았을 그 십자가에 못박혀 계신 예수님을, 꼭 끌어안았습니다. 십자가의 주님을 안고 있는 란무의 연약한 팔을, 하나님의 강하신 팔이 두르고 계심을 생각하며 하나님께 감사드립니다.

저는 그 사진에서 한동안 눈을 뗄 수가 없었습니다. 사진 속에서 십자가의 예수님을 꼭 끌어안고 있는 인형 란무는, 그 사진을 제게 보낸 여성도님 자신이었습니다. 그분은 현재 암 투병 중입니다. 고독하게 암과 맞서고 있는 연약한 한 여인이 십자가의 예수님을, 예수님의 십자가를 꼭 끌어안았습니다. 그분에게 십자가의 예수님은, 자신을 살리려 십자가의 제물이 되어 주신 하나님이십니다. 그분에게 예수님의 십자가는, 죽음의 고난과 고통이 영원한 부활로 이어지는 신비로운 구원과 생명의 결정체입니다. 그분이 연약하긴 하지만 자신의 두 팔로 십자가의 예수님을, 예수님의 십자가를 꼭 끌어안고 있는 한, 결코 짧지 않은 손을 지니신 하나님의 강하신 능력이 그분을 영원토록 책임져 주실 것임은 두말할 나위가 없습니다.

오늘은 우리를 살리시기 위해 예수님께서 십자가에서 당하신 죽음의 고난을 기리는 고난주일입니다. 십자가의 도가 멸망하는 자들에게는 미련한 것이지만, 구원받은 우리에게는 하나님의 능력이심을 믿으십니까? 우리를 구원하기 위해 인간으로 이 땅에 오셨던 하나님의 어리석음이 사람보다 지혜롭고, 우리를 살리시려 십자가의 제물로 돌아가신 하나님의 약하심이 사람보다 강하심을 정녕 믿으십니까? 그렇다면 우리 역시 바울처럼, 모든 것을 예수님의 십자가의 관점으로 생각하고 판단하고 실행하며 살아가기로 결단하십시다. 그리고 우리의 연약한 두 팔로 십자가의 예수님을, 예수님의 십자가를 꼭 끌어안고 살아가십시다. 결코 짧지 않은 하나님의 강하신 손, 천지를 창조하신 하나님의 전능하신 손, 죽음을 깨뜨리신 하나님의 영원하신 생명의 손이, 질그릇보다 더 연약한 우리를 영원토록 책임져 주실 것입니다.

오늘 고난주일을 맞이하여, 하나님께서 나를 위해 십자가에서 하신 일들을 보게 해주셔서 감사합니다. 하나님께서 죄와 사망의 수렁에서 나를 건져 주시기 위해 이 땅에 인간으로 오셨고, 하나님께서 나의 죄를 씻어 주시려 십자가에 못박혀 보혈을 흘리셨고, 하나님께서 내게 영원한 생명의 길을 열어 주시기 위해 십자가의 죽임을 당하셨다가 죽음을 깨뜨리고 부활하셨습니다.

그래서 우리에게 십자가는, 하나님의 능력입니다. 그래서 우리에게 십자가는, 하나님의 사랑과 공의 그리고 하나님의 지혜와 강하심이 교직하는 구원의 신비요, 영원한 생명의 결정체입니다. 이제부터 우리 모두 바울처럼, 모든 것을 예수님의 십자가의 관점으로 생각하고 판단하고 실행하며 살아가기 원합니다. 우리의 연약한 두 팔로 십자가의 예수님을, 예수님의 십자가를, 꼭 끌어안고 살아가기를 결단합니다. 결코 짧지 않은 손으로 우리를 굳게 붙잡아 주시는 하나님의 십자가를 통해, 죽음의 고난과 고통이 부활로 이어지는 영원한 생명과 구원의 신비를, 날마다 삶으로 체험하며 살아가게 해주십시오. 아멘.

9. 하나님이 하신 일을 II 부활주일

사도행전 21장 17-19절

예루살렘에 이르니 형제들이 우리를 기꺼이 영접하거늘 그 이튿날 바울이 우리
와 함께 야고보에게로 들어가니 장로들도 다 있더라 바울이 문안하고 **하나님이**
자기의 사역으로 말미암아 이방 가운데서 **하신 일을** 낱낱이 말하니

바울은 3차 전도 여행 중에 기록한 고린도전서 2장 2절을 통해, '내가 예
수 그리스도와 그의 십자가에 못박히신 것 외에는 아무것도 알지 아니하기
로 작정하였'다고 고백하였습니다. 모든 것을 예수 그리스도의 십자가의 관
점으로 생각하고 판단하고 실행하며 살겠다는 결단이었습니다. 대체 그 이
유가 무엇이었겠습니까? 십자가의 예수님, 예수님의 십자가가 뭐 그리 대단
하단 말입니까? 2천 년 전 지중해 세계를 제패한 로마제국에 위대한 영웅
들이 얼마나 많았겠습니까? 그런데도 바울은 왜 하필이면, 당시의 사형 틀
이었던 십자가에 국사범으로 못박혀 죽은 예수에게 자신의 생을 걸었겠습

니까? 인간의 죄를 대신 지고 십자가에 못박혀 돌아가신 예수님께서 사흘째 되는 날, 죽음을 깨뜨리고 다시 살아나셨기 때문입니다. 그리곤 세월이 흘러 노쇠해진 예수님이 또다시 돌아가신 것이 아니었습니다. 인간을 삼키는 죽음의 권세를 완전히 제압하고 영원히 부활하신 것이었습니다.

예수님께서 우리의 죗값을 대신 치르시기 위한 십자가의 제물로 돌아가셨다 해도, 그것으로 모든 것이 끝나 버렸다면, 그분의 죽음과 십자가가 우리와 무슨 상관이 있겠습니까? 하나님의 법은, 죄의 결과는 반드시 죽음임을 명시하고 있습니다. 예수님께서 부활하지 못하셨더라면, 메시아마저 굴복할 수밖에 없는 죽음의 그 막강한 권세를, 연약한 죄인에 불과한 우리가 어찌 이길 수 있겠습니까? 죄인인 우리 모두는, 이 세상에서 아무리 그럴 듯하게 살아도, 결국엔 죽음의 밥으로 허망하게 인생이 끝날 수밖에 없지 않겠습니까? 그러나 우리의 죗값을 대신 치르시기 위한 제물로 돌아가신 예수님께서 죽음의 권세를 제압하고 영원히 부활하심으로, 십자가의 죽음을 통한 예수님의 속죄가 영원한 속죄가 되었고, 십자가를 통한 영원한 생명의 길이 비로소 우리에게 주어졌습니다.

이것이 바울이 고린도전서 15장에서 다음과 같이 증언한 이유입니다.

그리스도께서 살아나지 않으셨다면, 우리의 선포도 헛되고, 여러분의 믿음도 헛될 것입니다. 우리는 또한 하나님을 거짓되이 증언하는 자로 판명될 것입니다. 그것은, 죽은 사람이 살아나는 일이 정말로 없다면, 하나님께서 그리스도를 살리지 아니하셨을 터인데도, 하나님께서 그리스도를 살리셨다고, 하나님에 대하여 우리가 증언했기 때문입니다. 죽은 사람들이 살아나는 일이 없다면, 그리스도께서 살아나신 일도 없었을 것입니다. 그리스도께서 살아나지 않으셨다면, 여러분의 믿음은 헛된 것이 되고, 여러분은 아직도 죄 가운데 있을 것입니다. 그리고 그리스도 안에서 잠든 사람들도 멸망했을 것입니다. 그리스도 안에서 우리가 바라는 것이 이 세상에만 해당되는 것이라면, 우리는 모든 사람 가운데서 가장 불쌍한 사람일 것입니다(고전 15:14-19, 새번역).

얼마나 가슴에 와 닿는 말입니까? 예수님께서 부활하시지 않았다면, 2천 년 전 예수 부활을 외치며 예수에게 올인했던 바울은 희대의 사기꾼이거나 정신병자였을 것입니다. 그리고 바울을 좇아 예수를 믿었던 수많은 사람들은 모두 죽음과 함께 영원히 멸망하고 말았을 것입니다. 예수님께서 부활하시지 않았다면, 부활절을 맞아 오늘 이 자리에 나와 예배드리는 우리는 지금 모두 헛짓을 하고 있는 셈이요, 여러분 앞에서 예수 부활을 증언하는 저 역시 거짓말쟁이거나 사기꾼일 것이요, 제 말에 속아 넘어가고 있는 여러분들은 이 세상에서 가장 한심하고 불쌍한 사람들일 것입니다. 그리고 우리는 모두, 우리의 자력으로는 결코 씻을 수 없는 죄의 굴레에서 하루하루 덧없이 죽어가고 있을 것입니다.

하지만 바울의 증언은 다음과 같이 반전되었습니다.

그러나 이제 그리스도께서는 죽은 사람들 가운데서 살아나셔서, 잠든 사람들의 첫 열매가 되셨습니다. 한 사람으로 말미암아 죽음이 들어왔으니, 또한 한 사람으로 말미암아 죽은 사람의 부활도 옵니다. 아담 안에서 모든 사람이 죽는 것과 같이, 그리스도 안에서 모든 사람이 살아나게 될 것입니다(고전 15:20-22, 새번역).

최초의 인간이었던 아담 한 사람의 범죄로 인해 그의 죗성을 타고난 모든 인간이 죽음을 면치 못하게 된 것처럼, 인간의 죗값을 대신 치르기 위한 십자가의 제물로 돌아가셨다가 죽음을 깨뜨리고 부활하신 예수 그리스도 한 분 안에서 모든 인간은 영원한 생명을 누리게 되었습니다.

이처럼 바울이 '예수 그리스도와 그의 십자가에 못박히신 것 외에는 아무 것도 알지 아니하기로 작정'했던 것은, 예수 그리스도의 죽음과 십자가가 영원한 부활을 향한 관문이었기 때문입니다. 그러므로 바울은 십자가에 못박혀 돌아가신 과거의 예수님이 아니라, 십자가의 죽음을 깨뜨리고 부활하시어 시간과 공간을 초월하신 현재진행형의 예수님께 사로잡혀, 부활하신 예수님의 증인으로 세 차례나 지중해 세계를 누비고 다녔습니다. 그리고 마침내 3차 전도 여행을 매듭짓고 예루살렘에 도착하였습니다. 바울은 일행과 함께 초대교회 최고 지도자였던 예수님의 동생, 야고보를 찾아갔습니다. 그 자리에는 예루살렘의 장로들도 있었습니다.

바울이 문안하고, 하나님이 자기의 사역으로 말미암아 이방 가운데서 하신 일을 낱낱이 말하니(19절).

지난 시간에 말씀드린 것처럼 사도행전 15장 이후, 약 10년 만에 야고보를 다시 만난 바울은 야고보와 반갑게 포옹하며 재회의 기쁨을 나누었습니다. 그리고 바울은 야고보와 예루살렘의 장로들에게, 하나님께서 자신의 전도 여행을 통해 이방인들에게 행하신 일들을 낱낱이 간증하였습니다. 하나님께서 인간을 위한 속죄제물로 내어놓으신 십자가의 예수 그리스도, 그리고 십자가의 죽음을 깨뜨리고 부활하신 예수 그리스도를 통해 행하신 신비로운 구원의 섭리를 낱낱이 간증한 것이었습니다.

약 10년 전, 바울이 예루살렘에서 야고보를 처음 만났던 것은 1차 전도 여행 이후의 일이었습니다. 사도행전 15장 4절에 의하면, 당시 바울은 야고보를 포함한 예루살렘 교회 지도자들에게, 하나님께서 자신의 1차 전도 여행을 통해 행하신 모든 일들을 자세하게 설명하였습니다. 그리고 오늘의 본문에서 바울과 야고보의 재회가 이루어지기까지, 바울은 약 10년 동안 두 차례의 전도 여행을 더 했습니다. 따라서 바울이 본문에서 야고보와 예루살렘의 장로들에게 전한 간증은, 그의 2차 전도 여행과 3차 전도 여행 중에 하나님께서 행하신 일들에 대한 간증이었음을 알 수 있습니다. 그 두 차례에 걸친 바울의 전도 여행 중에, 하나님께서는 부활하신 예수님을 통해 구체적으로 어떤 일들을 행하셨습니까?

바울은 2차 전도 여행 직전, 1차 전도 여행의 파트너였던 바나바와 결별하였습니다. 그로 인해 2차 전도 여행을 시작한 바울은 바나바가 또다시 행선지로 삼은 지중해의 구브로섬 대신에, 시리아의 안디옥에서 북진하여 오늘날의 터키 대륙으로 올라갔습니다. 본래 바울의 계획은, 1차 전도 여행 때 복음을 전한 그 지역의 도시들을 다시 찾아가 현지 그리스도인들의 믿음을 북돋아 주는 것이었습니다. 그러나 주님께서는 바울을 항구도시 드로아로 이끄셨고, 마게도냐인의 환상을 통해 바울로 하여금 에게해를 건너 유럽 대륙의 마게도냐에 이르게 하셨습니다. 아시아 대륙에 살던 바울을 유럽 대륙으로 불러내신 것이었습니다. 유럽 대륙은 바울의 계획이나 머릿속에는 애당초 없던 곳이었습니다.

바울은 마게도냐 지방의 첫 성인 빌립보에서 기도할 곳을 찾아 강가에 나갔다가, 그곳에 모인 여인들에게 복음을 전했고, 자색 옷감 장사인 루디아가 주님을 영접하고 집안 식구들과 함께 세례를 받았습니다. 루디아는 기독교 역사상 유럽 대륙에서 첫 번째로 세례 받은 그리스도인이었습니다. 주님께서 유럽 대륙 빌립보의 루디아를 구원하시기 위해, 아시아 대륙의 시리아 안디옥에 있던 바울로 하여금 2천 여 킬로미터의 먼 길을 둘러, 그날 그 시간 빌립보의 그 강가에 한 치의 오차도 없이 정확하게 이르게 하신 것이었습니다. 바울은 또 빌립보에서 귀신 들린 가련한 여인을 귀신의 손아귀에서 벗어나게 해주었다가, 그 여인을 고용하여 돈을 벌던 사람들의 모함으로 도리어 심한 매질을 당하고 투옥되어야만 했습니다. 그러나 바울의 그 억울한 투옥으로 빌립보 감옥의 간수가 바울로부터 복음을 영접하고, 온 가족과 함께 세례를 받았습니다. 그 결과 루디아 가족들과 간수의 가족들이, 유럽 대륙 최초의 교회인 빌립보 교회를 든든히 이루게 되었습니다. 바울의 상상을 초월하는 일이었습니다.

그 이후 바울은 데살로니가에서부터 유대인들의 박해에 떠밀려, 베뢰아와 아테네를 거쳐 고린도에까지 이르렀습니다. 바울이 거쳐 가는 곳마다에는, 주님께서 구원하기로 작정하신 사람들이 어김없이 주님을 영접함으로 교회가 세워졌습니다. 그리고 바울은 타락과 어둠의 도시 고린도에서 1년 6개월 동안 복음의 빛을 발하면서, 신약성경 데살로니가전서와 데살로니가후서를 기록하였습니다. 그 모든 것 역시 바울의 계획에는 전혀 없던 일이었습니다.

다시 3차 전도 여행을 시작한 바울은 고대 세계의 불가사의로 불리던, 아데미신전이 절대적인 영향력을 행사하던 에베소에서 3년 동안 머물며 복음을 전했습니다. 그 덕분에 우상의 도시 에베소에서 수많은 사람들이 구원의 은총을 입었을 뿐 아니라, 오늘날 터키 대륙의 서쪽 지역을 일컫는 아시아 전 지역으로 복음이 스며들게 되었습니다. 그리고 바울은 에베소에서 신약성경 고린도전서를 기록하였습니다. 바울이 자신의 마지막 생을 던져야 할 곳이 제국의 수도 로마라는 사실, 다시 말해 주님께서 자신을 통해 궁극적으로 이루시려는 주님의 비전이 로마의 복음화라는 사실을 확인한 곳도 에베소였습니다.

그 이후 바울은 다시 유럽 대륙의 마게도냐로 건너가, 2차 전도 여행 중에 복음을 전했던 빌립보, 데살로니가, 베뢰아를 순회하며 신약성경 고린도후서와 갈라디아서를 기록하였습니다. 그리고 고린도도 재방문하여 복음의 진수인 신약성경 로마서를 기록하였습니다. 바울이 타락과 어둠의 도시 고린도에서만 신약성경 가운데 데살로니가전서와 데살로니가후서 그리고 로마서, 이렇게 세 권을 기록함으로써, 세상의 타락과 어둠이 심하고 짙을수록 부활하신 주님의 생명은 더욱 강하게 역사하신다는 사실이 입증되었습니다.

바울은 고린도에서 3차 전도 여행을 매듭짓고 선박으로 지중해를 횡단하여 팔레스타인으로 돌아가려 하였습니다. 그러나 지중해를 횡단하는 배 위에서 바울을 살해하려는, 고린도의 유대인들이 은밀하게 꾸민 음모가 바울에게 알려졌습니다. 주님께서 알려 주신 것이었습니다. 그로 인해 바울은 다시 마게도냐를 거치는, 600킬로미터의 먼 길을 걸어서 돌아가야만 했습니다. 그 덕분에 바울이 2차 전도 여행 때부터 마게도냐에 남겨두었던 누가가 바울 일행에 다시 합류함으로써, 누가는 인생 말년에 접어든 바울의 일거수일투족을 하나님의 말씀인 사도행전에 상세하게 기록할 수 있었습니다. 그리고 바울이 드로아에서 주님의 이름으로 죽은 유두고를 살림으로써, 십자가에 못박혀 돌아가신 예수님께서 죽음의 권세를 제압하고 부활하셨음이 다시 한 번 만천하에 확증되었습니다.

바울이 이처럼 하나님께서 부활하신 예수 그리스도를 통해 자신의 전도 여행 중에 행하신 일들을 낱낱이 간증하였을 때, 20절에 의하면, 그곳에 모인 사람들은 다 함께 주님께 영광을 돌렸습니다. 주님께서 부활하시지 않고서는, 주님께서 현재진행형으로 살아 계시지 않고서는, 인간의 의지나 능력으로는, 그렇듯 신비로운 구원의 역사가 연속적으로 계속하여 이어질 수는 없었기 때문입니다.

 젊은 시절, 바울의 꿈은 유대교의 지도자가 되는 것이었습니다. 유대인에게는 유대교가 절대적이었지만, 당시 지중해 세계를 석권한 로마제국의 관점에서 보자면 별볼일 없는 소수민족의 군소종교일 뿐이었습니다. 만약 유대교 지도자가 되려던 바울의 꿈이 이루어졌더라면, 그는 이미 2천 년 전에 이미 팔레스타인의 먼지로 흔적도 없이 사라져 버리고 말았을 것입니다. 그 바울을 주님께서 다메섹 도상에서 마치 핀셋으로 집어내시듯 불러내셨습니다. 그리고 주님께서는 오랫동안, 당신의 방법으로 바울을 훈련시키셨습니다. 바울은 실패자처럼, 무려 13년이나 고향에서 칩거해야만 하기도 했습니다. 그러나 그 기나긴 훈련 기간을 통해, 바울에게는 자신을 주님께 철저하게 의탁하는 삶이 온전히 체화體化되었습니다. 마침내 주님께서는 바나바를 통해 바울을 안디옥교회 공동목회자로 불러내셨습니다. 그것은 바울의 인생 계획에 없던 일이었습니다. 바울은 주님의 은혜에 감격하면서, 일평생 좋은 목회자로 살아가리라 다짐했을 것입니다. 그러나 약 1년이 지났을 때, 주님께서는 바울을 복음 전도자로 다시 불러내셨습니다. 전도 여행에 나선 바울이 계획한 전도 대상지는, 고작 지중해의 구브로섬과 오늘날 터키 대륙의 서쪽 지역이 전부였습니다. 아시아 대륙 출신인 바울에게 유럽 대륙은, 생각 속에도 없는 아득히 먼 곳이었습니다. 그러나 주님께서는 바울을 유럽 대륙으로 부르시고, 그를 통로로 삼아 유럽 대륙의 발칸반도 곳곳에서 수많은 사람들을 살리는 구원의 역사를 일으키셨습니다. 그리고 그 유럽 대륙에서 바울로 하여금 당신의 말씀인 신약성경 데살로니가전서, 데살로니가후서, 갈라디아서, 고린도전서, 고린도후서, 로마서를 기록하게 하셨습니다. 최종적으로는 바울을 로마제국의 심장 로마로 부르셔서, 그를 통해 로마제국의 역사가, 인류의 역사가 새로워지게 하셨습니다.

이 모든 것은 바울이 믿었던 대로, 인간의 죄를 대신 지고 십자가에서 돌아가신 예수님께서 죽음의 권세를 제압하고 영원히 부활하셨기에 가능한 일이었습니다. 그래서 2천 년 전에 참수형을 당해 죽은 바울은 과거의 바울이 아니라, 부활하신 주님 안에서 시간과 공간을 초월하여 현재의 바울이기도 하고, 미래에도 영원히 살아 있을 바울이 되었습니다. 바울의 믿음은 헛되지 않았고, 바울은 불쌍한 사람도 아니었습니다. 그는 희대의 사기꾼도 아니었고, 정신병자도 아니었습니다. 그는 2천 년 교회 역사상 인류에게 가장 크게 공헌한 위대한 사도였습니다. 그가 위대해서가 아니라, 그가 믿었던 예수님께서 죽음의 권세를 깨뜨리신 부활의 주님이셨기 때문입니다.

여기에서 질문이 대두됩니다. 십자가에 못박혀 돌아가신 예수님께서 잠시 가사상태에 빠진 것이 아니라, 정말 운명하신 것이었다면, 죽어 시신이 된 분이 어떻게 자기를 삼킨 죽음의 권세를 깨뜨리고 부활할 수 있는 것입니까? 이 질문에 대해서도 사도 바울이 대답하였습니다.

하나님이 주를 다시 살리셨고, 또한 그의 권능으로 우리를 다시 살리시리라(고전 6:14).

인간의 죄를 대신 지고 십자가에서 돌아가신 예수님께서 부활하신 것은, 성부 하나님께서 죽음의 한가운데에 시신으로 누워 있는 당신의 독생자를 다시 살리셨기 때문입니다. 우리말 '다시 살리다'로 번역된 헬라어 동사 '에게이로ἐγείρω'는 '일으켜 세우다'는 의미입니다. 결코 짧지 않은 손을 지니신 하나님께서 당신의 전능하신 권능으로 인간을 삼키는 죽음의 권세를 격파하시고, 당신의 독생자를 다시 일으켜 세우신 것입니다. 인간의 죗값을 대신 치르고 십자가의 제물로 돌아가신 예수님의 부활, 그것은 한마디로 '하나님께서 하신 일'이었습니다. 바울은 하나님께서 하신 그 일의 증인이었습니다. 바울은 예수님을 죽음의 한가운데에서 일으켜 세우신 하나님께서, 그 권능으로 우리도 다시 일으켜 세워 주실 것이라고 단언하였습니다. 바울이 그렇게 단언할 수 있었던 것은, 하나님께서 죄와 사망의 굴레 한가운데에서 죽어가던 바울 자신을 그렇게 일으켜 세워 주셨기 때문입니다. 그 하나님께서 당신의 독생자를 믿고 좇는 우리를, 어떻게 당신의 동일한 권능으로 일으켜 세워 주시지 않겠습니까?

오늘 뜻깊은 부활주일을 맞이하여 우리 모두 바울처럼, 죽음의 한가운데에서 예수님을 일으켜 세우신 하나님께 우리의 삶을 온전히 의탁하십시다. 결코 짧지 않은 손을 지니신 하나님의 권능이 예수 그리스도 안에서 우리를 반드시 일으켜 세우실 것입니다. 티끌 같은 우리를 진토 속에서 하나님의 형상으로 일으켜 세우실 것입니다. 절망 속에서 우리의 심령을 소망으로 일으켜 세우실 것입니다. 고통과 고난 속에서 우리의 인생을 정금처럼 일으켜 세우실 것입니다. 우리를 통해 우리 사회와 이 땅의 교회를 반듯하게 일으켜 세우실 것입니다. 변방의 우리를 들어, 무너져 가는 이 시대의 역사를 새롭게 일으켜 세우실 것입니다. 그리고 어느 날 불현듯, 죽음의 한가운데에 눕게 될 우리를 영원히 일으켜 세우실 것입니다. 하나님께서 바울의 삶을 통해 친히 입증해 주셨듯이, 부활의 주님을 믿는 우리의 믿음은 결코, 결코 헛되지 않을 것입니다.

우리 가운데 십자가의 제물로 돌아가신 주님도, 죽음을 깨뜨리고 부활하신 주님도, 직접 목격한 사람은 아무도 없습니다. 그럼에도 주님의 죽음과 부활을 보지 않고 믿는, 보배로운 믿음을 주셔서 감사합니다. 오늘 부활주일을 맞이하여 우리의 그 믿음이 결코 헛되지 않음을, 보지도 못한 주님의 부활을 믿는 우리가 불쌍하기는커녕 존귀한 하나님의 자녀임을 재확인시켜 주심도 감사합니다.

우리 모두 바울처럼, 인간을 삼키는 죽음의 권세를 완전히 격파하신 삼위일체 하나님께 우리 자신을 온전히 맡기는 삶이 체화되게 해주십시오. 우리의 조그마한 두뇌 속의 생각이 아니라, 죽음을 이기신 주님의 섭리와 뜻이 우리의 삶을 통해 확장되게 해주십시오. 부활하신 주님 안에서 죽음의 밥이었던 우리의 심령이 날마다 싱싱하게 살아나, 이 사회와 시대를 새롭게 일으켜 세우는 부활의 증인으로 살아가게 해주십시오. 우리를 스쳐 지나가는 시간들이 과거의 창고에 축적되는 것이 아니라, 부활하신 주님 안에서 시간과 공간을 초월하여, 언제나 주님의 현재와 미래로 엮어지게 해주십시오. 아멘.

10. 하나님께 영광을 돌리고

사도행전 21절 17-20절 상반절

예루살렘에 이르니 형제들이 우리를 기꺼이 영접하거늘 그 이튿날 바울이 우리
와 함께 야고보에게로 들어가니 장로들도 다 있더라 바울이 문안하고 하나님이
자기의 사역으로 말미암아 이방 가운데서 하신 일을 낱낱이 말하니 그들이 듣
고 **하나님께 영광을 돌리고**

    지난 2주 동안 살펴보았던 것처럼 사도행전 15장 이후, 약 10년 만에 예루
살렘에서 야고보를 다시 만난 바울은 야고보와 재회의 기쁨을 나누었습니
다. 그리고 바울은 야고보와 예루살렘의 장로들에게, 하나님께서 자신의 2차
전도 여행과 3차 전도 여행을 통해 이방인들에게 행하신 일들을 낱낱이 간
증하였습니다. 두 차례에 걸친 자신의 전도 여행 중에, 하나님께서 인간을
위한 속죄제물로 내어놓으신 십자가의 예수 그리스도, 그리고 십자가의 죽
음을 깨뜨리고 부활하신 예수 그리스도를 통해 이방인들에게 행하신 신비
로운 구원의 섭리를 빠짐없이 간증한 것이었습니다.

약 10년에 걸친 바울의 2차 전도 여행과 3차 전도 여행은, 어느 한 지역에 국한되어 있지 않았습니다. 두 차례 모두 바울은, 아시아 대륙과 에게해 너머 유럽 대륙을 누비고 다니는 강행군을 감행하였습니다. 2차 전도 여행 중에 바울이 양 대륙에 걸쳐 방문한 도시는 21개 도시였고, 그가 걷거나 배를 타고 누빈 거리는 총 5천 킬로미터에 달했습니다. 3차 전도 여행 때는 24개 도시를 방문하면서 무려 6천 킬로미터를 누볐습니다. 약 10년 동안에 바울이 아시아 대륙에서 유럽 대륙을 넘나들며 45개 도시를 방문하고, 1만 1천 킬로미터를 걷거나 배를 타고 다닌 것입니다.

그 결과 바울이 로마제국 요소요소에 부동산을 구입하거나 각 지역의 유망업종에 투자하여, 재테크 성공으로 거부가 된 것이 아니었습니다. 각 지역의 유지들과 긴밀한 인적 네트워크를 형성하여 자신의 야망을 성취하기 위한 발판을 확립하거나, 세속적 명예를 획득한 것도 아니었습니다. 때로는 억울하게 매질당하고, 때로는 투옥당하고, 때로는 망망대해에서 조난당하면서, 매 순간 목숨을 걸어야만 했던 바울은 여전히 가난했고, 당시의 평균수명으로 이미 인생말년에 접어든, 평생 지병으로 시달리던 그의 육체는 노쇠하고 병약하기만 했습니다.

철저하게 세속적인 관점으로만 따지자면, 바울이 전도 여행을 통해 현실적으로 얻은 것은 아무것도 없었습니다. 바울이 사도행전 15장에서 야고보에게 이미 설명했던 그의 1차 전도 여행은, 13개 도시에 2,300킬로미터를 누비는 여행이었습니다. 그러므로 바울의 1차, 2차, 3차 전도 여행을 총망라하면, 바울은 약 12년에서 13년에 걸친 그 세 차례의 전도 여행 중에 아시아 대륙에서 유럽 대륙을 오가며 58개 도시와 1만 3,300킬로미터의 거리를 누볐습니다. 그로 인해 바울은 젊음을 잃었고, 건강을 잃었으며, 세상에서 출세하고 성공할 수 있는 모든 기회와 가능성을 잃었습니다. 세속적인 관점으로만 따지자면 바울에게는 잃은 것밖에 없었습니다. 그러나 바울의 관심은 자기 자신이 아니었습니다. 그의 관심은 오직 십자가의 예수 그리스도, 십자가의 죽음을 깨뜨리고 부활하신 예수 그리스도밖에 없었습니다. 그리고 그의 전도 여행 중에 하나님께서 예수 그리스도를 통해 구체적으로 어떤 일들을 행하셨는지에 대해서는, 이미 우리가 상세하게 알고 있습니다.

오늘의 본문 20절 상반절의 증언입니다.

그들이 듣고 하나님께 영광을 돌리고.

야고보와 예루살렘의 장로들은 바울의 간증을 경청했습니다. 그리고 마침내 바울의 간증이 끝났습니다. 이 경우, 우리라면 어떻게 하겠습니까? 온갖 역경 속에서 만난을 뚫고 성공적으로 전도사역을 완수하고 돌아온 바울에게, 먼저 찬사의 덕담부터 건네지 않겠습니까? 정말 수고 많았다고, 대단한 사역이었다고, 참으로 자랑스럽다고, 한마디씩 찬사의 덕담을 건넴이 마땅하지 않겠습니까? 하지만 야고보와 예루살렘의 장로들은 그렇게 하지 않았습니다. 그들은 마치 약속이라도 한 듯, 바울의 간증이 끝남과 동시에 바울에게는 단 한마디의 찬사도 없이, 오직 "하나님께 영광을 돌"렸습니다. 그들은 정확하게 알고 있었습니다. 바울의 전도 여행을 통해 수많은 이방인들이 구원 얻을 수 있었던 것은 바울의 능력으로 인함이 아니요, 바울을 당신의 도구로 사용하신 하나님의 섭리였다는 사실을 말입니다. 그래서 그들은 하나님의 도구인 바울에게 찬사를 보내기보다는, 폭도였던 바울을 부르시고 당신의 도구로 가다듬어 사용하신 하나님께 영광을 돌렸습니다.

우리 교회에 주어진 사명 가운데 하나가, 한국 개신교 성지인 이곳 양화진외국인선교사묘원을 관리하고 보존하는 것입니다. 그동안 묘원을 안내하는 봉사자들에게 누차 강조해 온 내용이 있습니다. 묘원을 찾는 외부 참배객들이 이곳에 묻힌 선교사님들이 아니라, 그분들을 사용하시어 어둠과 가난과 무지의 땅이었던 조선반도에 생명의 강을 흐르게 해주신 하나님을 만나고 가게 해드려야 한다는 것입니다. 묘원을 지키고 관리하는 우리의 노력과 헌신이 참배객으로 하여금 이곳에 묻힌 선교사님들 개개인과 그분들의 업적에만 몰두하게 한다면, 우리는 우리의 본의와는 달리, 그분들을 우상으로 만드는 우상지기에 지나지 않을 것입니다. 우리의 노력과 헌신이 이곳을 찾는 참배객들의 시선을, 저분들을 사용하신 하나님의 시선과 마주치게 해야, 하나님께서 그분들도 당신의 통로로 삼아 이 시대의 역사 또한 새롭게 하실 것입니다.

바울의 간증을 경청한 야고보와 예루살렘의 장로들은 하나님께 영광을 돌렸습니다. 그들은 자신들이 소유한 부동산이나 주식 가격이 급등하여 하나님께 영광을 돌린 것이 아니었습니다. 그들은 자신들의 경제적 이득이나 사회적 성취와 무관하게, 오직 하나님께서 바울을 통해 수많은 이방인들에게 신비로운 구원의 은총을 베푸신 것으로 인해 하나님께 영광을 돌렸습니다. 헬라어 원문에, 하나님께 영광을 돌렸다는 동사가 미완료형으로 기록되어 있습니다. 그들이 단 한 번이 아니라, 한동안 계속하여 하나님께 영광을 돌렸다는 말입니다. 대체 하나님께 영광을 돌린다는 것은 구체적으로 무슨 의미이겠습니까?

우리말 '영광을 돌리다'로 번역된 헬라어 동사 '독사조δοξάζω'는 '영광스럽게 하다'는 의미와 함께 '찬양하다'는 의미를 지니고 있습니다. 이것은 단순히 '하나님, 하나님께 영광을 돌려드립니다' 혹은 '하나님을 찬양합니다'는 식으로, 말로 공기를 진동시키는 것을 뜻하지 않습니다. 신약성경에서 '독사조'는,

내가 드릴 수 있는 최상의 가치를 하나님께 드리는 것입니다. 그것은 두말할 것도 없이 나의 삶입니다. 내가 하나님께 드릴 수 있는 것 중에 나의 삶보다 더 최상의 가치는 없습니다. 하나님께 영광을 돌리고 하나님을 찬양하는 것은, 하나님께 나의 삶을 송두리째 드리는 것을 의미합니다.

오늘도 우리는 예배를 시작하면서 주님께서 가르쳐 주신 기도를 다 함께 하나님께 드렸습니다. 그 중요한 기도의 첫머리는 이렇게 시작합니다. "하늘에 계신 우리 아버지여, 이름이 거룩히 여김을 받으시오며." 우리는 매번 하나님께 주님의기도를 드릴 때마다, 하나님의 이름이 거룩히 여김을 받으시기를 기도하고 있습니다. 어떻게 해야 이 세상에서 하나님의 이름이 거룩히 여김을 받을 수 있겠습니까? 우리가 매일 이 세상을 향해, 하나님께서 거룩하시다고 소리쳐 외치면 되는 것입니까? 우리가 우리를 구원해 주신 하나님의 거룩하심을 따라, 거룩한 삶을 살아가는 것입니다. 그때 세상 사람들은 자신들과 구별된 우리의 거룩한 삶을 보고, 우리를 불러내신 하나님께서 거룩한 분이심을 알게 됩니다. 따라서 우리가 주님의기도를 드릴 때마다 '하늘에 계신 우리 아버지여, 이름이 거룩히 여김을 받으시오며'라고 기도하는 것은, 거룩하신 하나님 아버지께 나의 삶을 거룩하게 구별하여 드리겠다는 결단이자 다짐입니다.

'하나님께 영광을 돌리다', '하나님을 찬양하다'도 이와 똑같습니다. 빈말로 끝나 버릴 습관적인 입의 고백이 아니라, 하나님의 영광을 드러내는 삶을 살고, 자신의 삶이 하나님을 향한 찬양이 되게 하겠다는 결단이자 다짐인 것입니다.

예수님께서 잡혀가시기 전에, 제자들과 마지막 만찬을 가지셨습니다. 예수님께서는 이미, 제자들 가운데 가룟 유다가 당신을 배신할 것을 알고 계셨습니다. 밤이 깊어지자 가룟 유다가 먼저 자리를 떴습니다. 대제사장들 무리에게 예수님을 넘겨 주기 위함이었습니다.

> 유다가 나간 뒤에, 예수께서 말씀하셨다. "이제는 인자가 영광을 받았고, 하나님께서도 인자로 말미암아 영광을 받으셨다. 하나님께서 인자로 말미암아 영광을 받으셨으면, 하나님께서도 몸소 인자를 영광되게 하실 것이다. 이제 곧 그렇게 하실 것이다"(요 13:31-32, 새번역).

가룟 유다가 밖으로 나갔다는 것은, 예수님의 고난이 이제 목전에 닥쳤다는 말이었습니다. 예수님께서 체포당하시어, 잔인하게 채찍질을 당하시고, 가시관으로 이마가 터져나가고, 손과 발이 십자가에 못박혀 돌아가시는, 무자비한 십자가의 고난과 죽음이 초읽기에 들어간 것입니다. 가룟 유다가 만찬장을 빠져나간 그 시각이야말로 예수님의 생애에서 가장 고통스러운 순간이었습니다.

하지만 예수님께서는 그 순간에 당신의 고통을 토로하신 것이 아니라, 당신이 하나님의 영광을 입었고, 당신으로 인해 하나님 아버지께서 영광을 받으셨다고 선포하셨습니다. 예수님께서는 십자가의 고난과 죽음이 초읽기에 들어간 그 절체절명의 순간에 당신이 당할 십자가의 고난과 죽음보다는, 당신의 고난과 죽음을 통해 인간을 구원하실 하나님께 당신의 시선을 고정시키고 계셨습니다. 다시 말해 당신이 십자가의 고난과 죽음을 감수함으로써, 인간을 구원하려는 하나님의 영광이 드러나게 하신 것이었습니다. 예수님께서는 십자가에 당신을 던져 하나님의 영광을 구현하는 것이, 결과적으로 당신 자신을 영광스럽게 하는 것임을 알고, 또 믿고 계셨습니다. 그리고 지난 시간에 확인한 것처럼 예수님께서 믿으셨던 대로, 하나님께서 죽음의 한 가운데에 시신으로 누워 있는 예수님을 영원히 일으켜 세우심으로, 당신의 영광으로 당신의 독생자도 영광스럽게 해주셨습니다.

다음은 사도 바울의 증언입니다.

> 또 미리 정하신 그들을 또한 부르시고, 부르신 그들을 또한 의롭다 하시고, 의롭다 하신 그들을 또한 영화롭게 하셨느니라(롬 8:30).

하나님께서는 우리가 당신을 알기도 전에, 당신의 선행적 은혜로 우리를 당신의 자녀로 택정해 주셨습니다. 그리고 당신의 때가 이르렀을 때, 당신의 불가항력적인 은혜로 우리 각자를 부르셔서, 당신의 독생자로 하여금 우리의 죗값을 대신 치르게 하신 필승불패의 은혜로 죄인인 우리를 의롭다고 인정해 주시고, 당신의 영원한 영광으로 우리를 영화롭게 해주셨습니다. 여기에서 우리말 '영화롭게 하다'로 번역된 헬라어 동사가 오늘 본문에 사용된 '독사조'입니다. 하나님께서 우리가 하나님의 영광을 드러내는 삶을 살게끔 우리를 인도해 주심으로, 결과적으로 우리 자신이 하나님의 영광을 입게 해주신 것입니다.

오늘의 본문에서 바울의 간증이 끝났을 때, 바울의 간증을 경청한 야고보와 예루살렘의 장로들이 하나님께 영광을 돌렸습니다. 그것은 결코, 단순한 공기의 진동을 뜻하지 않았습니다. 그들 역시 자신들의 삶으로 삼위일체 하나님의 영광을 드러내고, 자신들의 삶으로 삼위일체 하나님을 찬양하며 살아온 사람들이었습니다. 그러므로 그들은 바울의 간증을 경청하고, 더더욱 삼위일체 하나님의 영광을 드러내는 삶을 살리라 새롭게 다짐한 것이었습니다.

사람들은 흔히 경제적으로 이득을 보았을 때, 자신의 뜻이 이루어졌을 때, 가족이 성공하거나 출세했을 때, 한마디로 말해 뭔가 자기에게 유리한 상황이 전개될 때, 하나님께 영광을 돌린다고 말합니다. 그러나 그것은 무한하신 하나님의 영광을 유한한 피조물인 자기 속에 가두려는 어리석은 짓으로, 성경이 말하는 하나님의 영광이 아닙니다. 오히려 하나님의 영광은 예수님처럼, 바울처럼, 하나님의 영광을 위해 자신을 버릴 때 드러납니다. 하나님의 영광은 어떤 경우에도 인간의 욕망을 동반자로 삼지 않습니다. 인간의 욕망이 꿈틀거리는 곳에는 하나님의 영광이 자리 잡지 않고, 하나님의 영광이 드러나는 곳에는 인간의 욕망이 움틀 수 없습니다.

요즈음 젠트리피케이션gentrification이 우리 사회의 새로운 문제로 대두되고 있습니다. 젠트리피케이션은 도심에 가까운 낙후 지역에 고급 주거지나 상업시설이 들어서면서, 원래의 거주자나 상인들이 쫓겨나는 현상을 일컫습니다. 제가 30년 전 이곳 합정동으로 이사 왔을 때, 합정동은 서울 시내에서 서민 중의 서민들이 사는 동네였습니다. 대부분 단층이었던 집들 방마다에는 다른 세입자들이 살았습니다. 90년대 들어 연립주택들이 세워지기 시작했지만, 전세금은 서울 시내에서 가장 낮은 지역에 속했습니다. 그러나 약 10전부터 부동산투기 광풍이 몰아닥치면서, 합정동은 대표적인 젠트리피케이션 지역으로 돌변했습니다. 그동안 얼마나 많은 이웃들이 멍든 가슴을 안고 더 먼 곳으로 이주해 갔는지 모릅니다. 일주일 전에, 30년 동안 정다운 이웃으로 지내던 세탁소 아주머님이 제 처에게 전화를 했습니다. 30년 동안 세 들어 있던 집 주인으로부터 한 달 내에 세탁소를 비우라는 통보를 받고, 이제 어떻게 했으면 좋겠느냐는 안타까운 하소연이었습니다. 저도 그 아주머님을 직접 만나 보았지만, 같이 한숨을 쉬며 그분의 하소연을 듣는 것 외에는 현실적으로 아무런 도움을 드릴 수 없는 저 역시 안타까운 심정이기는 매한가지였습니다.

젠트리피케이션으로 부동산 가격이 폭등하는 지역에서 득을 보는 사람들 가운데 그리스도인도 있지 않겠습니까? 그 사람이 자신의 재산을 증식시켜 주신 하나님께 영광을 돌리면서 감사헌금을 드린다고 하십시다. 그러면 하나님의 영광이 드러나는 것입니까? 하나님께서 인간의 돈을 사랑하는 하나님이시라면, 성경을 통해 당신이 가난하고 힘없는 고아와 과부와 나그네의 하나님이심을 그토록 여러 번이나 강조하시지는 않았을 것입니다. 하나님의 마음은, 폭등한 전세금이나 월세를 받기 위해 30년씩 살던 세입자를 내보내고 감사헌금하는 주인보다, 하루아침에 멍든 가슴을 안고 30년이나 살던 셋집에서 쫓겨나는 가난한 세입자와 함께하시지 않겠습니까?

누군가의 집값이 폭등했다면, 그것은 그 사람의 노력의 결과가 아닙니다. 허허벌판에 아무리 최신식 건물을 지어도 부동산으로서의 가치를 지니지는 못합니다. 사람들이 그 건물에 접근할 수 있도록 관계 기관이 도로를 닦아 주고, 상하수도를 연결해 주며, 전선을 이어 전력을 공급해 줄 뿐 아니라, 제3자들에 의해 주위에 편의시설들이 갖추어져야, 그 건물은 비로소 부동산으로서의 가치를 지니게 됩니다. 하루아침에 누군가의 집값이 폭등하는 것도 이처럼 집주인의 노력과는 상관없이 그 집 앞으로 도로가 생기거나, 근처에 빌딩이나 편의시설이 들어서는 것과 같은 개발이 이루어지기 때문입니다. 다시 말해 자신은 가만히 앉아 있는데, 국민의 세금과 다른 사람들의 수고로 자기 집값이 오르는 것입니다. 부동산 가격 상승을 불로소득이라고 하는 이유가 여기에 있습니다.

그러므로 우리나라처럼 국토가 좁은 나라에서는, 특히 그리스도인이라면, 자신의 노력과 무관하게 주어진 부동산 가격 인상분을 사회와 공유하려는 마음을 지녀야 합니다. 이 좁은 국토에서 지금처럼 부동산 투기를 방치하여, 집 없는 사람은 영영 집을 살 수 없게 만드는 것은 옛날 지주와 소작농의 시대로 되돌아가는 것과 같다는 한 청년의 말은, 제 가슴속에 사라지지 않는 메아리로 남아 있습니다. 누군가가 자신의 집값이 올랐지만, 그 사람이 자신의 노력과는 무관하게 주어진 인상분을 독식하려 하지 않고 기꺼이 사회와 공유하려 한다면, 이웃과 더불어 나누려고 한다면, 비록 그 사람이 입으로는 하나님의 영광을 단 한 번도 언급치 않아도, 바로 그 사람의 삶을 통해 하나님의 영광이 드러나지 않겠습니까? 또 하나님께서 그런 사람의 삶을 뭇사람의 사랑과 존경을 받게끔, 이 세상에서부터 당신의 영광으로 영화롭게 해주시지 않겠습니까?

우리는 지금 돈이 하나님인 시대를 살고 있습니다. 돈 앞에서는 피도, 눈물도, 체면도, 인격도 없습니다. 그리스도인들마저 하나님의 자리에 돈을 모셔두고 있습니다. 예배당 안에서도, 밖에서도, 하나님의 영광을 보기 어려운 시대입니다. 그러나 우리가 우리의 주님으로 믿는 예수님을 똑바로 쳐다보십시오. 예수님께서는 하나님의 영광을 위해 당신을 송두리째 십자가의 죽음에 내던지셨습니다. 그래서, 그것으로 모든 것이 끝나 버렸습니까? 하나님께서 죽음의 한가운데에 시신으로 누워 있는 예수님을 영원히 일으켜 세우심으로, 영광스러운 부활의 구주가 되게 하셨습니다. 바울은 하나님의 영광을 위해 자신의 젊음도, 건강도, 세상에서 출세할 수 있는 기회와 가능성도, 모두 잃었습니다. 그래서, 그것이 끝이었습니까? 하나님께서는 그 바울을, 시간과 공간을 초월하여 영원히 살아 있는 바울로 영화롭게 해주셨습니다.

우리 모두 그리스도인으로서 하나님의 영광을 드러내는 삶을 살기 위해, 우리 자신을 부인하기를 두려워하지 마십시다. 그리스도인으로서 이웃과 더불어 살기 위해, 우리의 권리와 기득권을 공유하기를 주저하지 마십시다.

날마다 빈말이 아닌 우리의 삶으로 하나님의 영광을 드러내며, 공기의 진동이 아닌 구체적인 삶으로 하나님을 찬양하십시다. 하나님께서 우리의 삶을 통해 이 시대를 새롭게 하실 것이요, 결코 짧지 않은 손을 지니신 하나님께서 당신의 전능하신 권능으로 우리를 영원토록 영화롭게 해주실 것입니다.

그동안 빈말로만 하나님께 영광을 돌려온 나의 삶은, 하나님의 말씀과 괴리된 채, 오히려 하나님의 영광을 가려 왔습니다. 그동안 공기의 진동으로만 하나님을 찬양하려 했기에, 예배당 울타리도 넘지 못한 나의 찬양은, 세상 노래보다 더 무기력하기만 했습니다. 그동안 '하늘에 계신 우리 아버지여, 이름이 거룩히 여김을 받으시오며'라는 주님의기도를, 마치 주문처럼 습관적으로만 암송해 온 나의 삶은, 거룩하기는커녕 세상 사람들과 전혀 구별되지 않았습니다. 바로 내가 주님을 욕되게 했고, 주님의 몸 된 교회를 세상의 조롱거리로 전락시켜 온 원흉임을 회개하오니, 하나님의 자비로우심으로 용서해 주십시오.

우리 모두 이제부터 십자가의 예수님을 본받아, 하나님의 영광을 위해 우리 자신을 부인하기를 주저하지 않게 해주십시오. 바울처럼, 하나님의 영광을 위해 잃는 것이 영원히 얻는 것임을 잊지 말게 해주십시오. 하나님의 거룩하심을 입증하는 우리의 삶이 곧, 하나님을 향한 찬양이 되게 해주십시오. 그리하여 우리로 인해, 찢어질 대로 찢어진 우리 사회가 주님 안에서 통합을 이루어 가게 해주십시오. 그와 같은 우리의 삶이, 결코 짧지 않은 손을 지니신 하나님의 권능 속에서 영원토록 영화롭게 해주십시오. 아멘.

11. 말하는 이대로 하라

사도행전 21장 20-26절

그들이 듣고 하나님께 영광을 돌리고 바울더러 이르되 형제여 그대도 보는 바에 유대인 중에 믿는 자 수만 명이 있으니 다 율법에 열성을 가진 자라 네가 이방에 있는 모든 유대인을 가르치되 모세를 배반하고 아들들에게 할례를 행하지 말고 또 관습을 지키지 말라 한다 함을 그들이 들었도다 그러면 어찌할꼬 그들이 필연 그대가 온 것을 들으리니 우리가 **말하는 이대로 하라** 서원한 네 사람이 우리에게 있으니 그들을 데리고 함께 결례를 행하고 그들을 위하여 비용을 내어 머리를 깎게 하라 그러면 모든 사람이 그대에 대하여 들은 것이 사실이 아니고 그대도 율법을 지켜 행하는 줄로 알 것이라 주를 믿는 이방인에게는 우리가 우상의 제물과 피와 목매어 죽인 것과 음행을 피할 것을 결의하고 편지하였느니라 하니 바울이 이 사람들을 데리고 이튿날 그들과 함께 결례를 행하고 성전에 들어가서 각 사람을 위하여 제사드릴 때까지의 결례 기간이 만기된 것을 신고하니라

마침내 예루살렘에 도착한 바울은 야고보와 예루살렘의 장로들에게, 하나님께서 자신의 전도 여행 중에 예수 그리스도를 통해 이방인들에게 행하

신 일들을 낱낱이 간증했습니다. 야고보와 예루살렘의 장로들은 바울의 간증을 경청했고, 그의 간증이 끝나자 한동안 하나님께 영광을 돌렸습니다. 하나님께 영광을 돌린다는 것이 구체적으로 무슨 의미인지에 관해서는, 지난 시간에 깊이 생각해 보았습니다. 그리고 야고보와 예루살렘의 장로들은 이구동성으로 바울에게 말했습니다.

> 그들이 듣고 하나님께 영광을 돌리고 바울더러 이르되, 형제여 그대도 보는 바에, 유대인 중에 믿는 자 수만 명이 있으니 다 율법에 열성을 가진 자라. 네가 이방에 있는 모든 유대인을 가르치되, 모세를 배반하고 아들들에게 할례를 행하지 말고 또 관습을 지키지 말라 한다 함을 그들이 들었도다(20-21절).

당시 예루살렘에는 유대교에서 개종한 수만 명의 유대인 크리스천들이 모여 있었습니다. 사도행전 20장 16절은 바울이 오순절 이전에 예루살렘에 도착하기 위해 서둘렀음을 전해 주고 있습니다. 따라서 본문의 시점은 유대인들의 명절인 오순절 직전이었고, 명절을 맞아 원근각처에서 예루살렘에 모여든 유대인들 가운데 수많은 크리스천들도 있었음을 알게 됩니다.

이때까지만 하더라도 신약성경이 확정되기 전이었고, 구약의 율법과 신약 복음의 관계가 신학적으로 정립되지 않은 과도기였습니다. 따라서 유대교에서 개종한 유대인 크리스천들은 예수 그리스도를 구주로 영접하였으면서도, 율법에 따른 유대 전통을 여전히 절대시하였습니다. 19세기 말 우리의 조상들이 복음을 영접하고서도 지배자와 강자의 논리인 유교적 사상에서는 벗어나지 못하고, 액을 물리치기 위해 창포를 넣어 삶은 물로 머리를 감고 약용식물인 궁궁이를 머리에 꽂는 단오날의 풍속과, 한 해 동안에 각종 부스

럼을 예방하기 위하여 날밤·호두·은행·잣과 같은 부럼을 깨물어 먹는 정월 대보름의 전통은 그대로 고수한 것과 같습니다.

그동안 사도 바울은 세 차례에 걸친 전도 여행을 통해 주로 이방인들에게 복음을 전하였습니다. 이방인들은 유대인들이 아니기에, 유대인들의 전통을 좇아 할례를 받을 필요가 없었습니다. 오직 주님의 은혜로 구원받은 그리스도인에게는 육체의 할례가 아니라, 자신의 마음을 온전히 주님께 드리는 마음의 할례가 더 중요했습니다. 본문 25절에 재언급되어 있는 것처럼, 사도행전 15장에서 개최되었던 제1회 예루살렘공의회는 '우상의 제물과 피와 목매어 죽인 것과 음행'을 금하는 것 이외에는 이방인 크리스천들에게 그 어떤 율법의 굴레도 씌워서는 안 된다고 이미 결의했었습니다. 바울이 이방인 크리스천들에게 할례의 의무를 지우지 않았던 것은 그의 독단적인 행동이 아니었던 것입니다. 그러나 사도행전 16장 3절에 의하면, 바울은 이방 지역에서 이방인 아버지와 유대인 어머니 사이에서 태어난 디모데로 하여금 할례를 받게 했습니다. 이방 지역에서 이방인 아버지가 낳은 아들이라면, 이방인 아버지 입장에서 보자면 디모데는 이방인이기에, 그는 성인이 되기까지 할례를 받지 않았습니다. 하지만 유대인은 어머니가 유대인이면, 그 자식은 아버지와 상관없이 유대인으로 간주합니다. 따라서 유대인인 바울이 보기에 유대인인 디모데가 앞으로 유대인들에게 복음을 전하는 데 걸림이 되지 않게끔, 유대인의 전통을 따라 할례를 받게 한 것이었습니다.

율법에는 두 측면이 있었습니다. 첫 번째는 구원과 관련된 측면입니다. 유대인들은 율법을 지켜야 구원받는다고 믿었습니다. 율법이 구원의 조건인 셈이었습니다. 하지만 죄성을 지니고 태어난 인간은 누구도 자신의 의지나 능력으로는 율법을 온전히 지킬 수 없었습니다. 그러므로 바울은 구원의 조건으로서의 율법은 단호히 거부했습니다. 오직 주님의 은혜로 거저 주어지는 구원에는, 그 어떤 조건도 전제될 수 없었습니다. 율법은, 주님의 은혜로 이미 구원받은 바울에게는 좋은 삶의 지침서일 뿐이었습니다. 율법의 두 번째 측면은 유대인의 전통 및 관습과 관련되어 있습니다. 유대인의 전통과 관습의 출처가 모두 율법이었습니다. 유대인이었던 바울 역시 조상 대대로 내려온 전통과 관습을 존중하였음은 물론이었습니다. 바울이 이방 지역에서 유대인 어머니의 아들로 태어난 디모데에게 할례를 행하였던 것도, 유대인들에게 복음을 전할 디모데로 하여금 유대인의 전통과 관습을 지키게 하기 위함이었습니다.

그렇지만 예루살렘에 모여든 유대인 크리스천들 사이에는, 바울이 율법의 전통과 관습을 송두리째 무시하고 유대인들마저 할례를 받지 못하게 할 뿐 아니라, 심지어 모세를 배반한 배신자란 거짓 소문이 만연해 있었습니다. 그동안 바울이 가는 곳마다 바울을 배교자로 간주하여 죽이려던 유대교인들이 퍼뜨린 거짓 모함이, 유대인 크리스천들에게도 그대로 유포된 것이었습니다. 유대인 크리스천들은 바울에 대한 그 거짓 모함을 기정사실로 받아들이고 있었습니다. 유대인들은 출애굽의 영웅이자 최고의 민족 지도자였던 모세를 배반한 사람이라면, 그가 누구든 상관없이 심한 적개심을 표출했습니다. 자칫하면 바울이, 바울을 모세의 배반자로 잘못 알고 있는 유대인 크리스천들에게 화를 당할 수도 있었습니다.

> 그러면 어찌할꼬, 그들이 필연 그대가 온 것을 들으리니, 우리가 말하는 이대로 하라(22-23절 상).

야고보와 예루살렘의 장로들도 바울이 모세를 배반하고, 유대인들의 관습을 짓밟는다는 소문을 들어 잘 알고 있었습니다. 하지만 그들은 다른 유대인 크리스천들과는 달리, 그 소문을 믿지 않았습니다. 이 한 가지 사실로 우리는 야고보와 예루살렘 장로들의 믿음과, 예루살렘에 모인 유대인 크리스천들의 믿음의 깊이를 가늠할 수 있습니다. 성숙한 믿음의 사람은, 믿어야 할 사람을 믿습니다. 단지 소문만으로, 자신이 믿어야 할 사람에 대한 신뢰를 거두는 어리석음을 범치 않습니다. 야고보와 예루살렘의 장로들은 바울에 대한 몹쓸 모함 속에서도 바울을 변함없이 믿었을 뿐 아니라, 바울에게 "우리가 말하는 이대로 하라"며 그가 유대인 크리스천들의 오해에서 벗어날 수 있는 구체적인 방책을 제시하였습니다.

> 우리가 말하는 이대로 하라. 서원한 네 사람이 우리에게 있으니, 그들을 데리고 함께 결례를 행하고, 그들을 위하여 비용을 내어 머리를 깎게 하라. 그러면 모든 사람이 그대에 대하여 들은 것이 사실이 아니고, 그대도 율법을 지켜 행하는 줄로 알 것이라. 주를 믿는 이방인에게는 우리가 우상의 제물과 피와 목매어 죽인 것과 음행을 피할 것을 결의하고 편지하였느니라 하니, 바울이 이 사람들을 데리고 이튿날 그들과 함께 결례를 행하고, 성전에 들어가서 각 사람을 위하여 제사드릴 때까지의 결례 기간이 만기된 것을 신고하니라(23-26절).

마침 예루살렘 교회에, 일정한 기간 동안 자신을 하나님께 드리는 나실인 서원을 한 사람이 네 명 있었는데, 그들의 서원 기간이 막 끝나는 참이었습니다. 구약성경 민수기 6장 13-15절에 의하면, 나실인 서원 기간이 만료된 사람은 성전에서 7일 동안 머물면서 정결예식인 결례를 행하고, 제8일에는 머리를 깎아야만 했습니다. 결례를 행하기 위해서는 제물도 바쳐야 했기에,

그 모든 관습을 이행하려면 경비가 필요했습니다. 야고보와 예루살렘의 장로들은 바울에게, 그 네 명과 함께 성전에서 머물면서 그들이 결례를 행하고 머리를 깎는 비용을 치러 주게 했습니다. 그렇게 함으로써 유대인 크리스천들이 바울을 모세의 배반자로 여기는 그릇된 오해를 불식시킬 수 있을 것이기 때문이었습니다. 바울은 야고보와 예루살렘 장로들이 제시한 방책을 그대로 따랐습니다. 당시 유대인들은 그들이 부정하다고 여기던 이방인 지역을 다녀오면, 자신을 정결케 하는 결례를 행하였습니다. 이방 지역에서 돌아온 바울도 성전에서 결례를 행하였고, 또 나실인 서원 기간이 끝난 네 사람의 서원 만기 예식을 도와줌으로, 유대인인 자기 역시 유대인의 전통과 관습을 존중함을 공개적으로 보여 주었습니다.

여기에서 질문이 제기됩니다. 초대교회 최고 지도자였던 야고보와 위대한 사도 바울이, 수만 명에 달하는 유대인 크리스천들의 여론이 무서워 신앙 양심을 버리고 마치 율법의 신봉자인 것처럼, 서로 타협한 게 아니냐는 것입니다. 이를테면 이때, 바울이 오히려 율법에 대해 더욱 단호한 모습을 보였어야 하는 것 아니냐는 것입니다. 바울이 대체 어떤 심정으로 예루살렘에 입경했습니까? 바울이 유럽 대륙의 고린도를 출발하여 예루살렘에 이르기까지 그가 예루살렘에서 결박과 환난을 당할 것이라는 성령님의 거듭된 예고에, 얼마나 많은 사람들이 바울의 예루살렘행을 눈물로 만류했습니까? 하지만 바울은 '주 예수의 이름을 위하여 결박당할 뿐 아니라 예루살렘에서 죽을 것도 각오'하고(13절) 예루살렘을 찾지 않았습니까? 그런 바울이, 무엇이 두려워 자기 신앙 양심을 저버리고 타협하겠습니까?

만약 야고보와 예루살렘 장로들이 만에 하나라도 바울에게, 유대인 크리스천들 앞에서 율법이 구원의 조건이라고 시인할 것을 요구했더라면, 바울은 목숨을 걸고 거부했을 것입니다. 예수 그리스도의 십자가 구원 앞에서, 어떤 경우에도 율법이 구원의 조건이 될 수 없는 까닭입니다. 바울이 야고보와 예루살렘 장로들의 제안을 흔쾌히 받아들였던 것은, 그것이 유대인의 전통과 관습에 관한 것이었기 때문입니다. 유대인인 바울이 유대인의 전통과 관습을 존중함으로써, 같은 동족인 유대인과의 접촉점을 확대할 수 있었습니다. 이것은 제 생각이 아니라, 바울 자신의 증언입니다.

> 내가 모든 사람에게서 자유로우나 스스로 모든 사람에게 종이 된 것은, 더 많은 사람을 얻고자 함이라. 유대인들에게 내가 유대인과 같이 된 것은 유대인들을 얻고자 함이요, 율법 아래에 있는 자들에게는 내가 율법 아래에 있지 아니하나 율법 아래에 있는 자같이 된 것은 율법 아래에 있는 자들을 얻고자 함이요, 율법 없는 자에게는 내가 하나님께는 율법 없는 자가 아니요 도리어 그리스도의 율법 아래에 있는 자이나 율법 없는 자와 같이 된 것은 율법 없는 자들을 얻고자 함이라. 약한 자들에게 내가 약한 자와 같이 된 것은 약한 자들을 얻고자 함이요, 내가 여러 사람에게 여러 모습이 된 것은 아무쪼록 몇 사람이라도 구원하고자 함이니, 내가 복음을 위하여 모든 것을 행함은 복음에 참여하고자 함이라 (고전 9:19-23).

바울은 이처럼 복음 안에서 한 사람이라도 더 얻기 위해, 또 그리스도 안에서 보다 깊이 소통할 수 있게끔, '여러 사람에게 여러 모습'이 되었습니다. 상대와의 접촉점을 확대하기 위해 늘 상대에게 자신을 맞추었던 바울은, 상대에 따라 '여러 사람에게 여러 모습'이 되었던 것입니다. 이와 같은 삶의 자세는 우리로 하여금 물을 연상케 합니다. 물은 담기는 그릇의 모양에 따라 모양이 달라집니다. 그렇다고 물의 본질이 바뀌는 것은 아닙니다. 물의 본질은 그대로 있으면서도, 그릇에 따라 모양이 달라지는 것입니다. 바울의 삶도 그와 같았습니다. 그리고 바울은 자신이 '그리스도의 율법 아래에 있는 자'임도 밝혔습니다. 바울이 언급한 '그리스도의 율법'은 유대인들이 금과옥조로 삼던 그들의 율법을 뜻하지 않았습니다. 그것은 주님께서 새로운 계명으로 주신, '서로 사랑하라'는 사랑의 율법이었습니다. 바울의 증언입니다.

> 피차 사랑의 빚 외에는 아무에게든지 아무 빚도 지지 말라. 남을 사랑하는 자는 율법을 다 이루었느니라. 간음하지 말라, 살인하지 말라, 탐내지 말라 한 것과, 그 외에 다른 계명이 있을지라도, 네 이웃을 네 자신과 같이 사랑하라 하신 그 말씀 가운데 다 들었느니라. 사랑은 이웃에게 악을 행하지 아니하나니, 그러므로 사랑은 율법의 완성이니라(롬 13:8-10).

그렇지 않습니까? 내가 이웃을 사랑하는데, 이웃 사람의 아내나 남편과 남몰래 간음할 수 있겠습니까? 내가 이웃을 사랑하는데, 이웃을 살인할 수 있겠습니까? 내가 이웃을 사랑하는데, 이웃이 지닌 것들을 훔치려는 흑심을 품을 수 있겠습니까? 이웃을 사랑하면, 그 사랑 안에서 모든 율법은 완성됩니다. 이것이 바울이 말한 그리스도의 율법, 곧 사랑의 율법입니다.

이렇듯 사랑과 생명은 마치 물처럼, 상대로 하여금 자신에게 맞추어 줄 것을 요구하는 것이 아니라, 자신을 기꺼이 상대에게 맞추어 주기에 여러 모양으로 드러나게 됩니다. 바울의 심령은 예수 그리스도로 말미암는 생명과 사랑으로 가득 찼기에 언제나 상대에게 자신을 맞추었고, 그 결과 그는 '여러 사람에게 여러 모습'으로 살았습니다. 바울이 가는 곳마다 많은 사람을 얻은 것은, 결코 우연한 일이 아니었습니다.

하지만 반드시 유의해야 할 사항이 있습니다. 물이 그릇의 모양에 따라 모양이 달라지는 것은 물의 특성이지만, 그 과정에서 물의 본질이 변질되거나 썩어서는 안 됩니다. 물의 본질은 생명입니다. 생명의 본질이 변질되거나 썩어 버린 물은 아무리 아름다운 모양의 그릇에 아름다운 모양으로 담겨져 있어도, 그 물을 마시는 사람의 생명에 해를 끼치게 됩니다. 생명과 사랑으로 충만한 바울이 '여러 사람에게 여러 모습'으로 살았지만, 그와 같은 바울의 삶이 누군가의 영적 생명을 해치는 결과를 초래할 수는 없었습니다. 이것이 바울이 다음과 같이 선포한 이유였습니다.

> 그러므로 만일 음식이 내 형제를 실족하게 한다면, 나는 영원히 고기를 먹지 아니하여 내 형제를 실족하지 않게 하리라(고전 8:13).

당시 이방 지역에서는 이방 신전에 제물로 바쳐진 가축의 고기가 시장에서 상품으로 유통되었습니다. 이방 신전의 신상은 인간이 돌이나 쇠붙이로 만든 우상이기에 바울에게는, 우상에게 바쳐졌던 제물이라고 해서 먹지 못할 이유가 전혀 없었습니다. 하지만 믿음이 연약한 그리스도인들 가운데에는 우상이 실재한다는 생각에서 아직 벗어나지 못해, 우상의 제물을 먹는 것은 죄라고 여기는 사람들이 적지 않았습니다. 만약 그들 앞에서 위대한 사도 바울이 제물로 바쳐진 고기를 먹는다면, 그들은 바울의 행위를 보면서, 예수를 믿으면서 죄를 범해도 무방하다고 오해하게 될 것이요, 결과적으로 그들이 신앙적으로 실족할 것이 뻔했습니다. 그래서 바울은 자신이 고기를 먹는 것이 누군가를 실족케 하는 결과를 초래한다면, 자신은 제물로 바쳐진 고기는 영원히 먹지 않겠다고 선포한 것이었습니다.

바울이 '여러 사람에게 여러 모습'으로 산 것은 복음 안에서 한 사람이라도 더 많은 사람을 얻으려는 대인 접촉점의 확장을 위해서였고, 영원히 고기를 먹지 않겠다고 선포한 것은 자신과 관계하는 사람의 신앙을 굳게 지켜 주기 위함이었습니다. 여기에서 우리는 성숙한 그리스도인이 지녀야 할 삶의 양면성을 알게 됩니다. 복음 안에서 한 사람이라도 더 얻으려 '여러 사람에게 여러 모습'으로 살기 위한 활짝 열린 마음이 한 면이라면, 또 다른 면은 자기 주위 사람들의 신앙을 굳게 지켜 주기 위한 자기 절제입니다. 주위 사람들의 신앙을 지켜 주기 위해, 다시 말해 자신으로 인해 주위 사람들이 신앙적으로 실족하지 않게끔, 자신의 믿음으로는 얼마든지 할 수 있는 것이지만 그들을 위해 자발적으로 절제하는 것입니다.

한 청년이 제게 질문했습니다. 30대 중반인 그 청년은, 자신은 그동안 한 번도 술을 마신 적이 없었다고 했습니다. 하지만 그리스도인들 사이에서도 음주가 보편화되고, 술을 마시는 그리스도인들이 도리어 자기처럼 술을 마시지 않는 그리스도인을 불편해하는 오늘날에도, 술을 마시지 말라는 교회의 가르침이 여전히 유효한지, 그리스도인의 금주가 오늘날과 같은 시대에 무슨 의미가 있는지를 묻는 질문이었습니다.

저는 그 청년에게 30대 중반이 되기까지 술을 마시지 않는 믿음을 지켜 줘서, 진심으로 고맙다고 했습니다. 그리고 그리스도인이 술을 마시지 않는 것은 여전히 유효하고, 중요하다고 대답해 주었습니다. 오늘날 우리 사회에서 시급하게 척결되어야 할 병폐 중의 하나가 그릇된 음주문화 아닙니까? 얼마나 많은 사람들의 인생과 가정이 술로 망가졌고, 지금도 망가지고 있습니까? 해가 저문 뒤에 일어나는 범죄의 대부분은 모두 과도한 음주에서 비롯되지 않습니까? 소위 선진국 가운데 어느 나라에서 우리나라처럼, 매일 인사불성이 되도록 술을 마시는 것을 당연시합니까? 이런 상황 속에서 만약 나의 음주가 누군가의 음주에 면죄부를 주어, 그가 평생 음주에서 헤어나지 못하도록 실족시킨다면, 그것은 하나님 앞에서 그 사람의 영적 생명을 해치는 범죄행위임이 분명합니다. 그보다는 바울처럼, 영원히 술을 마시지 않음으로 주위 사람을 한 사람이라도 실족시키지 않는 것이 그리스도인의 바른 도리일 것입니다.

그동안 제게 술을 선물로 보낸 분들이 있었습니다. 외국에서 귀국하거나 여행 온 몇 분이 제게 포도주를 보낸 것입니다. 그분들은 아마도 제가 포도주를 마신다고 생각한 것 같습니다. 저는 제 집을 방문하는 분들 가운데, 선물용으로 필요하다는 식으로 용도가 있다는 분들에게, 그 포도주를 다 나누어 드렸습니다. 그랬더니 제가 제 집을 방문하는 손님들에게, 평소 집에서 즐겨 마시는 포도주를 선물로 준다는 헛소문도 있다고 합니다.

저는 〈새신자반〉에서 말씀드린 것처럼 1984년 8월 2일 새벽 2시에 주님의 부르심을 받은 이후 지금까지, 특히 포도주가 식생활의 일부가 되어 있는 스위스에서 3년이나 살았으면서도, 그 어떤 종류의 술이든 단 한 방울도 입에 댄 적이 없습니다. 제가 30대 중반이 되기까지 술독에서 헤어나지 못하던 저의 삶에 면죄부를 주었던 분들이, 당시 저와 함께 술을 마셨던 모교회 목사님과 장로님들이었기 때문입니다. 목사님과 장로님들도 저와 대작하는 판에, 겨우 20대였던 제가 거리낄 것이 무엇이었겠습니까? 젊은 시절의 제가 그때 그 목사님과 장로님들을 만나지 않았더라면, 저는 훨씬 더 빨리 술독에서 벗어났을 것이고, 제 젊은 시절을 그렇듯 허망하게 헛날려 버리지는 않았을 것입니다. 만약 목사인 제가 어떤 종류의 술이든 한 방울이라도 입에 댄다면, 예전의 저처럼 자신의 음주에 대해 갈등하던 누군가도, 술을 입에 대는 제 모습을 보고 도리어 자신의 음주에 대해 당당하게 면죄부를 얻지 않겠습니까?

저는 어느 식사 자리에서든, 제가 술을 마시지 않는다고 그 자리에 동석한 분들의 반주까지 못하게 하지는 않습니다. 오히려 제가 따라 드리기도 합니다. 그날, 그 시간, 그 자리에 앉아 있는 분들과의 접촉점을 확대하기 위함입니다. 그러나 어떤 경우에도 제 입에는 일절 술을 대지 않는 것은, 그 자리에 동석한 누군가의 신앙을 굳게 지켜 드리기 위함입니다. 바울의 표현을 빌리자면, 저로 인해 신앙적으로 실족하는 사람이 없게 하기 위함입니다.

교회의 힘은 예배당의 크기나 헌금 액수가 아니라, 오직 거룩함에서 나온다고 했습니다. 오늘날 이 땅 가는 곳마다 큰 예배당이 즐비하고, 교회마다 교인수를 자랑하지만, 교회가 더 이상 세상을 새롭게 하지 못하는 것은, 교회를 이루고 있는 그리스도인들의 삶이 세상 사람들과 전혀 구별되지 않기 때문입니다. 생각해 보십시오. 세상의 빛과 소금이어야 할 그리스도인들이 하고 싶은 것 다 하고, 가지고 싶은 것 다 가지고, 먹고 마시고 싶은 것 다 먹고 마시면서, 어떻게 세상과 구별된 거룩한 교회를 이루어, 이 세상을 새롭게 할 수 있겠습니까? 바울이 목숨을 걸고 전한 복음이 로마제국을 새롭게 한 것은 당시의 그리스도인들에게 금력과 권력이 있어서가 아니라, 그들이 세상과 구별된 거룩한 교회를 이루었기 때문입니다.

사랑하는 교우 여러분! 우리끼리 모여, 우리끼리 은혜 받고, 우리끼리 사랑하며, 우리끼리 잘 먹고 잘 살기를 추구하는 교회라면, 그러지 않아도 가는 곳마다 교회 천지인데, 11년 전에 우리 교회가 또 세워질 당위성이 있었겠습니까? 세상을 새롭게 하시는 주님을 주인으로 모신 교회라면 이 혼탁한 세상에서 시대적인 사명과, 역사적인 소명을 감당하는 교회가 되어야 하지 않겠습니까? 우리 교회를 창립한 100주년기념재단에 의해 우리에게 부여된 두 번째 소명이, 한국 교회의 미래를 향한 길닦이의 사명을 완수하는 것임을 잊지 마십시다. 그 사명은 만인을 품으려는 열린 마음과, 한 사람이라도 실족시키지 않으려는 자기 절제의 거룩함으로만 감당할 수 있습니다.

우리 모두 복음 안에서 한 사람이라도 더 얻기 위해 '여러 사람에게 여러 모습'으로 살아가는, 모든 사람에게 활짝 열린 마음을 지니십시다. 동시에 단 한 사람이라도 실족시키지 않기 위해, 우리가 만나는 모든 사람들의 믿음을 굳게 지켜 주기 위해, 주님 안에서 자기 절제의 거룩함을 입으십시다. 비록 우리 자신은 부족하고 미천해도, 결코 짧지 않은 손을 지니신 전능하신 하나님께서 반드시 우리를 들어, 한국 교회와 우리 사회의 미래를 새롭게 해주실 것입니다.

이 시간 나의 삶을 되돌아봅니다. 바늘구멍처럼 편협한 나의 마음이, 주님 앞으로 나아가려는 사람들을 가로막는 장애물이었습니다. 절제해야 할 것을 절제하지 못한 나의 삶은, 많은 사람을 신앙적으로 실족시키는 덫이었습니다. 나로 인해 이 땅의 교회가 거룩함을 상실했고, 교회에서 퍼지는 소리는 모두 울리는 꽹과리가 되고 말았습니다. 이 모든 잘못을 회개하오니, 용서해 주시기를 간구드립니다.

이제부터 우리 모두 주님 안에서 바울처럼 살아갈 수 있도록 도와주십시오. 복음 안에서 한 사람이라도 더 얻기 위해, '여러 사람에게 여러 모습'으로 살아가는 열린 마음을 지니게 해주십시오. 한 사람이라도 신앙적으로 실족시키는 일이 없도록, 우리 주위 사람들의 신앙을 굳게 지켜 줄 수 있도록, 날마다 주님 안에서 자기 절제의 거룩한 삶을 추구하게 해주십시오. 그리하여 우리의 삶 자체가 하나님의 자랑이 되게 하시고, 우리를 통해 한국 교회의 미래와 이 민족의 역사가 새로워지게 해주십시오. 아멘.

12. 바울을 잡아 끌고 나가니

사도행전 21장 27-30절

그 이레가 거의 차매 아시아로부터 온 유대인들이 성전에서 바울을 보고 모든
무리를 충동하여 그를 붙들고 외치되 이스라엘 사람들아 도우라 이 사람은 각
처에서 우리 백성과 율법과 이곳을 비방하여 모든 사람을 가르치는 그 자인데
또 헬라인을 데리고 성전에 들어가서 이 거룩한 곳을 더럽혔다 하니 이는 그들
이 전에 에베소 사람 드로비모가 바울과 함께 시내에 있음을 보고 바울이 그를
성전에 데리고 들어간 줄로 생각함이러라 온 성이 소동하여 백성이 달려와 모여
바울을 잡아 성전 밖으로 **끌고 나가니** 문들이 곧 닫히더라

주님의 부르심을 받은 이후, 바울은 일평생 복음 안에서 한 사람이라도
더 얻기 위해 '여러 사람에게 여러 모습'으로 살았습니다. 마치 생명의 물처
럼, 상대로 하여금 자기에게 맞추어 줄 것을 요구하는 것이 아니라, 언제나
상대와의 접촉점 확대를 위해 상대에게 자신을 맞추어 준 결과였습니다. 지
난 시간에 살펴본 것처럼, 바울에 대한 유대인들의 거짓 모함을 기정사실로

잘못 알고 있는 유대인 크리스천들의 그릇된 오해를 불식시키기 위해, 나실인 서원이 끝난 네 명의 서원 만기 예식을 도와주라는 야고보와 예루살렘 장로들의 제안을 바울이 그대로 따랐던 것도, 아직 믿음이 연약한 유대인 크리스천들과의 접촉점을 확대하기 위함이었습니다.

이처럼 바울은 복음 안에서 한 사람이라도 더 얻기 위해 상대에 따라 '여러 사람에게 여러 모습'으로 살았지만, 그와 같은 자신의 삶으로 인해 단 한 사람이라도 복음의 본질을 오해하여 실족하는 일이 없도록, 언제나 주님 안에서 자기 절제의 거룩함을 잃지 않았습니다. 자신이 우상의 제물로 바쳐진 고기를 먹음으로 믿음이 연약한 누군가가 실족한다면, 자신은 우상의 제물로 바쳐진 고기를 영원히 먹지 않겠다고 바울이 선포한 이유도 바로 거기에 있었습니다. 이와 관련하여 바울은 고린도전서 10장에서 보다 구체적으로 증언하고 있습니다.

> "모든 것이 다 허용된다"고 사람들은 말하지만, 모든 것이 다 유익한 것은 아닙니다. "모든 것이 다 허용된다"고 사람들은 말하지만, 모든 것이 다 덕을 세우는 것은 아닙니다. 아무도 자기의 유익을 추구하지 말고, 남의 유익을 추구하십시오(고전 10:23-24, 새번역).

'하나님의 말씀이 없는 곳에서는 모든 것이 허용된다'는 도스토옙스키의 말은 차치하더라도, 개인주의가 극에 달한 오늘날에는 인간에게 인권의 이름으로 모든 것이 다 허용되고 있습니다. 약 10여 년 전부터 '내 맘이야'라는 말도 예사로 통용되고 있습니다. 내가 하고 싶어서 하는 일인데, 왜 당신이 간섭하느냐는 말입니다. 그러나 어떻습디까? 모든 것이 다 허용된다고, 그것이 모두 자기에게 유익합디까? 모든 것이 다 허용된다고, 그것이 모두 건설적이고도 덕스러운 결과를 가져다줍디까? 오히려 그 반대 아닙디까? 내가 하고 싶고 먹고 마시고 싶은 것 다 하고 다 먹고 마신 결과로, 내 인생이 망가지지 않았습니까? 내가 하고 싶고 먹고 마시고 싶은 것 다 하고 다 먹고 마신 결과로, 내 주위 사람들의 인생도 망가지지 않았습니까? 그래서 바울은 '아무도 자기의 유익을 추구하지 말고, 남의 유익을 추구'하라고 당부합니다. 남의 유익을 생각하는 사람에게만, 그와 더불어 살아가기 위한 자기 절제의 거룩함이 가능합니다.

> 그러므로 여러분은 먹든지 마시든지, 무슨 일을 하든지, 모든 것을 하나님의 영광을 위하여 하십시오. 여러분은 유대 사람에게도, 그리스 사람에게도, 하나님의 교회에도, 걸림돌이 되지 마십시오. 나는 모든 일을 모든 사람의 마음에 들게 하려고 애씁니다. 그것은, 내가 내 이로움을 구하지 않고, 많은 사람의 이로움을 추구하여, 그들이 구원을 받게 하려는 것입니다. 내가 그리스도를 본받는 사람인 것과 같이 여러분은 나를 본받는 사람이 되십시오(고전 10:31-11:1, 새번역).

바울에게는 분명한 삶의 원칙이 있었습니다. 무엇을 먹고 마시든, 무슨 일을 하든, 모든 것을 하나님의 영광을 위해 행한다는 것이었습니다. 그것은 자신이 만나는 사람들 가운데 그 누구도 실족시키지 않고, 그들이 모두 구원받을 수 있게끔 그들의 이로움을 추구하는 것을 의미했습니다. 다시 말해 복음 안에서 한 사람이라도 더 얻기 위해 '여러 사람에게 여러 모습으로' 살아가는 열린 마음과, 자신이 만나는 사람들 가운데 단 한 사람도 실족하지 않게끔 자기 절제의 거룩함을 동시에 추구하는 삶이었습니다. 그것은 바울이 고안해 낸, 그의 독창적인 삶이 아니었습니다. 그것은 우리를 구원하시기 위해 이 땅에 오시어, 우리 각자의 모습에 따라 여러 모습으로 우리에게 다가와 우리를 품어 주시고, 우리의 이로움을 위하여 십자가의 제물이 되신 예수님께서 친히 보여 주셨던 삶이었고, 바울은 그 예수님을 본받아 산 것이었습니다.

그래서 바울은 "내가 그리스도를 본받는 사람인 것과 같이, 여러분은 나를 본받는 사람이 되십시오"라고 우리에게 명령합니다. 그리스도인이 된다는 것은 예수 그리스도를 본받아, 바울처럼 자기 한 사람의 이로움이 아니라, 한 사람이라도 더 구원을 얻게끔 많은 사람들의 이로움을 위해 살아가는 사람이 되는 것입니다.

하지만 오늘의 본문은 바울과는 정반대의 삶을 사는 사람들, 오직 자신들의 이로움만 추구하는 사람들을 바울과 대조하여 보여 주고 있습니다.

> 그 이레가 거의 차매, 아시아로부터 온 유대인들이 성전에서 바울을 보고 모든 무리를 충동하여 그를 붙들고(27절).

나실인 서원 기간이 만료된 사람은 성전에서 7일 동안 머물면서 정결예식인 결례를 행하고, 제8일에는 머리를 깎아야만 한다고 했습니다. 야고보와 예루살렘의 장로들이 바울에게 맡겼던 네 명의 나실인 서원 만기 예식이 거의 끝날 무렵이었습니다. 바울도 그들의 예식을 끝까지 돕기 위해 성전을 떠나지 않고 있었습니다. 마침 예루살렘에서 오순절을 지키기 위해 예루살렘을 찾은 유대인들 가운데 아시아에서 온 유대인들도 있었습니다. 오늘날 터키 대륙의 서부 지역을 일컫는 아시아의 중심 도시 에베소에서 온 유대인들이었습니다. 그들은 지난주에 살펴보았던 유대인 크리스천들처럼, 유대교에서 개종한 사람들이 아니었습니다. 그들은 유대교의 열혈 신봉자들로서, 바울이 에베소에 3년 동안 머물 때부터 바울을 유대교의 배교자로 간주하여 호시탐탐 해칠 기회를 엿보던 유대인들이었습니다.

그들이 성전에서 바울을 보자마자 그곳에 모인 사람들을 충동질하였습니다. '충동하다'는 동사가 원문에 미완료형으로 기록되어 있습니다. 그들이 성전에 모여 있는 사람들로 하여금 바울에 대해 적개심을 품도록 계속하여 충동질한 것입니다. 생각 없이 충동질당하는 사람들은 어디에나 있기 마련입니다. 성전에 모여 있던 사람들 역시 에베소의 유대인들에 의해 간단하게 충동질당했습니다. 에베소의 유대인들은 그들과 함께 바울을 붙들었습니다. 한글 성경에는 나타나 있지 않지만 헬라어 원문을 보면, 그들은 바울을 붙들어 중죄수를 다루듯 바울의 두 손을 결박하였습니다.

> 외치되, 이스라엘 사람들아 도우라. 이 사람은 각처에서 우리 백성과 율법과 이곳을 비방하여 모든 사람을 가르치는 그 자인데, 또 헬라인을 데리고 성전에 들어가서 이 거룩한 곳을 더럽혔다 하니(28절).

에베소의 유대인들은 바울의 죄목을 밝힌 후에 바울을 붙들어 결박한 것이 아니라, 먼저 사람들을 충동질하여 바울을 붙들어 결박부터 해놓고, 소위 그들이 내세우는 바울의 두 가지 죄목을 소리쳐 밝혔습니다. 첫째 죄목은, 바울이 "각처에서" 유대인과 율법과 성전을 비방하며 "모든 사람"을 그릇 가르치는 "그 자"라는 것이었습니다. 우리말 '각처에서'로 번역된 헬라어 '판타쿠παντα χοῦ'는 '모든 장소에서'를 의미합니다. '모든 장소에서' 유대인과 율법과 성전을 비방하며 '모든 사람'을 그릇 가르쳐 왔다면, 바울은 얼마나 고약한 죄인이겠습니까? 더욱이 에베소의 유대인들은 바울을 '그 자'라고 불렀습니다. '바로 그 사람'이라는 말이었습니다. 이것은 성전에 모여 있던 사람들도, '모든 장소에서', '모든 사람'을 그릇 가르쳐 온 '바로 그 사람'에 대한 소문을 들어 알고 있었음을 의미합니다. 그동안 바울이 거치는 곳마다 바울을 해치려던 유대인들이 바울에 대해 퍼뜨린 거짓 소문이 그 정도로 광범위하게 유포되어 있었던 것입니다.

에베소의 유대인들이 밝힌 바울의 두 번째 죄목은, 바울이 이방인인 헬라인을 거룩한 성전에 데리고 들어가 성전을 더럽혔다는 것이었습니다. 당시 예루살렘성전에는 이방인들도 들어갈 수 있는 뜰이 있었는데, 그것은 성전의 바깥뜰로, '이방인의 뜰'로 불렸습니다. 이방인은 거기까지였습니다. 만약 이방인이 그 너머에 있는 성전의 안뜰, 즉 '이스라엘의 뜰'로 들어가면 그 누구도 죽음을 면할 수 없었습니다. 로마 당국 역시 이와 같은 유대교의 금기 사항을 인정하고 있었으므로, 설령 로마 시민권을 가진 이방인이라 해도 예외가 될 수는 없었습니다. 만약 바울이 이방인을 데리고 성전 안으로 들어간 것이 사실이라면, 그 이방인은 말할 것도 없고, 이방인을 성전 안으로 끌어들인 바울 역시 성전을 더럽힌 성전 모독죄로 죽음을 피할 수 없었습니다.

그러나 에베소의 유대인들이 내세운 바울의 두 가지 죄목은 모두 새빨간 거짓말이었습니다. 바울이 '모든 장소에서' '모든 사람'을 그릇 가르친다는 것이 사실이 아님은 이미 지난 시간에 확인했었습니다. 그리고 바울이 이방인을 성전 안으로 끌어들였다는 것 역시 전혀 사실이 아니었습니다.

> 이는 그들이 전에 에베소 사람 드로비모가 바울과 함께 시내에 있음을 보고, 바울이 그를 성전에 데리고 들어간 줄로 생각함이러라(29절).

지금 성전에 있는 사람들을 충동질하여 바울을 붙들어 결박한 사람들은 에베소에서 온 유대인들이었습니다. 그들이 오순절을 지내기 위해 예루살렘에 왔다가, 역시 에베소의 헬라인 드로비모가 바울과 함께 있는 것을 보았습니다. 드로비모가 예루살렘에서 바울과 함께 있었다는 것은, 바울이 3년 동안 에베소에서 복음을 전할 때 바울을 통해 주님을 영접한 이방인 드로비모도, 예루살렘에서 오순절을 지내기 위해 예루살렘을 방문했다가 바울을 만나게 된 것임을 알 수 있습니다. 그때 드로비모와 바울은 성전 안에 있었던 것이 아니었습니다. 에베소의 유대인들은 드로비모와 바울이 예루살렘 '시내'에 함께 있는 것을 보았을 뿐입니다. 그런데도 그들은 바울이 드로비모를 예루살렘성전 안으로 데리고 들어갔을 것이라고 단정하여 바울을 붙들어 결박하고, 성전에 모인 유대인들에게 바울이 이방인을 성전으로 끌어들여 성전을 더럽혔다고 바울을 고발하였습니다. 그들에게 사실이나 진실은 조금도 중요하지 않았습니다. 그들에게 중요한 것은, 배교자 바울을 공개적으로 죽여 버릴 수 있는 명분이었습니다.

> 온 성이 소동하여 백성이 달려와 모여 바울을 잡아 성전 밖으로 끌고나가니, 문들이 곧 닫히더라(30절).

에베소 유대인들이 바울에 대해 내세운 두 가지 거짓 죄목에 예루살렘 유대인들 사이에 큰 소동이 일어났습니다. 예루살렘 유대인들도 사실 여부를 따져 보려 하지는 않았습니다. 에베소 유대인들의 충동질에 이미 군중심리에 빠져 버린 그들은 불문곡직하고 바울에게 달려들어, 이미 두 손이 결박당해 있는 바울을 붙잡아 성전 밖으로 끌고나갔습니다. 스데반에게 그랬던 것처럼 바울을 성전모독죄로 쳐 죽이기 위함이었습니다. 우리말 '끌고나가다'로 번역된 동사 '헬퀴오ἐλκύω'가 원문에 미완료형으로 기록되어 있습니다. 그들이 마치 포박당한 짐승을 끌고 가듯, 두 손이 결박당한 바울을 성전 밖으로 질질 끌고 나갔다는 표현입니다.

바울이 끌려 나감과 동시에 성전을 관리하는 레위인들은 성전으로 통하는 문들을 닫아 버렸습니다. 성전은 사람을 살리는 곳입니다. 그러나 아무 죄 없는 바울, 오히려 성전의 주인이신 주님을 위해 자신을 바친 바울이 짐승처럼 사지를 향해 질질 끌려 나가는데도, 레위인들은 바울은 아랑곳하지 않고 성전으로 통하는 문들을 닫아 버렸습니다. 그들에게는 바울의 생명보다, 성전 건물이 더 중요했습니다.

바울이 주님을 본받아 한 사람이라도 더 구원받게 하기 위해 많은 사람들의 이로움을 추구하는 참된 크리스천의 표본이라면, 본문에 등장한 유대인들은 다른 사람은 아랑곳하지 않고 자신들의 이로움만 추구하는 이기적인 인간들의 전형입니다. 자신들의 이로움만 추구하는 인간들은 본문의 유대인들처럼, 무엇이 옳고 그른지, 어느 쪽이 진실이고 거짓인지는 전혀 따지지 않습니다. 그들은 어떻게 하는 것이 자신들에게 더 이로운지만 따집니다. 그래서 그들은 자신들의 이로움을 위해 온갖 방법으로 사람들을 충동질하고, 멀쩡한 사람을 거짓 모함하기도 하고, 심지어 자신들의 이로움에 장애가 되는 사람은 짓밟거나 아예 제거해 버립니다. 이것이, 자신들의 이로움만 추구하는 사람들을 통해서는 사회정의도, 사회윤리도, 공익도, 공중도덕도, 공공질서도, 결코 확립될 수 없는 이유입니다.

그런가 하면 죄 없는 바울이 그를 거짓 모함한 에베소 유대인들과, 그들에게 충동질당한 예루살렘 유대인들에게 붙잡혀 사지로 질질 끌려가는 것을 보고서도 레위인들이 문들을 닫아 버린 예루살렘성전은, 자신들의 이로움을 추구하는 인간들만 득실거리는 추악한 인간들의 집일 뿐이었습니다. 구약의 선지자 예레미야는 예루살렘성전을 가리켜 "너희는 이것이 여호와의 성전이라, 여호와의 성전이라, 여호와의 성전이라 하는 거짓말을 믿지 말라"(렘 7:4)고 선포하였습니다. 본문의 시점보다 600년이나 앞선 예레미야가 볼 때, 제사장에서부터 일반 백성에 이르기까지 자신들의 이로움만 추구하는 인간들이 득세한 예루살렘성전은, 이미 그때부터 거룩하신 하나님의 집이 아니었던 것입니다. 오죽하면 예수님께서도 예루살렘성전을 가리켜 "내 집은 만민이 기도하는 집이라 칭함을 받으리라고 하지 아니하였느냐? 너희는 강도의 소굴을 만들었도다"(마 21:13)라고 탄식하셨겠습니까?

그렇다면 이 땅의 교회는 주님께서 보시기에 만민이 기도하고 예배하는 주님의 집이겠습니까, 아니면 강도의 소굴이겠습니까? 그것은 예배당의 크기나 화려함이 아니라, 교회를 이루고 있는 우리 자신들의 삶의 태도에 달려 있습니다. 우리가 주님을 본받아 사도 바울처럼 우리 자신들의 이로움이 아니라, 한 사람이라도 더 구원받을 수 있게끔 많은 사람들의 이로움을 추구하며 산다면, 우리의 예배당이 아무리 작고 협소해도, 우리의 교회는 주님께서 보시기에 만민이 기도하고 예배하는 주님의 집이 틀림없을 것입니다. 그러나 우리가 우리 자신들의 이로움만 추구하고 있다면 우리의 예배당이 아무리 화려하고 웅장해도, 우리 교회는 주님 보시기에 강도의 소굴에 지나지 않을 것입니다. 우리 자신들의 이로움만 추구하는 우리의 삶은 주님 보시기에 거짓과 위선, 그리고 온갖 술수와 궤계로 가득 차 있을 것이기 때문입니다.

어제(4월 16일)는, 진도 앞바다에서 승객 476명 가운데 295명이 사망하고 9명이 실종된, 세월호 참극이 일어난 지 2주년이 되는 날이었습니다. 세월호 참극은 한마디로 표현하면, 자신들의 이로움만 추구하는 인간들에 의해 무고한 사람들, 특히 우리의 수많은 어린 자녀들이 목숨을 잃은 비극이었습니다. 그 참극은 1년 전에도 말씀드렸던 것처럼, 진도 앞바다에서 단지 몇 사람의 실수로 우연히 일어난 사고가 아닙니다. 그것은 그동안 우리 자신들의 이로움만 추구해 온 우리 자신들의 삶이 빚어낸 참극이었습니다. 우리 모두가 세월호 참극의 공범이란 말입니다. 그리고 세월호 참극은 2년 전, 진도 앞바다에서만 일어났던 것도 아닙니다. 우리 자신들의 이로움만 추구하는 우리 자신들에 의해, 오늘도 누군가가 짓밟히는 세월호 참극은 우리 주위에서 계속하여 일어나고 있습니다. 그래서야 우리가 모인 이 집이, 주님께서 보시기에 만민이 기도하고 예배하는 주님의 집일 수는 없습니다.

자신의 이로움이 아니라 한 사람이라도 더 구원받게 하려 많은 사람들의 이로움을 위해 살던 바울은, 오직 자신들의 이로움만 추구하던 유대인들에 의해 두 손이 결박당한 채, 성전에서 짐승처럼 질질 끌려 나갔습니다. 바울을 사지로 끌고 나가는 유대인들은 대군중입니다. 반면에 그들에게 짐승처럼 끌려가는 바울은 혈혈단신입니다. 바울을 끌고 나가는 유대인 군중에 비한다면, 홀로 끌려가는 바울은 무기력하기 짝이 없어 보입니다. 기세등등한 유대인 군중 앞에서, 개인 바울이 완패한 것처럼 보입니다. 그러나 그것은 사실이 아니었습니다. 하나님께서는 자신들의 이로움만 추구하던 대군중이 아니라, 주님을 본받아 많은 사람들의 이로움을 위해 자신을 던졌던 그 바울을 통해 로마제국을, 인류의 역사를 새롭게 하셨습니다.

알고 계십니까? 사회정의도, 사회윤리도, 공익도, 공중도덕도, 공공질서도, 새로운 역사도, 주님을 본받아 많은 사람의 이로움을 추구하는 사람들에 의해서만 확립됩니다. 결코 짧지 않은 손을 지니신 전능하신 하나님께서, 바로 그런 사람들을 통해 역사하시기 때문임은 두말할 나위도 없습니다. 그래서 바울은 지금도 우리에게 간곡하게 당부하고 있습니다.

그러므로 여러분은 먹든지 마시든지, 무슨 일을 하든지, 모든 것을 하나님의 영광을 위하여 하십시오. 여러분은 유대 사람에게도, 그리스 사람에게도, 하나님의 교회에도, 걸림돌이 되지 마십시오. 나는 모든 일을 모든 사람의 마음에 들게 하려고 애씁니다. 그것은, 내가 내 이로움을 구하지 않고, 많은 사람의 이로움을 추구하여, 그들이 구원을 받게 하려는 것입니다. 내가 그리스도를 본받는 사람인 것과 같이 여러분은 나를 본받는 사람이 되십시오.

주님을 본받아 많은 사람의 이로움을 추구하는 바울처럼 살 것인가, 아니면 자신의 이로움만 꾀하는 본문의 유대인들처럼 살 것인가? 어느 쪽을 선택하든, 그 선택은 전적으로 우리의 자유입니다. 그러나 그 선택이 우리의 자유인 만큼, 선택에 대한 결과와 책임 역시 철저하게 우리 자신의 몫이 될 것입니다.

오늘 본문 속 유대인들을 통해 현재 나의 실상을 보게 하시고, 바울을 통해 크리스천으로서 주님 안에서 되어져야 할 나의 모습을 보게 해주셔서 감사합니다.
주님께서는 우리더러, 하늘로 올라와 주님께 우리 자신을 맞추라고 요구하시지 않았습니다. 오히려 주님께서 우리에게 당신을 맞추시어, 우리의 모습으로 이 땅에 오셨고, 우리 각자의 모습에 따라 여러 모습으로 우리를 품어 주시며, 오직 우리의 이로움을 위하여 당신 자신이 십자가의 제물이 되심으로, 우리에게 영원한 구원의 은총을 베풀어 주셨습니다.
이제부터 우리 모두 바울처럼, 주님을 본받아 살아가게 도와주십시오.

복음 안에서 한 사람이라도 더 얻기 위해 '여러 사람에게 여러 모습'으로 살아가는 열린 마음과, 단 한 사람이라도 실족시키지 않도록 자기 절제의 거룩함을 지니고, 많은 사람들의 이로움을 추구하는 우리의 삶을 통해 이 땅에 사회정의가, 사회윤리가, 공익이, 공중도덕이, 공공질서가, 그리고 새로운 역사가 확립되게 해주십시오. 많은 사람들의 이로움을 추구하는 크리스천들이 모인 이 땅의 교회가, 만민이 기도하고 예배하는 주님의 집으로 회복되게 해주십시오. 우리 가운데 단 한 사람도 그릇된 삶을 선택하여, 자신의 호흡이 멎는 순간, 가슴을 치고 후회하는 사람이 없게 해주십시오. 아멘.

13. 쇠사슬로 결박하라 가정주일

사도행전 21장 31-36절

그들이 그를 죽이려 할 때에 온 예루살렘이 요란하다는 소문이 군대의 천부장에게 들리매 그가 급히 군인들과 백부장들을 거느리고 달려 내려가니 그들이 천부장과 군인들을 보고 바울 치기를 그치는지라 이에 천부장이 가까이 가서 바울을 잡아 두 **쇠사슬로 결박하라** 명하고 그가 누구이며 그가 무슨 일을 하였느냐 물으니 무리 가운데서 어떤 이는 이런 말로, 어떤 이는 저런 말로 소리 치거늘 천부장이 소동으로 말미암아 진상을 알 수 없어 그를 영내로 데려가라 명하니라 바울이 층대에 이를 때에 무리의 폭행으로 말미암아 군사들에게 들려가니 이는 백성의 무리가 그를 없이하자고 외치며 따라 감이러라

　　유대인 명절인 오순절을 맞아, 지중해 세계 곳곳에서 예루살렘을 방문한 디아스포라 유대인들 중에 에베소에서 온 유대인들도 있었습니다. 그들은, 바울이 3년 동안 에베소에서 복음을 전할 때부터 바울을 유대교의 배교자로 간주하여, 호시탐탐 그를 죽일 기회를 엿보던 유대인들이었습니다. 그들

이 예루살렘성전에서 바울을 보자, 그곳에 모인 사람들을 선동하였습니다. 바울이 유대인과 율법과 성전을 무시하면서 사람들을 그릇 가르쳐 왔을 뿐 아니라, 심지어 이방인을 성전으로 끌어들여 거룩한 성전을 더럽혔다고 선동한 것이었습니다. 그것은 모두 사실과는 동떨어진, 단지 바울을 죽이기 위한 거짓 모함이었지만, 성전에 모여 있던 사람들은 간단하게 선동당하고 말았습니다. 자기 목적을 위해 거짓으로 인간을 선동하는 인간의 죄악과, 생각 없이 인간에게 선동당하는 인간의 무지가, 인간이 가장 깨어 있어야 할 성전에서 하나님의 이름을 빙자하여 아무 거리낌 없이 야기된 것이었습니다.

에베소의 유대인들이 야기한 그 거짓 모함의 소문은 삽시간에 예루살렘 시내로 퍼져나갔습니다. 분노한 예루살렘의 유대인들은 성전으로 몰려들었습니다. 그들은 바울을 보자마자 불문곡직하고 바울을 붙잡아 두 손을 묶은 뒤, 마치 포박당한 짐승을 끌고 가듯, 바울을 성전 밖으로 질질 끌어내었습니다. 그와 동시에, 예루살렘성전을 관리하는 레위인들은 성전으로 통하는 문들을 모두 닫아 걸어 버렸습니다. 바울이 예루살렘성전에서 내침을 당한 것이었습니다.

그리고 오늘의 본문 31절은 다음과 같이 시작하고 있습니다.

> 그들이 그를 죽이려 할 때에, 온 예루살렘이 요란하다는 소문이 군대의 천부장에게 들리매.

유대인들이 바울을 성전 밖으로 질질 끌고 나간 것은, 성전 모독죄로 바울을 쳐 죽이기 위함이었습니다. 그리고 그들이 바울을 "죽이려 할 때"였습니다. 여기에서 '때'는 바로 '그 순간'을 의미하는 것이 아니라, 유대인들이 바울을 성전에서 질질 끌고 나와 죽이려 하던 장면과 겹쳐서 일어난 또 다른 장면을 보여 주기 위한 표현입니다.

에베소 유대인들의 거짓 모함에 바울을 죽이려고 성전으로 몰려간 예루살렘의 분노한 유대인들이, 조용히 입을 다물고 조심조심하며 바울을 성전 밖으로 끌어내었겠습니까? 사람을 쳐 죽이려는 분노한 군중이라면 제정신일 리가 없습니다. 그들이 바울을 죽이려고 얼마나 괴성을 지르며 그를 성전 밖으로 끌어내었을 것인지는, 눈에 선하게 보이지 않습니까? 그래서 그 즉시로 "온 예루살렘이 요란하다"는 보고가 로마 군대의 천부장에게 올라갔습니다. 우리말 '요란하다'로 번역된 헬라어 동사 '쉉케오συγχέω'는 홍수가 범람할 때의 광경을 묘사하는 단어이기도 합니다. 바울을 죽이려는 유대인들의 소동은 그 정도로 컸고, 예루살렘 치안 책임자인 로마 군대의 천부장에게 그 사실이 곧장 보고된 것이었습니다. 휘하에 천 명의 군사를 거느린 지휘관인 그 천부장의 이름은 사도행전 23장 26절에 의하면, 글라우디오 루시아였습니다.

그가 급히 군인들과 백부장들을 거느리고 달려 내려가니, 그들이 천부장과 군인들을 보고 바울 치기를 그치는지라(32절).

당시 예루살렘의 로마군 수비대는, 성전 북서쪽의 안토니아 요새에 주둔하고 있었습니다. 안토니아 요새에서는 성전이 내려다보였으므로, 성전에서 일어나는 모든 일을 감시할 수 있었습니다. 게다가 요새의 중간 계단이 성전 바깥뜰과 연결되어 있어서, 성전에서 무슨 일이 일어나면 요새의 군인들은 지체 없이 현장으로 출동할 수 있습니다. 천부장 루시아는 소동이 일어났다는 보고를 받자마자 급히 휘하의 군사를 거느리고, 안토니아 요새에서 현장으로 달려 내려갔습니다. 천부장이 현장에 도착했을 때는 유대인들이 바울을 죽이려고 바울을 치고 있는 중이었습니다. 우리말 '치다'로 번역된 헬라어 동사 '튀토τύπτω'는 주먹뿐 아니라 흉기를 사용하여 상대를 가격하는 일체의 폭력 행위를 뜻하는 동사입니다. 유대인들은 갑작스러운 천부장과 군사들의 출동에 일단 '바울 치기'를 멈추었습니다.

> 이에 천부장이 가까이 가서 바울을 잡아 두 쇠사슬로 결박하라 명하고, 그가 누구이며 그가 무슨 일을 하였느냐 물으니(33절).

현장에 도착한 천부장은 부하에게, 두 손이 묶인 채 분노한 유대인들에게 죽음의 몰매를 맞고 있던 바울을, 아예 꼼짝할 수도 없게끔 두 쇠사슬로 그의 상체를 결박토록 명령하였습니다. 38절에 따르면 천부장이, 유대인들이 죽이려던 바울을, 폭동을 일으켰다가 사천 명의 칼잡이들과 광야로 잠적해 버린 이집트인으로 오인한 까닭이었습니다. 그리고 천부장은 사실 여부를 확인하기 위해 바울을 죽이려던 유대인들에게 바울의 신원이 누구인지, 바울이 무슨 잘못을 저질렀는지를 물었습니다.

> 무리 가운데서 어떤 이는 이런 말로, 어떤 이는 저런 말로 소리치거늘, 천부장이 소동으로 말미암아 진상을 알 수 없어 그를 영내로 데려가라 명하니라(34절).

천부장의 물음에 바울을 죽이려던 유대인들이 저마다 다른 말로 소리쳐 대답하느라, 그들의 소리가 한데 뒤엉켜 천부장은 진상을 제대로 파악할 도리가 없었습니다. 그는 부하에게, 쇠사슬에 결박당한 바울을 안토니아 요새로 연행해 가도록 명령했습니다. 요새에서 바울을 심문하기 위함이었습니다.

> 바울이 층대에 이를 때에 무리의 폭행으로 말미암아 군사들에게 들려 가니(35절).

천부장의 명령을 받은 군사들은 쇠사슬에 결박당한 바울을 안토니아 요새로 연행해 갔습니다. 그러나 분노한 유대인들은 그 상황을 받아들일 수 없었습니다. 유대인들이 갑작스러운 천부장의 출동에 바울 치기를 잠시 멈춘 것은 단지 천부장에 대한 예의의 표시였을 뿐, 그것이 바울 처형의 포기를 의미하는 것은 아니었습니다. 그들은 바울이 이방인을 성전으로 끌어들여 성전을 더럽혔다는 에베소 유대인들의 거짓 모함을 기정사실로 받아들이고 있었기에, 성전을 모독한 바울을 처형하는 것은 자신들의 의무이자 권리라 믿고 있었습니다. 그래서 그들은, 자신들이 처형해야 할 바울을 천부장이 자신들에게서 격리시켜 안토니아 요새로 연행해 가는 것을 좌시할 수만은 없었습니다. 그들은 안토니아 요새로 올라가는 층계 아래에서, 두 쇠사슬에 결박당한 바울에게 폭행을 가했습니다. 갑작스러운 그들의 폭행이 얼마나 심했던지, 쇠사슬에 결박당한 몸으로 쓰러진 바울은 자력으로 일어서지 못했습니다. 군사들은 유대인들을 제지하며, 쓰러진 바울을 들어 층계 위로 옮겼습니다.

> 이는 백성의 무리가 그를 없이하자고 외치며 따라 감이러라(36절).

지난 시간에 말씀드린 것처럼 유대인에게만 허락되는 성전 안으로 들어간 이방인이나, 이방인을 끌어들인 유대인은 반드시 처형한다는 유대인의 종교법은, 로마 당국에 의해서도 묵인되고 있었습니다. 그래서 유대인들은 성전을 모독한 바울을 죽이기 위해, 그를 내어놓으라고 계속 따라가며 소리를 질렀습니다.

바울은 살인강도짓을 범했거나, 반인륜적 범죄를 저지른 흉악범이 아니었습니다. 정치적으로 음모를 꾸민 국사범도 아니었습니다. 지난 10여 년 동안 그가 한 일이라곤, 지중해 세계를 세 차례나 누비고 다니면서 주님의 복음을 전한 것밖에 없었습니다. 그것도 호의호식하면서가 아니었습니다. 선박을 이용하는 구간이 아니고는 아무리 먼 길도 걸어 다녀야 했던 바울에게 노숙은 다반사였고, 마른 빵으로 끼니를 때우며 대지와 하늘을 요와 이불 삼아 노숙하던 그는, 늘 추위와 배고픔과 싸워야 했습니다. 길에서 강도를 만나 낭패를 당하기도 했고, 풍랑으로 죽음의 고비를 넘기기도 했습니다. 가는 곳마다 그를 배교자로 간주하여 죽이려는 유대인들의 살해 위협에 시달렸고, 억울하게 매질당하고 감옥에 투옥당하기도 했습니다.

그러나 그는 그 어디에서도 법을 어긴 적이 없었고, 그 어떤 경우에든 신앙 양심을 저버린 적도 없었으며, 자신에게 불의를 행하는 자들에게 불의로 맞선 적도 없었습니다. 그는 온갖 악조건 속에서도 주님의 증인으로 걸어야 할 정도만 걸었습니다. 그리고 10여 년에 걸친 세 차례의 전도 여행을 총결산하면서, 생애 마지막으로 예루살렘으로 찾았습니다. 그렇다면 삼위일체 하나님께서 당신을 위해 그토록 수고하고 헌신한 바울을, 인간들이 보기에 최선의 방법으로 환대해 주심이 마땅하지 않겠습니까? 하지만 바울 앞에 전개된 현실은, 그와는 정반대였습니다.

바울은 나실인 서원 기한이 끝난 네 명의 서원 만기 예식을 돕기 위해 성전에 있다가, 그곳에서 만난 에베소 유대인들의 거짓 모함을 받았습니다. 그 거짓 모함의 소문은 그곳에 모여 있던 사람들뿐 아니라 성전 밖 유대인들에게도 삽시간에 퍼졌습니다. 바울은 성전으로 몰려든 예루살렘의 유대인들에게 두 손이 묶여, 포박당한 짐승처럼, 성전 밖으로 질질 끌려 나가 죽음의 몰매를 맞았습니다. 천부장이 군사들을 대동하고 현장에 출동하긴 했지만 바울을 구해 주기는커녕, 도리어 바울을 중죄인처럼 두 쇠사슬로 결박해 버렸습니다. 두 쇠사슬에 결박당한 채 안토니아 요새로 끌려가던 바울은 유대인들의 폭행으로 쓰러졌고, 군사들에게 들려 요새의 층계를 올라가면서 자신을 죽이라는 유대인들의 함성을 들어야만 했습니다. 하나님을 위해 자신의 전 생애를 던졌던 바울의 인생 말년이 그토록 억울하고도 비참하게 막을 내린다면, 그가 믿었던 하나님이 과연 전능하신 하나님이요, 정의의 하나님이실 수 있겠습니까? 그렇게 무책임하고 무능력한 하나님이라면, 그 하나님의 손은 인간의 손보다 더 짧고 더 유한하지 않겠습니까? 그러나 이 모든 것은, 본문을 한 눈으로만 보았을 때의 광경입니다.

이미 말씀드린 적이 있듯이 하나님께서는 우리에게 하나의 눈이 아니라, 두 눈들을 주셨습니다. 그러므로 눈앞에 전개되는 현실만을 보는 것은, 하나님께서 주신 두 눈들을 가지고도 외눈박이로 살아가는 것과 같다고 했습니다. 하나님을 믿는 사람은 하나님께서 주신 두 눈들을 지니고, 한 눈으로는 눈앞의 보이는 현실을 직시하면서, 또 다른 눈으로는 그 너머의 보이지 않는 하나님의 섭리를 보는 사람입니다. 지금까지 우리는 한 눈으로 본문 속에서 바울의 현실만 보았습니다. 그러나 또 다른 눈으로 바울의 현실 너머를 보면, 본문은 전혀 다른 이야기가 됩니다.

에베소의 유대인들이 성전에서 바울을 발견하고 그곳에 모인 사람들을 거짓 모함으로 선동했을 때, 선동당한 그곳 사람들만 바울을 끌고나가 처형했다면, 바울은 자신의 최종 목적지인 로마로는 출발도 못해 보고 허무하게 죽고 말았을 것입니다. 그러나 순식간에 그 거짓 소문을 전해 들은 예루살렘의 유대인들이 성전으로 몰려들어 괴성을 지르며 바울을 붙잡아 성전 밖으로 질질 끌고나가 죽이려는 대소동을 벌였기에, 그 보고를 받은 천부장이 군사를 대동하고 급히 현장에 출동하여 바울은 죽음을 모면할 수 있었습니다. 한쪽에서는 에베소의 유대인들이 바울에 대한 거짓 모함으로 성전에 모인 사람들을 선동하고, 그 거짓 소문을 접한 예루살렘의 유대인들이 성전으로 몰려들어 바울을 붙잡아 두 손을 묶고 성전 밖으로 질질 끌고나가 바울을 죽이려고 치기 시작하는 과정이 전개되었습니다. 그리고 또 다른 한쪽에서는 그 소요 사태를 인지한 로마 군사들이 천부장에게 보고하고, 천부장이 즉각 군사를 대동하고 현장에 급히 출동하는 또 하나의 과정이 전개되었습니다. 각각 다른 쪽에서 일어난 그 두 과정이, 마치 두 톱니바퀴처럼 정확하게 서로 맞물려 전개되었습니다. 그 두 과정 사이에 조금이라도 시차가 있었다면, 다시 말해 천부장의 출동이 조금만 늦었더라도, 바울을 죽이려고 이미 바울을 치기 시작한 유대인들의 손에 바울은 맞아죽고 말았을 것입니다.

현장에 출동한 천부장은 바울을, 폭동을 일으켰다가 사천 명의 칼잡이들과 광야로 잠적해 버린 이집트인으로 오인하여 꼼짝도 못하도록, 바울의 상체를 두 쇠사슬로 결박하였습니다. 만약 유대인들이 바울을 성전 모독죄로 처형한다고 정확하게 밝혔다면, 유대인들의 종교법을 알고 있는 천부장이 선뜻 유대인들을 제지하지는 못했을 것입니다. 그러나 유대인들이 저마다 다르게 소리쳐 외치는 탓에, 천부장은 그들이 무엇이라 말하는지 알아들을 수 없었습니다. 천부장은 군사들에게 쇠사슬에 결박당한 바울을 안토니아 요새로 연행해 가게 했습니다. 요새로 올라가는 층계 아래에서 바울이 유대인들에게 폭행당해 쓰러지자, 군사들이 쓰러진 바울을 들어서 층계 위로 옮겼습니다. 두 쇠사슬에 결박당한 바울이 로마 군사들에 의해 로마군의 요새로 들려 옮겨진 것은, 그때부터 바울이 로마제국의 죄수가 되었음을 뜻했습니다. 그리고 바로 그 순간부터 바울은 실은, 당시 지중해 세계에서 가장 막강한 군사력을 지닌 로마제국의 보호 속에 있게 되었습니다.

바울의 궁극적인 목표는 제국의 수도 로마에 찾아가, 자신의 마지막 생을 던져 제국의 심장을 그리스도의 피로 붉게 물들이는 것이었습니다. 만약 이 때 예루살렘에서 재앙처럼 보이는 본문의 사건들이 일어나지 않아 바울이 계획한 대로 로마를 향해 출발했더라면, 앞으로 계속하여 살펴보겠습니다만, 바울은 그를 죽이기 전에는 먹지도 마시지도 않으리라 서원한 사십 명의 유대인 결사대(행 23:12-13)에 의해, 예루살렘을 벗어나기도 전에 암살당하고 말았을 것입니다. 그러나 에베소 유대인들의 거짓 모함에 바울을 쳐죽이려는 예루살렘 유대인들의 대소동으로 바울이 로마제국의 죄수가 되었기에, 그때부터 바울은 로마 군대의 보호 속에서 유대인 결사대의 암살 위험에서 벗어날 수 있었습니다. 천부장은 가이사랴에 있는 총독에게 바울을 호송할 때 암살단으로부터 바울을 보호하기 위해 보병 200명, 기병 70명, 창병 200명을 동원하였습니다. 바울 한 사람의 생명을 보호하기 위해 로마제국의 군사를 무려 470명이나 동원한 것이었습니다. 그리고 바울은 로마군사의 보호 속에서, 그의 최종 목적지였던 제국의 수도 로마에 무사히 입성할 수 있었습니다. 로마제국의 군사가 바울의 신변을 밀착 보호하는 경호원이 된 것이었습니다. 바울이 천부장에 의해 두 쇠사슬로 결박당해 로마제국의 죄수가 되지 않았던들, 결코 누릴 수 없었던 신비로운 섭리였습니다.

이처럼 하나님께서 주신 두 눈들로 본문을 보면, 바울이 믿었던 하나님의 손은 결코 짧지 않았습니다. 재앙처럼 보이는 본문의 사건을 통해 하나님께서는 당신의 신비로운 방법으로 바울을 완벽하게 보호해 주셨습니다. 천부장이 바울을 결박게 한 쇠사슬은, 그냥 쇠사슬이 아니었습니다. 그것은 하나님께서 바울을 위해 예비하신 은혜의 사슬이었습니다. 쇠사슬은 쇠로 만들어진 고리가 계속 이어진 것입니다. 바울을 결박한 쇠사슬의 고리 하나하나가 바울을 향한 하나님의 은혜의 고리였고, 그 은혜의 고리들이 은혜의 사슬로 계속 이어져, 우리가 성경을 통해 아는 위대한 사도 바울의 삶이 엮어질 수 있었습니다. 바울이 하나님의 그 은혜의 사슬에 결박되어 있는 한, 이 세상의 그 누구도, 그 어떤 결사대나 암살단도, 결코 바울을 해칠 수 없었습니다.

현재는, 다른 시간과 단절된 별개의 시간이 아니지 않습니까? 현재는 과거의 결과요, 미래의 토대입니다. 그동안 주님의 말씀을 좇아왔음에도 지금 도리어 모함과 비방의 쇠사슬, 불이익의 쇠사슬, 고통과 고난의 쇠사슬에 결박당해 있습니까? 그렇다면 그 쇠사슬만 보고 절망하는 외눈박이가 되지 말고, 또 하나의 눈으로 그 너머에서 그 모든 상황을 섭리하신 하나님을 보십시오. 자신을 결박하고 있는 그 쇠사슬이야말로 자신을 위한 하나님의 은혜의 사슬임을 알게 될 것입니다. 그 은혜의 사슬에 결박당해 살아가는 한, 현재의 토대 위에 자신이 상상치도 못한 미래가 하나님에 의해 펼쳐지게 될 것입니다.

반대로 자신의 야망을 성취하기 위해, 거짓과 불의를 불사하면서까지 소위 성공하고 출세했습니까? 그렇다면 자신의 죽음 이후를 결코 보장해 주지 못할 그 불의한 성공과 출세에 자만하는 외눈박이가 되지 말고, 또 하나의 눈으로 언젠가 벌거벗은 몸으로 하나님의 심판대 앞에 서게 될 자신을 바라보십시오. 현재 자신이 뽐내고 있는 자신의 성공과 출세가 그때에는, 자신을 자승자박하는 죽음의 쇠사슬이 될 것임을 확인하게 될 것입니다.

5월은 가정의 달이고, 5월 첫째 주일인 오늘은 가정주일입니다. 다음 시간에 가정에 대해 깊이 생각해 보겠습니다만, 우리 주위에는 세상의 출세와 성공만을 삶의 목적으로 삼다가, 세상의 출세와 성공이 오히려 가족을 서로 옥죄는 재앙의 쇠사슬이 되어 버린 가정들이 너무나도 많습니다. 겉으로는 대단하고 화려해 보이지만 결국엔 남편과 아내가, 부모와 자식이, 자식과 자식이 등지고 살다가, 코 끝의 숨이 멎는 순간 서로 원망하고 후회하는 그런 가정이 결코 우리의 본이 될 수는 없습니다.

우리 모두 하나님의 말씀을 좇아 살다가 모함과 비방의 쇠사슬, 불이익의 쇠사슬, 고통과 고난의 쇠사슬에 결박당하는 것을 두려워하지 마십시다. 그 쇠사슬이야말로 하나님의 은혜의 사슬임을 헤아려 볼 줄 아는 두 눈들의 사람들이 되십시오. 우리가 하나님의 은혜의 사슬에 결박당해 사는 한, 하나님께서는 우리의 가정을 통해 이 시대를 위한 당신의 신비로운 섭리를 반드시 이루실 것입니다. 하나님께서는 당신의 은혜의 사슬에 결박당한 바울을 통해, 로마제국이라는 거대한 집을 새롭게 하신 분이시기 때문입니다. 그러므로 우리가 결코 짧지 않은 손을 지니신 하나님의 은혜의 사슬에 결박당해 사는 것보다 더 큰 가족 사랑, 더 큰 나라 사랑은 없습니다.

오늘도 우리를 불러 주시고, 현재는 과거의 결과요 미래의 토대임을 재확인시켜 주셔서 감사합니다. 한 눈으로는 현재를 직시하면서, 또 한 눈으로는 주님 안에서 과거와 미래를 꿰뚫어보는, 두 눈들의 사람으로 살아가게 해주십시오. 지금 내가 하나님 없이 쌓은 재물을 자랑하고 있다면, 그 재물이 머지않아 내 가족들을 옥죄는 재앙의 쇠사슬이 될 수 있음을 자각하게 해주십시오. 내가 하나님의 말씀을 좇은 결과로 세상의 쇠사슬에 결박당해 있다면, 그것은 내 삶 속에 하나님의 신비로운 섭리를 이루시기 위한 은혜의 사슬임을 헤아려 볼 줄 알게 해주십시오. 하나님께서 더불어 살게 해주신 우리 가족 한 사람 한 사람이 모두, 결코 짧지 않은 손을 지니신 하나님의 은혜의 사슬에 결박당해 살아가게 해주십시오. 세상의 것들이 아니라 하나님만 목적 삼은 우리 가정이, 이 시대와 나라를 맑히고 밝히는 하나님의 통로가 되게 해주십시오. 아멘.

사도행전 22장

주님의 빛, 빛이신 주님을

만난 바울은 그와 동시에

더 이상 세상을 볼 수 없었습니다.

14. 부형들아, 들으라

사도행전 21장 37—22장 8절

바울을 데리고 영내로 들어가려 할 그때에 바울이 천부장에게 이르되 내가 당
신에게 말할 수 있느냐 이르되 네가 헬라 말을 아느냐 그러면 네가 이전에 소요
를 일으켜 자객 사천 명을 거느리고 광야로 가던 애굽인이 아니냐 바울이 이르
되 나는 유대인이라 소읍이 아닌 길리기아 다소 시의 시민이니 청컨대 백성에게
말하기를 허락하라 하니 천부장이 허락하거늘 바울이 층대 위에 서서 백성에게
손짓하여 매우 조용히 한 후에 히브리 말로 말하니라 **부형들아** 내가 지금 여러
분 앞에서 변명하는 말을 **들으라** 그들이 그가 히브리 말로 말함을 듣고 더욱 조
용한지라 이어 이르되 나는 유대인으로 길리기아 다소에서 났고 이 성에서 자라
가말리엘의 문하에서 우리 조상들의 율법의 엄한 교훈을 받았고 오늘 너희 모
든 사람처럼 하나님께 대하여 열심이 있는 자라 내가 이 도를 박해하여 사람을
죽이기까지 하고 남녀를 결박하여 옥에 넘겼노니 이에 대제사장과 모든 장로들
이 내 증인이라 또 내가 그들에게서 다메섹 형제들에게 가는 공문을 받아 가지
고 거기 있는 자들도 결박하여 예루살렘으로 끌어다가 형벌 받게 하려고 가더
니 가는 중 다메섹에 가까이 갔을 때에 오정쯤 되어 홀연히 하늘로부터 큰 빛이
나를 둘러 비치매 내가 땅에 엎드러져 들으니 소리 있어 이르되 사울아 사울아

네가 왜 나를 박해하느냐 하시거늘 내가 대답하되 주님 누구시니이까 하니 이
르시되 나는 네가 박해하는 나사렛 예수라 하시더라

두 쇠사슬에 결박당해 안토니아 요새로 끌려가던 바울은, 요새로 통하는
층계 아래에서 유대인들의 폭행으로 쓰러졌습니다. 쓰러진 바울이 일어나지
못하자 로마 군사들이 유대인들을 제지하면서, 바울을 들어 층계 위로 올
렸습니다. 이제 바울로서는 그대로 로마군의 요새 안으로 들어가기만 하면,
자신을 쳐 죽이려던 유대인들의 손아귀에게서 벗어나는 셈이었습니다. 하지
만 바울은 자신의 안전보다는, 자신의 소명을 먼저 생각했습니다. 그는 자
신이 주님의 증인임을 그 위급한 순간에도 잊지 않았습니다.

바울을 데리고 영내로 들어가려 할 그때에 바울이 천부장에게 이르되,
내가 당신에게 말할 수 있느냐? (37절 상)

바울을 층계 위로 들어 올린 군사들이 요새 안으로 그를 옮기려 할 바로
그때였습니다. 바울이 천부장에게 헬라어로 격식을 갖추어, '제가 당신께 한
말씀 드려도 좋겠습니까?' 하고 정중하게 물었습니다. 바울의 물음에 깜짝
놀란 천부장이 바울에게 두 가지 질문을 연이어 던졌습니다.

이르되 네가 헬라 말을 아느냐? 그러면 네가 이전에 소요를 일으켜 자객
사천 명을 거느리고 광야로 가던 애굽인이 아니냐? (37하–38절)

헬라어 원문의 뉘앙스를 그대로 옮기면, 바울에 대한 천부장의 첫 번째
질문은 '네가 어떻게 고급 헬라어를 구사할 줄 아느냐'는 것이었고, 두 번째

질문은 '그렇다면 네가 폭동을 일으키고 자객 사천 명과 함께 광야로 잠적한 이집트인이 아니라는 말이냐'는 것이었습니다.

주후 54년에 한 이집트인이 폭동을 일으켜, 자신이 로마제국의 압제로부터 유대를 구해 낼 메시아라고 선포하였습니다. 그는 자신이 명령을 내리기만 하면 예루살렘 성벽이 무너져 내리고, 유대인들은 로마제국으로부터 해방될 것이라고 주장했습니다. 역사가 요세푸스에 의하면, 그 이집트인에게 미혹당하여 재산을 바치고 그를 추종한 유대인들이 무려 삼만 명이나 되었습니다. 그 무리는 벨릭스 총독이 파견한 군대에 의해 와해되었지만, 이집트인 주동자는 '자객' 사천 명과 함께 광야로 잠적해 버렸습니다. 우리말 '자객'으로 번역된 '안드라스 톤 시카리온'은 긴 겉옷자락에 단검을 숨기고 다니다가 표적 인물을 살해하는 칼잡이들이었습니다. 자신이 예루살렘 성벽을 무너뜨리고 해방을 가져다 줄 메시아라고 큰소리 치던 이집트인 주동자가 하루아침에 잠적해 버리자, 그의 선동에 미혹당해 재산을 바쳐 가며 그를 추종했던 유대인들은 그에게 반감을 품을 수밖에 없었습니다. 로마 당국의 입장에서도, 사천 명의 칼잡이들과 함께 광야로 잠적한 그 이집트인은 요주의 위험 인물이었습니다.

'온 예루살렘이 요란하다'는 보고를 받고 현장에 출동한 천부장이, 유대인들에게 몰매를 맞던 바울을 두 쇠사슬로 결박부터 시켜 버린 이유가 거기에 있었습니다. 천부장이 몰매 맞는 바울을, 유대인들이 평소 반감을 품고 있던 그 이집트인을 붙잡아 린치를 가하는 것으로 판단한 것이었습니다. 바울이 사천 명의 칼잡이들과 광야로 잠적했던 그 위험 인물이라면, 당장 쇠사슬로 결박하는 것보다 더 시급한 일은 없었습니다. 하지만 그 바울이 '제가 당신께 한 말씀 드려도 좋겠습니까?' 하고 헬라어로 정중하게 묻자, 천부장은 깜짝 놀랐습니다. 그것은, 혹세무민의 폭동을 일으킨 폭도의 언행이 아니었기 때문입니다. 그래서 천부장은 바울에게 되묻지 않을 수 없었습니다. '네가 어떻게 고급 헬라어를 구사할 줄 아느냐?' '그렇다면 네가 폭동을 일으키고 자객 사천 명과 함께 광야로 잠적한 이집트인이 아니라는 말이냐?'

> 바울이 이르되 나는 유대인이라, 소읍이 아닌 길리기아 다소 시의 시민이니, 청컨대 백성에게 말하기를 허락하라 하니(39절).

천부장의 질문에 바울은, 자신은 이집트인이 아니라 유대인이며, 작은 마을이 아닌 길리기아의 대도시 다소 출신임을 밝혔습니다. 당시는 출신 성분이 신분을 나타내는 중요한 척도였으므로, 경제와 교육이 발달한 대도시 다소 출신인 바울 자신은, 혹세무민하여 폭동을 일으킨 이집트인과는 같지 않음을 강조한 것입니다. 그리고 바울은 천부장에게 '내가 백성에게 말하는 것을 부디 당신께서 허락해 주시기를 간절히 요청합니다' 하고, 다시 한 번 정중하게 부탁했습니다.

> 천부장이 허락하거늘, 바울이 층대 위에 서서 백성에게 손짓하여 매우 조용히 한 후에 히브리 말로 말하니라(40절).

천부장이 바울의 요청을 수락해 주었습니다. 바울을 쳐 죽이려던 유대인들은 그때까지도 함성을 지르고 있었습니다. 바울은 층계 위에서 그들을 내려다보며 손짓으로 조용히 하게 했고, 그들은 이내 쥐 죽은 듯이 잠잠해졌습니다. 비록 로마군에 체포당해 쇠사슬에 결박당한 바울이었을망정, 그의 카리스마는 추호도 위축되지 않았습니다.

바울은 자신을 죽이려던 유대인들에게 친밀감을 나타내기 위해 모국어로 입을 열었습니다.

부형들아, 내가 지금 여러분 앞에서 변명하는 말을 들으라(행 22:1).

바울은 그동안 어디서든 설교할 때 청중을 '형제들'이라고 불렀습니다. 하지만 본문에서는 이례적으로 "부형들아" 하고 불렀습니다. 헬라어 원문을 정확하게 옮기면 바울은 '사람들, 형제들 그리고 아버지들이여!' 하고 말했습니다. '아버지들'이 '아버지들과 어머니들' 즉 '부모들'을 뜻한다면, '형제들'은 '형제자매들'을, 그리고 '사람들'은 '자식들'을 의미했습니다. 지금 자기 앞에 있는 유대인들이 자신을 쳐 죽이려 했을지라도, 같은 유대인인 바울에게 그들은 모두 자신의 '부모들, 형제자매들, 자식들'이었던 것입니다.

그들이 그가 히브리 말로 말함을 듣고 더욱 조용한지라 이어 이르되(2절).

바울을 죽이려던 유대인들은 바울이 자신들을 '부모들, 형제자매들, 자식들'이라고 부르며 모국어로 말하는 것을 듣고는 더욱 조용하게 바울의 자기 변증에 귀를 기울였습니다. 바울의 자기 변증은 우리가 사도행전 9장에서 이미 확인했던 내용으로, 주님께서 어떻게 자신을 구원해 주셨는지를 밝히는 자기 간증인 동시에 복음의 증언이었습니다.

나는 유대인으로 길리기아 다소에서 났고, 이 성에서 자라 가말리엘의 문하에서 우리 조상들의 율법의 엄한 교훈을 받았고, 오늘 너희 모든 사람처럼 하나님께 대하여 열심이 있는 자라. 내가 이 도를 박해하여, 사람을 죽이기까지 하고 남녀를 결박하여 옥에 넘겼노니, 이에 대제사장과 모든 장로들이 내 증인이라. 또 내가 그들에게서 다메섹 형제들에게 가는 공문을 받아 가지고 거기 있는 자들도 결박하여 예루살렘으로 끌어다가 형벌 받게 하려고 가더니(3-5절).

경제와 교육이 발달한 대도시 다소에서 태어난 바울은, 성인이 되기까지 계속하여 그곳에서 산 것은 아니었습니다. 일찍이 고향을 떠나 예루살렘으로 유학한 바울은, 당대 최고의 율법학자였던 가말리엘에게서 율법을 사사하였습니다. 그리고 가장 엄격한 종파인 바리새파에 속한 바울은, 그리스도인들을 유대교의 배교자로 간주하여 남녀를 불문하고 색출, 체포, 연행, 투옥시키는 것을 자신의 천직으로 알았습니다. 심한 경우에는 사람을 죽이기까지 했습니다. 그가 교회를 짓밟는 데에 얼마나 열심이었는지는 대제사장과 산헤드린의회의 장로들이 증인이었습니다. 유대 사회에서는 누구의 증언이든 두 사람 이상의 증인만 있으면, 그 증언은 사실로 간주되었습니다. 그 유대 사회에서 대제사장과 산헤드린의회의 장로들은 가장 큰 권위를 지닌 지도자들이었습니다. 그들이 모두 바울의 증인이었으니, 바울이 교회를 짓밟는 데 얼마나 앞장섰는지는 재론의 여지도 없었습니다. 심지어 바울은 대제사장과 산헤드린의회 장로들의 공문을 받아, 예루살렘에서 213킬로미터나 떨어진 다메섹의 그리스도인들마저 체포하기 위해 다메섹으로 떠났습니다.

가는 중 다메섹에 가까이 갔을 때에 오정쯤 되어 홀연히 하늘로부터 큰 빛이 나를 둘러 비치매, 내가 땅에 엎드러져 들으니 소리 있어 이르되 사울아, 사울아, 네가 왜 나를 박해하느냐 하시거늘, 내가 대답하되 주님 누구시니이까 하니 이르시되, 나는 네가 박해하는 나사렛 예수라 하시더라(6-7절).

바울이 일행과 함께 다메섹 가까이에 이르렀을 때였습니다. 시각은 "오정쯤"이었습니다. 그 시각에는 태양이 가장 빛날 때로, 이 세상의 그 어떤 빛도 태양의 빛 앞에서 빛을 잃을 때입니다. 바로 그때 주님께서 "큰 빛"으로 바울에게 임하셨습니다. 바울이 주님을 '큰 빛'으로 표현한 것은, 정오의 눈부신 태양의 빛 속에서도, 그보다 더 빛나는 주님의 빛을 볼 수 있었기 때문입니다. 바꾸어 말해 주님의 빛 앞에서 태양의 빛은 어둠에 지나지 않았습니다. 바울은 주님의 '큰 빛'이 자신을 "둘러 비치"었다고 증언했습니다. 주님의 '큰 빛'이 바울을 일행에서 격리시켜 그를 휘감은 것이었습니다. 그와 동시에 땅바닥에 고꾸라진 바울의 귀에 "사울아, 사울아, 네가 왜 나를 박해하느냐?"는 주님의 음성이 들렸습니다. 사울은 바울의 옛 이름이었습니다. 유대인들은 상대에게 친근감을 표할 때 상대의 이름을 두 번 연거푸 불렀습니다. 주님께서도 바울의 이름을 두 번씩이나, 그렇게 친근하게 부르신 것이었습니다.

바울은 땅바닥에 고꾸라진 채 반사적으로 '주님, 누구십니까?' 하고 여쭈었습니다. 그러자 주님께서 대답하셨습니다. '나는 네가 박해하는 나사렛 예수다.' 우리말 '박해하다'로 번역된 헬라어 동사 '디오코διώκω'는 '괴롭히다', '고통을 주다', '배척하다'는 의미이기도 합니다.

바울은 예수님께서 이 땅에 계시는 동안에 예수님을 단 한 번도 직접 뵌 적이 없었습니다. 그래서 바울은 평생토록, 예수님을 직접 만난 적이 없어 사도의 자격이 없다는 비판론자들의 비난에 시달려야만 했습니다. 바울이 생전의 예수님을 한 번도 뵌 적이 없었으니, 그가 예수님을 직접 박해한 적이 있을 수도 없었습니다. 바울에게 정규교육도 받아 본 적이 없는 빈민촌 나사렛 출신의 예수, 자신이 신봉하는 유대교의 지도자들이 신성 모독죄로 못박아 죽인 예수는, 하나님을 참칭한 범죄자일 뿐이었습니다. 그 예수를 메시아라고 믿는 그리스도인들 역시 반드시 척결해야 할 이단들이었으므로, 바울은 그 이단 척결에 자신의 젊음을 걸었습니다. 그러나 바울에게 큰 빛으로 임하신 예수님께서는, 바울이 수단과 방법을 가리지 않고 척결하려 했던 그리스도인들과 당신 자신을 동일시하셨습니다.

예수님께서 이 땅에 계실 때, 제자들에게 전도 훈련을 시키시며 말씀하셨습니다.

> 너희를 영접하는 자는 나를 영접하는 것이요, 나를 영접하는 자는 나를 보내신 이를 영접하는 것이니라(마 10:40).

예수님께서는 이때부터 당신의 제자들과 당신을 동일시하셨습니다. 부활하신 예수님께서 승천하시기 전, 마태복음에서 남기신 마지막 말씀을 통해, 어떻게 그것이 가능할 수 있는지를 직접 밝혀 주셨습니다.

> 볼지어다, 내가 세상 끝 날까지 너희와 항상 함께 있으리라(마 28:20하).

부활하신 예수님께서는 승천하셨지만, 영으로 다시 강림하시어 시간과 공간을 초월하여 제자들과 항상 함께하셨습니다. 그러므로 누구든지 제자들을 영접하면 그 제자들 안에 임해 계신 예수님을 영접하는 것이요, 제자들을 배척하면 그들 안에 계신 예수님을 배척하는 것입니다. 예수님께서 마태복음 25장에서 달란트 비유를 통해 "너희가 여기 내 형제 중에 지극히 작은 자 하나에게 한 것이 곧 내게 한 것"(40절)이요, "지극히 작은 자 하나에게 하지 아니한 것이 곧 내게 하지 아니한 것"(45절)이라고 말씀하신 것도 동일한 이유로 인함이었습니다. 예수님께서는 아무도 거들떠보지 않는 '지극히 작은이' 안에도 임해 계시기 때문입니다.

바울은 그동안 하나님에 대해 누구보다 열심이라는 자부심을 지니고 있었으면서도, 정작 중요한 사실은 모르고 있었습니다. 무기력하게 십자가에 못 박혀 죽은 나사렛 예수가 인간의 죗값을 대신 치르신 메시아라는 사실, 그 예수님을 믿는 그리스도인들을 박해한 것은 그들의 속에 임해 계신 예수님을 박해한 것이며, 나아가 그 예수님을 이 땅에 보내신 하나님을 박해한 범죄라는 그 중요한 사실에 대해 바울은 전혀 무지했습니다. 그리고 바울은, 다메섹 도상에서 그를 먼저 찾아오신 예수님의 은혜로 그 무지에서 벗어났습니다. 그 이후 바울이 일평생 사람들에게 빚진 마음으로 사람들을 섬기며 살았던 것은, 그들의 마음속에 예수님께서 임해 계심을 알았기 때문입니다.

바로 이것이 바울이, 유대인들에게 죽음의 몰매를 당하고 두 쇠사슬에 결박당하여 안토니아 요새로 끌려가면서도 자기 변증을 통해 그의 동족, 다시 말해 그의 부모들과 형제자매들 그리고 자식들에게 전해 주려는 첫 번째 메시지였습니다. 그것은, 단순히 바울 자신을 치고 죽이려는 것은 예수님을 박해하는 것임을 밝히고자 함이 아니었습니다. 누구든 지닌 것 없고 보잘것없거나 자신과 다르다고 해서 그 사람을 함부로 대하는 것은, 바로 그 사람 안에 임해 계시는 예수님을 박해하는 것임을, 자신의 부모들과 형제자매들 그리고 자식들에게 일깨워 주기 위함이었습니다.

5월은 가정의 달이고, 사흘 전인 5월 5일은 어린이날이었으며, 5월 8일인 오늘은 어버이날입니다. 그러므로 오늘의 본문을 통한 바울의 메시지는 가정의 달, 특히 어린이날과 어버이날을 맞은 우리 모두에게, 다시 말해 모든 부모들과 형제자매들 그리고 자식들에게 주시는 주님의 메시지이기도 합니다. 가정은 서로 '작은이'를 돌보아 주는 가족 공동체입니다. 그래서 어린이를 부모가 양육하고, 늙고 병약한 부모를 장성한 자식이 봉양합니다.

사흘 전 어린이날 공휴일에, 그동안 벼르던 와이셔츠를 사러 갔습니다. 와이셔츠 가게는 지갑과 허리띠와 같은 남성 용품도 취급하고 있었습니다. 점원이 제 사이즈를 확인하는 동안에 젊은 부부가 선물용이라며 남성용 허리띠 두 개를 골라, 따로 포장해 달라고 했습니다. 아마도 어버이날을 맞아, 남편과 아내가 양가의 아버지에게 똑같이 허리띠를 선물하려는 것 같았습니다. 점원이 두 개의 허리띠를 따로 포장하는 것을 기다리던 아내가 남편에게 푸념하듯 말했습니다. "근데 왜 자식들 날은 없는 거야? 어버이날과 어린이날은 있는데 왜 아들들 날, 딸들 날은 없냐고?" 그 말을 듣고 보니 정말 그랬습니다. 어린이날도 있고 어버이날도 있는데, 장성한 자식들의 날은 없습니다. 장성한 자식들은 부모를 봉양하는 자식의 책임과, 어린 자녀를 양육하는 부모의 책임을 이중으로 지고 있는데도 말입니다. 그래서 그런지, 왜 자식들의 날은 없냐고 푸념하는 그 젊은 아내의 얼굴은, 그때가 정오의 한낮이었는데도 지친 기색이 역력했습니다. 그러나 지친 사람이 어찌 자식만이겠습니까? 자식이 장성하기까지 부모의 책임을 다하고서도, 자신을 제대로 건사하지 못하는 장성한 자식으로 인해 오늘도 지쳐 사는 부모는 또 얼마나 많겠습니까?

사랑하는 부모들, 형제자매들 그리고 자식들 여러분! 가정의 달을 맞이한 우리에게 오늘의 본문을 통해 '부형들아, 들으라'고 외치는 바울 사도의 외침에 우리 모두 귀를 기울이십시다. 자기 자식을 마치 자기 소유물인 양 자신이 만든 틀 속에 끼워 맞추려는 것은, 그 자식 속에 임해 계시며 그 자식을 당신의 도구로 사용하시려는 주님을 박해하는 것입니다. 자신을 키워 준, 병약한 부모에 대한 자식의 도리를 다하지 않는 것은, 그 부모 속에 임해 계시며 그분들을 자신의 부모 되게 하신 주님을 괴롭히는 것입니다. 부모가 단지 자기 자식이란 이유만으로 장성한 자식을 자기 때문에 지쳐 살게 만드는 것은, 그 자식 속에 임해 계시는 주님께 고통을 드리는 것입니다. 부모 덕분에 장성한 자식이 자기로 인해 노쇠한 부모를 지쳐 살게 하는 것은, 그 부모 속에 임해 계시는 주님을 배척하는 것입니다. 형제자매 중에 가장 연약한 이를 경홀히 여기는 것은, 그의 속에 임해 계시는 주님을 경홀히 여기는 것입니다. 그렇게 해서야 우리의 가정이 어떻게 사랑과 행복의 통로가 될 수 있으며, 우리를 한 가족으로 엮어 주신 주님의 섭리가 어떻게 우리의 가정을 통해 이루어질 수 있겠습니까?

우리 모두 우리 부모님의 속에 임해 계시는 주님을, 우리 자식들 속에 임해 계시는 주님을, 우리의 형제자매들 속에 임해 계시는 주님을 뵈며, 그 주님 때문에, 그 주님의 사랑을 힘입어, 어떤 경우이든 우리의 부모 형제자매 자식을 사랑하십시다. 우리의 가족을 사랑하는 것은, 바로 그들 속에 임해 계신 삼위일체 하나님을 사랑하는 것임을 잊지 마십시다. 그때 결코 짧지 않은 손을 지니신 하나님께서 우리 가정의 목자가 되실 것이요, "여호와는 나의 목자시니 내게 부족함이 없으리로다"(시 23:10)는 다윗의 노래는, 우리 가족의 찬양과 신앙고백이 될 것입니다.

가족이 가장 가까이에 있기에, 늘 함부로 대했습니다. 가족이 가족이기에, 남이라면 주지 않았을 상처를 예사로 주었습니다. 나를 위해 수고하는 가족의 수고는 그들의 의무로 간주했고, 가족을 위해 아무런 수고도 않는 나의 이기심은 나의 권리라 여겼습니다. 나 때문에 부모님이 뜬눈으로 밤을 새우고, 나 때문에 자식의 가슴에 멍이 들고, 나 때문에 가족이 피곤에 지쳐 있지만, 나의 관심은 언제나 나 자신에게만 있었습니다. 주님, 내가 이렇게, 주님을 박해해 왔습니다. 내가 이렇게, 주님을 괴롭혀 왔습니다. 내가 이렇게, 주님을 배척해 왔습니다. 내가 이렇게, 주님을 경홀히 여겨 왔습니다. 내가 이렇게, 주님께 고통만 드려왔습니다. 그러고서도 내가 주님을 사랑하노라 착각해 온 나의 무지를 용서해 주십시오. 내 가족을 사랑하는 것은, 그들 속에 임해 계시는 주님을 사랑하는 것임을 잊지 말게 해주십시오. 우리가 살아가면서 만나는 가장 작은이를 사랑해야 하는 것도, 그의 속에 임해 계신 주님 때문임을 늘 기억하게 해주십시오. 그리하여 우리의 가정과 삶의 터전이 어떤 상황 속에서든, 우리의 목자이시며 결코 짧지 않은 손을 지니신, 하나님의 푸른 초장이 되게 해주십시오. 아멘.

15. 다시 보라

사도행전 22장 9-13절
나와 함께 있는 사람들이 빛은 보면서도 나에게 말씀하시는 이의 소리는 듣지 못하더라 내가 이르되 주님 무엇을 하리이까 주께서 이르시되 일어나 다메섹으로 들어가라 네가 해야 할 모든 것을 거기서 누가 이르리라 하시거늘 나는 그 빛의 광채로 말미암아 볼 수 없게 되었으므로 나와 함께 있는 사람들의 손에 끌려 다메섹에 들어갔노라 율법에 따라 경건한 사람으로 거기 사는 모든 유대인들에게 칭찬을 듣는 아나니아라 하는 이가 내게 와 곁에 서서 말하되 형제 사울아 **다시 보라** 하거늘 즉시 그를 쳐다보았노라

구약성경 이사야서 60장은 메시아에 대한 예언으로, 19절과 20절의 내용은 다음과 같습니다.

다시는 낮에 해가 네 빛이 되지 아니하며 달도 네게 빛을 비추지 않을 것이요, 오직 여호와가 네게 영원한 빛이 되며 네 하나님이 네 영광이 되리

니, 다시는 네 해가 지지 아니하며 네 달이 물러가지 아니할 것은, 여호와가 네 영원한 빛이 되고 네 슬픔의 날이 끝날 것임이라.

메시아가 임하시면, 하늘의 해와 달은 빛을 잃고 말 것입니다. 삼위일체 하나님의 빛 앞에서 해와 달의 빛은 어둠에 지나지 않을 것이기 때문입니다. 삼위일체 하나님의 생명의 빛, 진리의 빛, 영광의 빛이, 인간을 위한 영원히 지지 않는 해와 달이 될 것입니다. 이것이 이사야의 예언이었습니다. 그리고 바울은 다메섹 도상에서 이사야가 예언한 그 빛을 만났습니다. 그때의 시각이 태양이 가장 눈부시게 빛나는 '오정쯤'이었는데도, 바울은 그 '큰 빛'을 분명히 보았습니다. 그 빛은 자연계의 빛을 초월한 주님의 빛, 삼위일체 하나님의 빛이었기 때문입니다. 바울이 그 빛을 찾아 헤맨 것이 아니었습니다. 바울은 태양보다 더 눈부신 빛이 있음은 상상조차 못했습니다. 주님께서 영으로 먼저 바울을 찾아오셔서 당신의 빛으로 바울을 휘감아 주신 것이었습니다.

유대인들이 국사범으로 고발한 예수님을 빌라도 총독이 심문했습니다. 인간 빌라도가, 길이요 진리요 생명이신 메시아를 독대하는 은총을 입은 것입니다. 그러나 빌라도는 어리석게도 주님께 "진리가 무엇이냐?"(요 18:38)고 물었습니다. 진리 앞에서, 진리를 알아보지 못한 것입니다. 게다가 빌라도는 예수님께서 국사범이 아니심을 확인하고서도 비굴하게 군중의 압력에 굴복하여, 예수님께 사형을 선고하는 어리석음을 범하고 말았습니다. 요한복음 19장 14절은, 그때의 시각이 "제육 시"였음을 밝혀 주고 있습니다. 유대 시간으로 '제육 시'는 우리 시간으로 낮 12시, 즉 정오입니다. 빌라도 바울과 똑같이 정오에 주님과 독대했지만, 작열하는 정오의 태양 빛에 눈이 부신 그는 바울과는 달리, 주님과 독대하는 천재일우의 기회를 얻고서도 주님을 알아보지는 못했습니다. 가련하게도 그는 두 눈들을 뜬, 영적 맹인에 불과했습니다. 그렇게 가련한 사람이 빌라도뿐이었던 것은 아니었습니다.

> 나와 함께 있는 사람들이 빛은 보면서도 나에게 말씀하시는 이의 소리는 듣지 못하더라(9절).

땅바닥에 고꾸라진 바울에게 '사울아, 사울아, 네가 왜 나를 박해하느냐?' 는 주님의 음성이 들렸습니다. 사울은 바울의 옛 이름이라고 했습니다. 바울은 반사적으로 '주님, 누구시니이까?' 하고 여쭈었고, 주님께서는 '나는 네가 박해하는 나사렛 예수'라고 대답하셨습니다. 그 현장에 바울 혼자 있었던 것은 아니었습니다. 바울에게는 다메섹의 그리스도인들을 체포하여 연행하기 위한 체포조 일행이 있었습니다. 그들은 '빛은 보면서도 주님의 소리는 듣지' 못했습니다. 그러나 바울의 이 증언은, 동일한 장면을 전하는 사도행전 9장의 증언과는 상반됩니다.

> 같이 가던 사람들은 소리만 듣고 아무도 보지 못하여 말을 못하고 서 있더라(행 9:7).

바울의 일행이 소리는 들었지만 아무것도 보지는 못했다는 것입니다. 이처럼 사도행전 9장 7절은 바울 일행이 소리는 들었지만 빛을 보지는 못했고, 오늘의 본문은 빛은 보았지만 소리는 듣지 못했다고, 서로 상반되게 증언하고 있습니다. 대체 어느 증언이 맞는 것입니까? 두 증언이 다 맞습니다. 이두 증언을 종합하면, 그 상황을 보다 분명하게 파악할 수 있습니다. 우리말 '보다'와 '듣다'로 번역된 헬라어 동사는 '데오레오θεωρέω', '아쿠오ἀκούω'입니다. 이 두 동사는 각각 '보다'와 '듣다'라는 뜻과 함께 '분별하다'와 '이해하다'라는 뜻도 지니고 있습니다. 그러므로 오늘의 본문은 바울 일행이 뭔가 빛을 본 것 같았지만 그 빛이 주님이심을 분별하지 못하였음을 강조한 반면에, 사도행전 9장 7절은 그들이 무슨 소리를 듣기는 들었지만 그것이 바울을 위한 주님의 말씀임을 이해하지 못한 사실을 강조하고 있습니다. 이 두 증언을 종합하면 바울 일행은, 바울이 주님으로부터 구원받는 그 현장에서 지금 구체적으로 무슨 일이 일어나고 있는지 아무도 정확하게 알지 못했습니다.

주님의 빛과 말씀이 한 장소에 임했지만, 그 현장에 있던 사람들 가운데 주님을 만나고, 주님의 말씀을 들어 구원의 은총을 입은 사람은 바울 한 사람밖에 없었습니다. 그 바울은 다메섹의 그리스도인들을 잡으러 가는 체포조의 우두머리로, 일행 가운데 가장 흉측한 폭도였습니다. 그런데도 주님의 구원의 은총은 바울, 그 한 사람에게만 임했습니다. 그래서 바울은, 구원은 주님의 선물이라고 고백했습니다. 그 이외에는, 그 현장에서 가장 흉측한 폭도였던 자기 홀로 구원받은 까닭을 달리 설명할 길이 없었습니다. 구원의 선물을 누구에게 줄 것인가, 그 결정권은 오직 삼위일체 하나님께만 있습니다. 빌라도 총독과 바울 일행이 그 선물의 대상에서 제외된 것도 하나님의 주권에 의해서였습니다. 그러나 우리는 온갖 허물에도 불구하고 그 선물을 받았습니다. 참으로 불가사의한 구원의 은총이 아닐 수 없습니다. 우리가 바울처럼, 단 하루도 허투루 살아서는 안 될 이유가 여기에 있습니다.

주님의 불가사의한 은총으로 구원의 선물을 거저 받은 바울이 주님께 다시 여쭈었습니다.

내가 이르되 주님 무엇을 하리이까? 주께서 이르시되 일어나 다메섹으로 들어가라. 네가 해야 할 모든 것을 거기서 누가 이르리라 하시거늘(10절).

구원의 은총을 입은 바울이 이제 무엇을 해야 할 것인지 주님께 여쭈었습니다. 구원은 홀로 갖고 노는 장난감이 아닙니다. 구원은 새로운 삶을 위한 출발점입니다. 그래서 우리는 기도와 말씀을 통해 주님께 늘, '무엇을 해야 합니까' 하고 여쭈어야 합니다. 주님께서는 바울에게, 앞으로 그가 "해야 할 모든 것"을 일러 줄 사람이 있는 다메섹으로 가라고 명령하셨습니다. 주님께서는 아무런 계획 없이, 무작정 바울을 구원하신 것이 아니었습니다. 주님께서는 이 세상의 수없이 많은 사람들 가운데 그날, 그 시각, 그 다메섹 도상에서 정확하게 바울을 구원해 내시기 전에, 이미 바울을 위해 필요한 조치를 다메섹에 다 취해 놓고 계셨습니다.

나는 그 빛의 광채로 말미암아 볼 수 없게 되었으므로, 나와 함께 있는 사람들의 손에 끌려 다메섹에 들어갔노라(11절).

주님의 빛, 빛이신 주님을 만난 바울은 그와 동시에 더 이상 세상을 볼 수 없었습니다. 얼마나 심오한 메시지입니까?

60년대와 70년대에 민간인이 여권을 발급받는다는 것은 하늘의 별 따기처럼 어려웠습니다. 외국에서 보내온 초청장이 있어야 했고, 엄격한 신원 조회를 거쳐야 했으며, 수많은 서류를 첨부해야 했습니다. 게다가 소양 교육도 필수적이었고, 젊은 남성의 경우에는 반드시 귀국을 보증한다는 신원보증인도 필요했습니다. 그 모든 서류와 과정이 적법하다고 판정되면, 당시의 외무부에서 해외여행객들에게 단수여권을 발급해 주었습니다. 해외여행이 단 한 번만 가능한 일회용 여권이었습니다. 그래서 해외여행을 끝내고 귀국하면, 김포공항의 이민국 직원이 여권 첫 페이지에 'VOID'라는 스탬프를 쾅 하고 찍었습니다. 이제 '무효'라는 의미였습니다. 그 여권을 발급받기 위해 그토록 많은 서류와 과정을 제출하고 거쳤는데, 그 귀한 여권은 단 한 번의 여행으로 무효가 되고 말았습니다.

주님을 만난 바울이 더 이상 세상을 볼 수 없었던 것은 주님께서 바울에게, 그동안 네가 야망의 눈으로 보아 온 모든 것도, 네가 살아온 네 인생도 다 무효라 하시며, 바울의 인생에 쾅 하고 VOID 낙인을 찍으신 것이었습니다. 주님을 등지고 교회를 짓밟던 바울의 지난 인생에서, 대체 무엇이 유효할 수 있었겠습니까? 여러분은 그동안 무엇을 추구하며, 어떤 인생을 엮어 왔습니까? 그 결과 지금 얼마나 많은 것들을 지니고 있습니까? 그러나 그 모든 것이 코 끝의 호흡이 멎는 순간에 하나님 앞에서 유효한 것들입니까, 아니면 하나님께서 쾅 하고 VOID 낙인을 찍으실 것들입니까? 단 한 번밖에 없는 인생을 열심을 다해 살고서도 하나님 앞에서 무효 판정을 받는다면, 그보다 더 허무한 일이 또 있겠습니까?

더 이상 앞을 볼 수 없게 된 바울은, 다른 사람들의 손에 이끌려서야 다메섹으로 들어갈 수 있었습니다. 조금 전까지 바울은 자신의 눈으로 세상을 보았지만, 실은 빌라도 총독처럼 주님과는 무관한 영적 맹인일 뿐이었습니다. 그러나 세상을 볼 수 없게 된 바울이 지금 육적으로는 비록 맹인이지만, 영적으로는 도리어 주님 안에서 새로운 영안이 활짝 열린 영적 개안자였습니다. 조금 전까지 바울은 다메섹의 그리스도인들을 체포하기 위해 자기 의지로 보무도 당당하게 다메섹으로 향해 나아갔지만, 그의 인생은 하나님 앞에서 모두 무효였습니다. 지금 바울은 앞을 볼 수 없어 가련하게도 다른 사람들의 손에 이끌려가고 있지만, 주님의 인도하심에 순종하기 시작한 바울은 이제야 비로소 영원히 유효한 인생길에 접어들게 되었습니다.

그리스도인의 삶의 성패 여부는 결코 겉모양에 의해 판가름 나지 않습니다. 누구보다 멋지고 화려해 보이지만 하나님 앞에서 무효인 삶이 있고, 초라하기 짝이 없어 보이지만 하나님 앞에서 영원히 유효한 삶이 있습니다.

사도행전 9장에 의하면, 앞을 볼 수 없는 바울이 다른 사람들의 손에 이끌려 다메섹으로 들어간 지 사흘째 되는 날이었습니다.

> 율법에 따라 경건한 사람으로, 거기 사는 모든 유대인들에게 칭찬을 듣는 아나니아라 하는 이가 내게 와 곁에 서서 말하되, 형제 사울아, 다시보라 하거늘, 즉시 그를 쳐다보았노라(12-13절).

바울이 주님을 만나기도 전에, 주님께서 바울을 위해 다메섹에 예비해 두신 사람은 그곳의 모든 유대인들로부터 칭찬받는, 경건한 아나니아였습니다. 아나니아가 다메섹의 직가에 위치한 유다의 집에 머물고 있는 바울을 찾아왔습니다. 그리고 바울의 곁에 서서, "형제 사울아, 다시 보라"고 명령했고, 바울은 그 즉시 아나니아를 '쳐다보았습니다'. 사도행전 9장은 당시의 상황을 좀더 상세하게 전해 주고 있습니다.

> 아나니아가 떠나 그 집에 들어가서 그에게 안수하여 이르되, 형제 사울아, 주 곧 네가 오는 길에서 나타나셨던 예수께서 나를 보내어 너로 다시보게 하시고 성령으로 충만하게 하신다 하니(행 9:17).

바울을 찾아온 아나니아는 바울에게 "안수"하였습니다. 안수는 머리 위에 손을 얹는 예식입니다. 지금 앞을 볼 수 없는 바울은 의자에 앉아 있습니다. 아나니아는 바울 곁에 선 채로 바울을 내려다보며 그의 머리 위에 자신의 손을 얹었습니다. 그리고 바울에게, 주님께서 자신을 보내셔서 바울로 하여금 다시금 보게 하시고, 또 성령으로 충만하게 하신다고 말했습니다. 주님께서 아나니아를 통해 바울을 성령 충만하게 해주신 것이었습니다. 바울의 성령 충만은 단지 내적 변화만을 의미하지 않았습니다. 아나니아는 오늘 본문 13절을 통해 바울에게 '다시 보라'고 명령했고, 그와 동시에 바울은 아나니아를 "쳐다보았"습니다. 바울의 성령 충만은 구체적으로 '쳐다보는' 행동으로 나타났습니다.

우리말 '쳐다보다'는 '치어다보다'는 동사의 준말로, '치어다보다'는 '얼굴을 들어 올려다보는' 동작을 의미합니다. 그것은 헬라어 동사의 적확한 번역입니다. 한글 성경에는 아나니아가 바울에게 '다시 보라'고 명령했고, 바울이 그 즉시 아나니아를 '쳐다본' 것으로, '다시 보다'와 '쳐다보다'라는 별개의 두 동사가 사용되어 있습니다. 그러나 헬라어 원문을 보면, 우리말 '다시 보다'와 '쳐다보다'로 다르게 번역된 동사가 실은 동일한 하나의 동사 '아나블레포 ἀναβλέπω'로 기록되어 있습니다. 아나니아는 바울의 머리에 손을 얹고 '아나블레포' 하라고 명령했습니다. '아나블레포'는 접두어 '아나'와 '보다'라는 의미의 동사 '블레포'가 합쳐진 합성어입니다. 접두어 '아나'는 '다시'를 의미하는 부사이기도 하고, '위'를 뜻하는 전치사이기도 합니다. 즉 헬라어 동사 '아나블레포'는 '다시 보다'라는 의미이기도 하지만, '위로 보다', '올려다보다'라는 의미이기도 합니다. 다시 말해 아나니아가 바울에게 위로 '올려다보라'고 명령한 것입니다. 아나니아의 그 명령에, 바울은 아나니아를 '아나블레포' 했습니다. 얼굴을 들어 아나니아를 올려다본 것이었습니다.

이제 우리 머릿속의 눈으로 이 장면을 바라보십시다. 사흘 동안 앞을 볼 수 없었던 바울은 지금 의자에 앉아 있습니다. 그 바울에게 다가간 아나니아가 선 채로 바울을 내려다보며 그의 머리에 손을 얹고 '아나블레포', 자신을 향해 위로 '올려다보라'고 명령합니다. 그 즉시 바울이 '아나블레포', 얼굴을 들어 아나니아를 '올려다봅니다'. 사흘 만에 시력을 회복하여 얼굴을 들어 올려다본 바울의 눈에, 자신을 내려다보고 있는 아나니아의 얼굴이 들어옵니다. 그것은 단순히 인간 아나니아의 얼굴이 아닙니다. 아나니아는 히브리어 '하나냐חֲנַנְיָה'의 헬라어 음역으로, 그 의미는 '여호와께서는 은혜로우시다', '여호와께서 은혜를 베푸시다'라는 뜻입니다. 사흘 만에 시력을 회복하고 얼굴을 들어 위를 올려다본 바울이 자신을 내려다보고 계시는 은혜의 하나님, 하나님의 은혜와 마주친 것입니다. 하나님께서 당신의 은혜로 바울 자신을 벌써부터 품고 계심을 확인한 것이었습니다.

그 하나님의 은혜 속에서 바울은 더 이상 무효가 아닌, 영원히 유효한 삶을 영위할 수 있었습니다. 바로 이것이, 주님을 만난 바울의 성령 충만함이었습니다.

이 이후 바울은 언제나 주님 안에서 얼굴을 들어 은혜의 하나님을, 하나님의 은혜를 올려다보는 삶을 살았습니다. 결코 짧지 않은 손을 지니신 은혜의 하나님을, 하나님의 은혜를 올려다보며 사는 한, 바울에게는 넘지 못할 산이 없었고 건너지 못할 강이 없었습니다. 그래서 바울은 고린도후서 4장 8-12절을 통해 이렇게 고백했습니다.

우리가 사방으로 욱여쌈을 당하여도 싸이지 아니하며, 답답한 일을 당하여도 낙심하지 아니하며, 박해를 받아도 버린 바 되지 아니하며, 거꾸러뜨림을 당하여도 망하지 아니하고, 우리가 항상 예수의 죽음을 몸에 짊어짐은 예수의 생명이 또한 우리 몸에 나타나게 하려 함이라. 우리 살아 있는 자가 항상 예수를 위하여 죽음에 넘겨짐은, 예수의 생명이 또한 우리 죽을 육체에 나타나게 하려 함이라. 그런즉 사망은 우리 안에서 역사하고, 생명은 너희 안에서 역사하느니라.

한 인간이 일평생 수고하고 애쓰며 산 결과가 사방으로 욱여쌈을 당한 처지이고, 매사에 답답한 일투성이고, 주위 사람들의 박해로 인생이 거꾸러뜨림을 당한 것도 모자라 아예 죽음이 턱밑까지 이르러 있다면, 그 인생은 무의미하게도 무효임이 틀림없지 않겠습니까?

그러나 바울은 전혀 그렇게 생각하지 않았습니다. 그는 어떤 경우에도 스스로 절망하여 자포자기에 빠진 적이 없었습니다. 비굴하게 죽음의 노예로 전락한 적도 없었습니다. 고개를 들어 은혜의 하나님, 하나님의 은혜를 올려다보기만 하면, 그 모든 것은 누군가를 구원하시기 위한 하나님의 신비로운 섭리였고, 주님을 위해 자신의 생명을 아낌없이 소진하며 죽음마저 두려워하지 않을수록, 누군가를 살리시려는 주님의 생명이 자신을 통해 더욱 강하게 역사하심을 확인할 수 있었기 때문입니다. 그래서 세속적인 성공과 출세를 초월하여 하나님의 은혜 속에서 영원히 유효한 삶을 추구했던 바울은, 진정으로 성령 충만한 그리스도인이었습니다. 그러나 그 동기는 바울 자신에게 있지 않았습니다. 영이신 주님께서 폭도였던 바울을 빛으로 먼저 찾아가셔서, 아나니아를 통해 얼굴을 들어 은혜의 하나님을, 하나님의 은혜를 '아나블레포', 올려다보며 살게끔 초청해 주셨기에 가능한 일이었습니다.

오늘은 성령강림주일입니다. 2천 년 전 오순절에 주님의 영이신 성령님께서는 제자들에게 불처럼 임하셨습니다. 다메섹 도상에서 바울에게는 빛으로 임하셨습니다. 사도들의 설교를 들은 예루살렘 사람들은 회개함으로 성령을 받았습니다. 사마리아 사람들은 사도들의 안수를 통해 성령을 받았습니다. 가이사랴에 살던 고넬료의 집안 사람들은 베드로의 설교를 듣다가 성령을 받았습니다. 이처럼 사람마다 성령님께서 임하시는 방법은 다 같지 않습니다. 열 사람이면 열 사람 다 다를 수 있습니다. 그러나 성령을 받아 성령 충만한 삶을 사는 사람들에게는 한 가지 공통점이 있습니다. 모두 얼굴을 들어 은혜의 하나님을, 하나님의 은혜를 '아나블레포', 올려다보며 산다는 것입니다. 그때에만 가야 할 길과 가지 말아야 할 길을 바르게 분별하면서, 화려한 듯 보이지만 무효인 삶이 아니라, 보잘것없어 보여도 주님 안에서 영원히 유효한 삶을 살 수 있습니다.

바울을 찾아온 아나니아가 바울에게 말했습니다. '형제 사울아, 주 곧 네가 오는 길에서 나타나셨던 예수께서 나를 보내어 너로 다시 보게 하시고, 성령으로 충만하게 하신다.' 주님께서 아나니아를 바울에게 보내신 이유는, 바울로 하여금 다시 보게 하심으로 성령 충만하게 해주시기 위함이었습니다. 여기에서 우리말 "다시 보게 하시고"로 번역된 헬라어 동사 역시 위로 '올려다보다'는 의미의 '아나블레포'입니다. 그래서 아나니아는 주님의 뜻에 따라 바울에게 '아나블레포'—위로 올려다보라고 명령했고, 그때부터 바울은 일평생 얼굴을 들어 은혜의 하나님을, 하나님의 은혜를 올려다보며 성령 충만한 삶을 살았습니다.

오늘 본문 속에서 아나니아가 바울에게 한 명령은, 2천 년의 시간과 공간을 초월하여 우리 각자를 향한 주님의 명령이심을 알고 계십니까? 오늘 성령강림주일을 맞아 이미 영으로 우리 가운데 임해 계시는 주님께서 우리에게 '아나블레포', 위를 올려다보며 성령 충만한 삶을 살 것을 명령하고 계십니다. 우리 모두 얼굴을 들어 결코 짧지 않은 손을 지니신 은혜의 하나님을, 하나님의 은혜를 올려다보며, 날마다 성령 충만한 삶을 살아가십시다. 그래야 우리는 이 세상에 휘둘리거나 그 누구와도 비교하지 않는, 주님 안에서 영원히 유효한, 우리 자신의 인생을 소신껏 살아갈 수 있습니다.

오늘도 우리를 찾아와주셔서, 한낮의 햇빛 속에서도 주님을 알게 하시고, 주님의 말씀을 알아듣게 해주셔서 감사합니다. 외눈박이처럼 세상에만 집착하여 사느라 하나님 보시기에 무효일 수밖에 없는 삶을 살아왔는데도, 우리 가운데 영으로 임해 계신 주님께서 우리에게 하나님을 향해 '아나블레포' 하라고 명령해 주셔서 감사합니다.

우리 모두 눈을 들어 은혜의 하나님을, 하나님의 은혜를, 날마다 올려다 보며 살게 해주십시오. 시간과 공간을 초월하여 언제나 나를 품고 계시는 하나님의 은혜를 힘입어, 가야 할 길과 가지 말아야 할 길을 바르게 분별하면서, 가야 할 길이라면 그 어떤 고난의 강도, 역경의 산도, 두려워하지 말게 해주십시오. 그 은혜 속에서 내가 엮어 가야 할 나 자신의 유효한 인생을 소신껏 살아가게 해주십시오. 그와 같은 우리의 매일 매일이 성령 충만한 성령강림일이 되게 해주십시오. 아멘.

16. 살려 둘 자가 아니라

사도행전 22장 14-23절

그가 또 이르되 우리 조상들의 하나님이 너를 택하여 너로 하여금 자기 뜻을 알
게 하시며 그 의인을 보게 하시고 그 입에서 나오는 음성을 듣게 하셨으니 네가
그를 위하여 모든 사람 앞에서 네가 보고 들은 것에 증인이 되리라 이제는 왜
주저하느냐 일어나 주의 이름을 불러 세례를 받고 너의 죄를 씻으라 하더라 후
에 내가 예루살렘으로 돌아와서 성전에서 기도할 때에 황홀한 중에 보매 주께
서 내게 말씀하시되 속히 예루살렘에서 나가라 그들은 네가 내게 대하여 증언
하는 말을 듣지 아니하리라 하시거늘 내가 말하기를 주님 내가 주를 믿는 사람
들을 가두고 또 각 회당에서 때리고 또 주의 증인 스데반이 피를 흘릴 때에 내
가 곁에 서서 찬성하고 그 죽이는 사람들의 옷을 지킨 줄 그들도 아나이다 나더
러 또 이르시되 떠나가라 내가 너를 멀리 이방인에게로 보내리라 하셨느니라 이
말하는 것까지 그들이 듣다가 소리 질러 이르되 이러한 자는 세상에서 없애 버
리자 **살려 둘 자가 아니라** 하여 떠들며 옷을 벗어 던지고 티끌을 공중에 날리니

우리는 지금 3주째, 두 쇠사슬에 결박당한 채 유대인들에게 폭행당하
여, 로마 군사들에 의해 안토니아 요새로 들려 옮겨지던 바울이, 방금 자

신을 쳐 죽이려던 예루살렘의 유대인들에게 행한 자기 변증을 듣고 있습니다. 교회를 짓밟던 폭도였던 자기에게 임한 주님의 구원, 그리고 시력의 상실과 회복에 대해 먼저 설명한 바울의 자기 변증은, 본문 14절로 이어지고 있습니다.

> 그가 또 이르되, 우리 조상들의 하나님이 너를 택하여, 너로 하여금 자기 뜻을 알게 하시며, 그 의인을 보게 하시고, 그 입에서 나오는 음성을 듣게 하셨으니(14절).

여기에서 "그"는, 바울의 시력을 회복시켜 주는 주님의 도구로 쓰임 받은 아나니아를 가리킵니다. 그가 다메섹 도상에서 바울에게 임한 구원의 의미를 구체적으로 설명해 주었습니다. '우리 조상들의 하나님이 너를 택하여, 너로 하여금 자기 뜻을 알게 하시며, 그 의인을 보게 하시고, 그 입에서 나오는 음성을 듣게 하셨다'는 것이었습니다. 아나니아가 언급한 이 문장의 주어는 "우리 조상들의 하나님"입니다. 아나니아가 바울에게 일러 준 하나님은 그동안 바울이 잘못 알아온, 유대교와 예루살렘성전 안에 유대인들이 가두어놓았던, 유대인들의 그릇된 선민의식이 빚어낸 하나님의 우상이 아니었습니다. 믿음의 조상인 아브라함과 이삭과 야곱을 부르셨던 하나님, 우주 만물을 주관하는 살아 계신 삼위일체 하나님이셨습니다. 아나니아는 그 하나님께서 바울에게 베푸신 구원을 네 개의 동사로 설명하였습니다.

첫째는 하나님께서 바울을 "택하여" 주셨습니다. 바울이 하나님을 택한 것이 아니었습니다. 바울은 유대인들이 빚어낸 하나님의 우상을 신봉하는 우상숭배자였기에, 누구보다 하나님에 대해 열심이면서도 정작 하나님을 제대로 알지는 못했습니다. 그 미련한 우상숭배자를 하나님께서 먼저 택하여 주셨습니다. 두 번째는 하나님께서 바울로 하여금 당신의 뜻을 "알게" 해주셨습니다. 바울을 선택하신 하나님께서는 바울을 그냥 내버려 두시지 않았습니다. 하나님께서 친히 아나니아를 바울에게 보내셔서 바울로 하여금 당신의 뜻을 알게 해주셨습니다. 세 번째는 하나님께서 바울로 하여금 "그 의인"을 "보게" 해주셨습니다. 아나니아가 언급한 '그 의인'은 바울이 다메섹 도상에서 만났던 예수님을 의미하는 유대식 표현입니다. 예수님께서 다메섹 도상의 바울을 찾아오셨을 때, 바울과 동행하던 일행은 뭔가 보이는 것 같았지만 그 누구도 그곳에 임하신 예수님을 알아보지는 못했습니다. 그러나 바울은 큰 빛으로 임하신 주님을 분명하게 보았습니다. 마지막으로 하나님께서 바울로 하여금, 예수님의 입에서 나오는 음성을 "듣게" 하셨습니다. 바울이 구원받은 현장에서 바울의 일행은, 무슨 소리는 들었지만 그 소리가 주님의 말씀임을 이해하지는 못했습니다. 하지만 바울은 '네가 왜 나를 박해하느냐?', '나는 네가 박해하는 예수라'는 주님의 음성을 정확하게 듣고 이해하였습니다.

그 모든 것은 바울의 의지나 노력의 결과가 결코 아니었습니다. 그것은 모두 하나님께서 바울을 위해 친히 베푸신 은혜였습니다. 하나님께서 당신의 은혜로 바울을 '택하시고', 바울로 하여금 '알게 하시고', '보게 하시고', '듣게 하신' 것이었습니다.

> 네가 그를 위하여 모든 사람 앞에서 네가 보고 들은 것에 증인이 되리라
> (15절).

한글 성경에는 번역이 빠져 있지만, 헬라어 원문에 의하면 본문 15절은 이유를 나타내는 접속사 '호티öτι'로 시작되고 있습니다. 즉 본문 15절은 하

나님께서 바울을 '택하시고', '알게 하시고', '보게 하시고', '듣게 하신' 이유를 밝혀 주고 있습니다. 하나님께서 모든 사람 앞에서 바울을 당신을 위한 증인으로 삼으시기 위함이었습니다.

마가복음 13장은, 예수님께서 임박한 예루살렘 멸망과 장차 있을 종말에 관해 예언하신 말씀을 담고 있습니다. 예수님께서는 그 마가복음 13장의 마지막 구절인 마가복음 13장 37절에서, 당신의 말씀을 이렇게 끝맺으셨습니다.

깨어 있으라. 내가 너희에게 하는 이 말은 모든 사람에게 하는 말이니라.

지금 예수님의 말씀을 듣고 있는 사람은 열두 명의 제자들뿐입니다. 그러나 예수님께서는 그들에게만 말씀하신 것이 아니었습니다. 예수님께서 제자들에게 하신 말씀은, "모든 사람"에게 하신 말씀이었습니다. '모든 사람'은 시간과 공간을 초월하여, 과거와 현재와 미래를 총망라하여 이 땅을 거쳐 가는 모든 인간들을 의미합니다. 성경은 약 4천 년 전부터 2천 년 전까지 하나님께서 특정 지역의 특정인들에게 하신 말씀입니다. 그럼에도 우리가 그 말씀을 21세기를 살고 있는 우리를 위한 하나님의 말씀으로 받아들이는 것은, 그 말씀이 시간과 공간을 초월하여 '모든 사람'을 위한 말씀이고, 그 '모든 사람' 속에 우리 개개인도 포함되어 있기 때문입니다.

이런 의미에서 2천 년 전에 아나니아가 바울에게 말했고, 바울이 예루살렘의 유대인들 앞에서 자기 변증을 위해 인용한 본문 14-15절 역시 우리 각자를 위한 하나님의 말씀입니다. 우리 각자가 어떻게 구원받은 그리스도인으로 이 자리에 나와 앉을 수 있게 되었습니까? 우리 자신의 의지나 노력으로 인함입니까? 우리가 먼저 하나님을 선택했기 때문입니까? 그렇지 않습니다. 살아 계신 하나님께서 우리 각자를 택하셔서, 우리 각자로 하여금 당신의 뜻을 알게 하시고, 우리 각자로 하여금 하나님을 보게 하시며, 우리 각자로 하여금 하나님의 말씀을 듣게 해주셨기 때문입니다. 그 까닭인즉, 우리 각자를 모든 사람 앞에서 하나님을 위한 증인으로 삼으시기 위함입니다.

하나님께서는 위대한 아브라함이나 모세, 혹은 바울만의 하나님이신 것은 아닙니다. 하나님께서는 우리 각자의 하나님이시기도 합니다. 그러므로 우리 역시 우리를 택하시고, 알게 하시고, 보게 하시고, 듣게 해주신 하나님의 은혜와 도우심 속에서 얼마든지 아브라함과 모세 그리고 바울과 같은 하나님의 증인으로 살아갈 수 있습니다. 우리가 믿는 하나님께서는 시간과 공간을 초월하여 언제나 살아 계신 하나님이시기 때문입니다.

아나니아는 바울에게 마지막으로 다음과 같이 명령했습니다.

> 이제는 왜 주저하느냐? 일어나 주의 이름을 불러 세례를 받고 너의 죄를 씻으라 하더라(16절).

하나님의 증인으로 부르심을 받은 바울에게 이제 남은 것은, 주님의 이름으로 죄 씻음의 세례를 받는 것이었습니다. 바울에게 세례는 형식의 문제가 아니라, 본질의 문제였습니다. 바울은 로마서 6장에서 '세례'를 주님과의 연합으로 정의하였습니다. 우리의 죗값을 대신 치러 주시기 위해 십자가의 제물로 돌아가신 예수님의 죽음과 연합하여 우리의 옛사람이 죽고, 죽음을 깨뜨리고 부활하신 예수님과 연합하여 새 생명으로 거듭나는 것이 세례입니다. 한마디로 세례는 하나님의 은혜 속에서, 하나님을 위한 증인으로 새로운 삶을 살아가기 위한 첫 관문입니다. 그래서 바울은 아나니아의 명령에 따라 그 즉석에서 세례를 받았습니다. 세상의 법정에서는 증인이 말로만 증언하지만, 하나님의 증인은 새로워진 삶으로 증언하기 때문입니다. 이 이후 바울은 로마에서 참수형을 당해 순교할 때까지, 주님 안에서 새로워진 그의 삶으로 주님의 십자가와 사랑을 중단 없이 증언하였습니다. 만약 바울이 말로만 증언하려 했다면, 그의 말이 하나님의 말씀으로 기록되기는커녕, 이미 2천 년 전에 허공 속에서 잠시 공기를 진동시키고는 이내 사라져 버리고 말았을 것입니다.

자신을 쳐 죽이려던 유대인들을 향한 바울의 자기 변증은 다음과 같이 계속됩니다.

> 후에 내가 예루살렘으로 돌아와서 성전에서 기도할 때에, 황홀한 중에 보매, 주께서 내게 말씀하시되 속히 예루살렘에서 나가라. 그들은 네가 내게 대하여 증언하는 말을 듣지 아니하리라 하시거늘, 내가 말하기를, 주님 내가 주를 믿는 사람들을 가두고 또 각 회당에서 때리고, 또 주의 증인 스데반이 피를 흘릴 때에 내가 곁에 서서 찬성하고, 그 죽이는 사람들의 옷을 지킨 줄 그들도 아나이다. 나더러 또 이르시되 떠나가라, 내가 너를 멀리 이방인에게로 보내리라 하셨느니라(17-21절).

바울은 지금, 다메섹 도상에서 하나님의 증인으로 부르심을 입은 뒤 3년 만에 예루살렘에 상경했을 때의 이야기를 하고 있습니다. 당시 예루살렘의 유대인들은 바울을 죽이려고 했습니다. 다메섹의 그리스도인들을 연행하기 위해 예루살렘을 떠났던 바울이 3년 만에 도리어 그리스도인이 되어 돌아왔으니, 예루살렘의 유대인들은 유대교의 배신자로 되돌아온 바울을 가만히 내버려둘 수 없었습니다. 그들은 누구보다도 주도적으로 교회를 짓밟고,

심지어 주님의 증인인 스데반을 쳐 죽이는 데에도 앞장섰던 바울의 옛 이력은 조금도 고려해 주지 않았습니다. 그들에게 배교자 바울은 이유 여하를 불문하고 제거의 대상일 뿐이었습니다.

이것이 주님께서 바울을 이방 지역의 이방인들을 위한 당신의 증인으로 사용하신 이유 중의 하나였습니다. 그리고 약 20년의 세월이 흘러, 지금 바울은 본문 속에서 다시 예루살렘의 유대인들 앞에서 자기 변증을 하고 있습니다. 그러나 본문 속의 유대인들은 20년 전의 유대인들과 조금도 다를 바가 없었습니다. 바울의 자기 변증을 듣던 예루살렘의 유대인들은, 바울이 이방인 전도의 정당성에 대해 언급하자 마치 약속이라도 한 듯, 일제히 분노를 터뜨리며 바울의 자기 변증을 가로막았습니다.

> 이 말하는 것까지 그들이 듣다가 소리 질러 이르되, 이러한 자는 세상에서 없애 버리자, 살려 둘 자가 아니라 하여, 떠들며 옷을 벗어던지고 티끌을 공중에 날리니(22-23절).

바울이 "이방인"을 입에 올리자마자 유대인들이 분노를 터뜨린 것은, 이방인들을 짐승처럼 부정하게 여기는 그들의 독선적이고도 그릇된 선민의식으로 인함이었습니다. 이방인도 구원의 대상이라는 것은 짐승처럼 부정한 이방인과 선민인 유대인 사이에 아무런 차이가 없다는 의미였으므로, 교만하고도 그릇된 선민의식에 빠져 있던 유대인들은 그와 같은 바울의 자기 변증을 절대로 받아들일 수 없었습니다. 그들은 일제히 "이러한 자는 세상에서 없애 버리자, 살려 둘 자가 아니라"고 소리쳤습니다. 한마디로 죽여 버리자는 말이었습니다. 그리고 그들은 옷을 벗어던지며 티끌을 공중에 날렸습니다. 극도의 분노를 표출하는 유대인의 관습이었습니다.

이때 바울이 자기 자신의 말을 했던 것은 아니었습니다. 바울은 다메섹 도상에서 자신을 찾아오신 주님으로부터 들은 주님의 말씀, 다메섹에서 아나니아를 통해 들은 하나님의 말씀, 예루살렘성전에서 기도하다가 직접 들은 하나님의 말씀을 전했습니다. 그 말씀은 바울 한 개인만을 위한 말씀이 아니었습니다. 삼위일체 하나님께서 바울에게 하신 그 모든 말씀은, '모든 사람'을 위한 하나님의 말씀이었습니다. 지금 바울 앞에 있는 예루살렘 유대인들을 위한 하나님의 말씀이기도 했다는 말입니다. 그들 가운데 누구든지 바울의 증언을 자신을 위한 하나님의 말씀으로 받아들이기만 하면, 그 사람도 하나님의 은혜 속에서 하나님의 증인으로 새로운 삶을 살 수 있을 것이었습니다.

하지만 그들은 한결같이 '이러한 자는 세상에서 없애 버리자. 살려 둘 자가 아니라'고 소리치며 바울을 죽이려 하였습니다. 두 쇠사슬에 결박당해 로마 군의 요새로 연행되면서도 온 삶을 다해 하나님의 말씀을 증언하는 바울을 '살려 둘 자가 아니라'고 소리치는 유대인들에게는, 실은 하나님이 살아 계신 하나님이 아니었습니다. 다시 말해 하나님의 말씀을 증언하는 바울을 죽이려 하기 이전에, 그들은 살아 계신 하나님을 이미 죽여 버린 자들이었습니다. 그들이 믿는 하나님은 말씀을 통해 당신을 계시하시는 살아 계신 하나님이 아니라, 예전의 바울처럼, 그들이 예루살렘성전 안에 가두어놓은 하나님의 우상—하나님의 허상에 불과하였습니다.

살아 계신 하나님께서는 오늘도 당신의 말씀인 성경을 통해 말씀하십니다. 요한복음 1장 1절의 증언처럼, 하나님께서 곧 말씀이시기 때문입니다. 말씀이신 하나님께서는 말씀 가운데 거하시고, 말씀으로 말씀하십니다. 그리고 하나님의 말씀인 성경은, 시간과 공간을 초월하여 '모든 사람'을 위한 하나님의 말씀입니다. 따라서 하나님의 말씀을 삶으로 좇는 사람이라면, 그 사람에게 하나님은 살아 계신 하나님이 분명합니다. 하나님의 살아 계심을 믿지 못한다면, 하나님의 말씀을 좇아 살 이유도 없습니다. 반면에 몸은 교회에 다니지만 삶이 하나님의 말씀을 좇지는 않는다면, 그 사람에게 하나님은 아직 살아 계신 하나님이 아닙니다. 하나님께서 시간과 공간을 초월하여 영원히 살아 계신 하나님이심을 믿는다면, 그분의 말씀을 좇아 살지 않을 수 없습니다.

5개월 전에 한 여성이 제게 편지를 건네주었습니다. 편지에는, 우리 교회 모 부서에서 봉사하고 있는 자신의 남편이 여교우와 바람이 나서 가정에 대한 의무를 다하지 않는다는 하소연이 담겨 있었습니다. 3개월 전에는 타 교회 여성 청년이, 우리 교회에 다니는 유부남과 저지른 불륜을 고백하는 글과 함께 불륜의 증거인 사진을 작년에 이어 두 번째로 제게 보내왔습니다. 3주 전에는 타 교회 여성 교우님으로부터, 외도로 가정을 깨뜨릴 뻔한 자신의 젊은 아들을 위해 기도해 달라는 편지를 받았습니다. 그분의 아들이 우리 교회 교인입니다.

얼마 전까지만 해도 주로 타 교회 교인들로부터, 함께 신앙생활하는 자기 배우자의 불륜과 관련한 하소연이나 상담을 요청하는 편지를 받았습니다. 그러나 우리 교회 교인이 많아지면서 요즈음에는 제게, 우리 교인들의 불륜이나 탈선행위가 부쩍 많이 전해지고 있습니다. 그러나 제게 알려지고 있는 사례들은, 실제로는 빙산의 일각에 불과할 것이라는 생각이 듭니다. 참으로 고통스럽고도 안타까운 일이 아닐 수 없습니다.

100주년기념교회 담임목사로서 제가 여러분에게 질문합니다. 성경 어디에 불륜을 저질러도 좋다는 하나님의 말씀이 있습니까? 우리 교회가 창립된 이래 지난 11년 동안, 제가 외도도 하나님의 뜻이라고 단 한 번이라도 설교한 적이 있었습니까? 성경은 우리를 구원하신 하나님의 거룩하심을 따라 거룩하게 구별된 삶을 살 것을 우리에게 일관되게 요구하고 있습니다. 그런데도 몸은 교회에 다니면서도 삶으로는 아무렇지도 않게 불륜이나 탈선행위를 저지른다면, 그 사람에게 하나님은 살아 계신 하나님이실 수 없고, 성경이 시간과 공간을 초월하여 그 사람을 위한 하나님의 말씀일 수도 없습니다. 그렇지 않고서야 자신의 삶으로 하나님의 말씀을 그렇듯 부정할 수는 없지 않겠습니까? 그런 사람은 하나님의 말씀을 증언하는 바울을 '살려 둘 자가 아니'라고 부정함으로써, 궁극적으로 하나님의 살아 계심을 부정했던 본문의 유대인들과 아무런 차이가 있을 수 없습니다.

그런가 하면 지난 달 '스승의 날'에 한 청년으로부터 받은 편지에는 깊은 감동이 있었습니다. 당사자의 허락을 받아 일부분을 읽어 드리겠습니다.

이번에 목사님께 감사드리고 싶은 일이 있어서, 때마침 스승의 날을 맞아 몇 글자 적어 올립니다. 저와 제 여자 친구는 서울에 올라와서 목사님께 말할 수 없을 만큼 많이 배웠습니다. 예수님을 십여 년 믿으면서도 왜 신앙과 하루하루의 삶을 연결시키지 못했는지 자책할 때도 있지만, 주님의 한 치의 오차도 없으신 타이밍을 생각하면 스스로 위로가 되기도 합니다. 올해 이웃을 생각하면서, 제가 주님 앞에서 할 수 있는 일이 무엇일까, 많이 고민했습니다. 몇 주간의 고민 끝에 내린 결심은, 현재 정부에서 받고 있는 기초수급혜택을 더 이상 받지 않기로 했습니다. 초등학교 때부터 지금까지 20년 동안 수급비를 받으며 혜택을 누렸습니다. 어려운 가정에 정부가 도움을 주는 것은 복지정책 중 하나이기에 늘 당연하게 여겨 왔고, 어떻게든 끊어지지 않도록 '유지'해 왔습니다. 계속하여 억지로 조건을 맞추며, 머리를 굴려 왔던 것이지요. 주님께서 주신 튼튼한 몸으로 일을 할 수 있었지만, 일을 많이 하면 수급이 끊긴다는 이유로 의도적으로 많은 일을 하지 않았습니다.

대한민국의 정직성에 대해서는 목사님께서 더 잘 아실 거라 생각합니다. 정직은, 목사님의 책을 통하여 많이 고민해 왔던 점이기도 합니다. 예수님을 믿지 않는 사람이 어떻게든 자기의 유익만 구하는 것은 당연하다고 생각됩니다. 그러나 그리스도인의 삶은 달라야 한다고 생각했습니다. 제가 억지로 붙들고 있는 이 수급이, 비록 적은 돈이지만, 제가 받고 있기 때문에 다른 누군가가 받지 못하는 것은 아닌지 고민하기 시작했습니다. 혹은 다른 곳에 더 유용하게 쓰여질 수 있는 이 돈이 저 때문에 흘러가지 않고 썩고 있는 것은 아닌가, 라는 고민도 하게 되었습니다. 그래서 앞으로는 스스로 더 열심히 일하고, 공부도 더 열심히 하려고 합니다.

얼마나 자랑스러운 청년입니까? 억지 조건을 꿰맞추어 기초수급혜택을 계속 받는 것은 그리스도인으로서 정직하지 못한 일임을 깨달은 청년은, 앞으로 일을 하며 학업을 계속하는 길을 스스로 선택하였습니다. 이 청년에게 하나님은 살아 계신 하나님이었고, 성경 말씀은 시간과 공간을 초월하여 자기 자신을 위한 하나님의 명령이었습니다. 이렇게 하나님의 말씀을 좇아 살려는 이 청년이, 바울처럼 자신의 삶으로 하나님을 증언하는 하나님의 증인이 아니겠습니까? 결코 짧지 않은 손을 지니신 하나님께서 바울과 함께하셨던 것처럼, 이 청년의 평생에 걸쳐 이 청년과도 동행하시며 당신의 뜻을 이루어 가시지 않겠습니까?

여러분은 하나님의 살아 계심을 정녕 믿고 있습니까? 그렇다면 그 믿음은 여러분의 삶에 의해 입증됨을 잊지 마십시오. 하나님께서 이 예배당 안에만 갇혀 계신다는 하나님의 우상―하나님의 허상을 깨지 않는 한, 우리의 삶으로 살아 계신 하나님과 인격적인 관계를 맺을 수는 없습니다. 살아 계신 하나님께서는 말씀이시고, 말씀 가운데 거하시며, 말씀으로 말씀하십니다. 어떤 경우에도 하나님의 말씀을 자기 삶으로 부정함으로, 결과적으로 살아 계신 하나님을 부정하는 어리석은 유대인이 되지는 마십시다. 언제나 자신의 삶으로 살아 계신 하나님을 증언하고, 자신의 삶으로 살아 계신 하나님을 경배하며, 자신의 삶으로 살아 계신 하나님을 좇는 바울이 되십시다. 바울을 통해 로마제국을 새롭게 하신, 결코 짧지 않은 손을 지니신 하나님께서 우리의 삶을 통해, 다가오는 우리의 미래도 반드시 새롭게 해주실 것입니다.

일주일 내내 하나님과 무관하게 사는 나에게 하나님은, 살아 계신 하나님이 아니었습니다. 예배당 밖에서는 하나님을 등지고 사는 나에게 하나님은, 예배당 안에만 갇혀 있는 하나님의 우상―하나님의 허상일 뿐이었습니다. 일상 속에서 나의 삶으로 하나님의 말씀을 부정하는 나에게 성경은, 나를 위한 하나님의 말씀이 아니었습니다. 그래서 나는, 하나님의 말씀을 증언하는 바울을 '살려 둘 자가 아니라'고 단정함으로 살아 계신 하나님을 부정한 예루살렘의 유대인들과, 아무 차이가 없었습니다. 나의 어리석음과 무지를 용서해 주시기를 간구드립니다.

하나님께서는 말씀이시고, 말씀 가운데 거하시며, 말씀으로 말씀하심을 잊지 말게 해주십시오. 우리 각자의 삶으로 하나님의 말씀을 증언하고 하나님을 경배함으로, 사람들 앞에서 하나님의 살아 계심을 입증하는 하나님의 증인이 되게 해주십시오. 우리 한 사람 한 사람이 다가오는 미래를 새롭게 하는, 이 시대의 바울로 쓰임 받는 기쁨을 누리게 해주십시오. 아멘.

17. 그가 로마 시민인 줄 알고

사도행전 22장 24-29절

천부장이 바울을 영내로 데려가라 명하고 그들이 무슨 일로 그에 대하여 떠드는지 알고자 하여 채찍질하며 심문하라 한대 가죽 줄로 바울을 매니 바울이 곁에 서 있는 백부장더러 이르되 너희가 로마 시민 된 자를 죄도 정하지 아니하고 채찍질할 수 있느냐 하니 백부장이 듣고 가서 천부장에게 전하여 이르되 어찌 하려 하느냐 이는 로마 시민이라 하니 천부장이 와서 바울에게 말하되 네가 로마 시민이냐 내게 말하라 이르되 그러하다 천부장이 대답하되 나는 돈을 많이 들여 이 시민권을 얻었노라 바울이 이르되 나는 나면서부터라 하니 심문하려던 사람들이 곧 그에게서 물러가고 천부장도 **그가 로마 시민인 줄 알고** 또 그 결박한 것 때문에 두려워하니라

바울은 두 쇠사슬에 결박당한 채, 예루살렘성전 바깥뜰에서 로마군의 안토니아 요새로 통하는 중간 계단 위에 서서, 방금 자신을 쳐 죽이려던 예루살렘의 유대인들에게 자기 변증을 시작했습니다. 바울의 자기 변증을 듣던 유대인들은, 바울이 하나님의 말씀을 인용하여 이방인 전도의 정당성에 대

해 언급하자, 마치 약속이라도 한듯 분노를 터뜨리며 바울의 말을 가로막았습니다. 그들은 한목소리로 '이러한 자는 세상에서 없애 버리자. 살려 둘 자가 아니라'고 소리쳤습니다. 한마디로 죽여 버리자는 것이었습니다. 그들은 자신들의 관습에 따라 옷을 벗어던지고 티끌을 공중에 날리며 극도의 분노를 터뜨렸습니다.

이미 우리가 알고 있는 것처럼, 두 쇠사슬에 결박당한 채 로마 군사들에 의해 안토니아 요새로 옮겨지던 바울에게 자기 변증을 할 수 있게끔 허락한 사람은 천부장이었습니다. 그러나 바울이 자기 변증을 위해 사용한 언어는, 사도행전 22장 2절에 의하면, 천부장이 알아들을 수 있는 헬라어가 아니라 유대인들의 히브리어였습니다. 더 정확하게 말하면 당시 유대인들이 모국어로 사용하던 아람어였습니다. 아람어를 구사할 줄 몰라 바울이 유대인들에게 무슨 말을 하는지 전혀 알아들을 수 없었던 천부장은, 바울의 말을 듣는 유대인들의 반응을 민감하게 살폈습니다. 갑자기 유대인들이 소리치고 분노를 터뜨리며 바울의 말을 가로막았는데, 또다시 바울을 쳐 죽일 기세였습니다. 유대인들은 일제히 옷을 벗어던지고 티끌을 공중에 날리기도 했습니다. 천부장은, 그것은 유대인들의 분노가 극에 달했다는 표시임을 알고 있습니다. 천부장은 곧 사태 수습에 나섰습니다.

천부장이 바울을 영내로 데려가라 명하고, 그들이 무슨 일로 그에 대하여 떠드는지 알고자 하여 채찍질하며 심문하라 한대(24절).

천부장은 부하들에게 바울을 안토니아 요새 안으로 끌고 가도록 명령했습니다. 그리고 바울의 자기 변증을 듣던 유대인들이 바울에게, 왜 그토록 분노하며 다시 그를 쳐 죽이려 했는지 그 이유를 확인하기 위해, 천부장은 부하들에게 바울을 채찍질로 심문하도록 했습니다. 당연히 자신이 이해할 수 있는 헬라어로 심문하게 했습니다. 예루살렘의 유대인들이 바울에게 그토록 분노했다면 천부장이 처음에 오해했던 것처럼, 바울이 칼잡이 사천 명을 동원하여 폭동을 일으켰던 이집트인은 아니라 해도, 그에 상응하는 흉악범이 틀림없을 것이라고 판단한 것이었습니다.

로마의 채찍은 인간이 고안한 채찍 중에 가장 잔인한 채찍이었던 것으로 알려지고 있습니다. 채찍 끝에 쇠붙이를 달아 채찍을 맞는 사람의 살점이 패이고 떨어져 나가게 하는 무자비한 채찍이었습니다. 그 무자비한 채찍질을 당하는 사람은 불구자가 되기도 했고, 심한 경우에는 목숨을 잃기도 했습니다. 당시의 평균수명으로 이미 인생말년에 접어든 바울이 그 채찍질을 당한다면, 자신이 가야 할 로마제국의 심장—로마로는 출발해 보기도 전에, 로마군의 채찍질로 예루살렘에서 생을 마감할 수도 있었습니다.

그러나 결코 짧지 않은 손을 지니신 하나님께서는 바울을 그 잔인한 로마군의 채찍질에 그냥 내버려 두시지 않았습니다.

가죽 줄로 바울을 매니, 바울이 곁에 서 있는 백부장더러 이르되, 너희가 로마 시민 된 자를 죄도 정하지 아니하고 채찍질할 수 있느냐 하니(25절).

로마 군사들이 채찍질을 하기 좋게끔 바울의 두 팔을 위로 올리게 한 다음, 양 기둥에 한 팔씩 가죽 줄로 묶었습니다. 이제 곧 잔인한 채찍질이 시작될 참이었습니다. 바로 그 순간에 바울이 현장 책임자인 백부장에게, "너희가 로마 시민 된 자를 죄도 정하지 아니하고 채찍질할 수 있느냐"고 물었습니다. 로마법은 정식 재판을 통하여 범죄 사실이 입증되고 형이 확정되기 전까지는 로마 시민에 대한 채찍질이나 매질을 엄금하고 있었습니다. 그 법을 위반할 경우, 도리어 채찍질한 사람이 처벌받아야 했습니다. 바울이 로마 시민이라는 사실에 백부장은 깜짝 놀랐습니다. 로마 시민인 바울에게 채찍질을 한다면 현장 감독인 자신은 말할 것도 없고, 채찍질을 명령한 천부장도 무사할 수 없었기 때문입니다.

백부장이 듣고 가서 천부장에게 전하여 이르되, 어찌하려 하느냐? 이는 로마 시민이라 하니(26절).

백부장은 그 즉시 천부장에게 가, 바울이 로마 시민임을 보고했습니다. 그리고 어떻게 할 작정이시냐고 물었습니다. 어떤 경우에도 로마 시민인 바울에게 채찍질을 하여, 화를 자초하는 결과가 초래되어서는 안 된다는 의미였습니다.

천부장이 와서 바울에게 말하되, 네가 로마 시민이냐? 내게 말하라. 이르되, 그러하다. 천부장이 대답하되, 나는 돈을 많이 들여 이 시민권을 얻었노라. 바울이 이르되, 나는 나면서부터라 하니(27-28절).

바울이 로마 시민이라는 백부장의 보고에 천부장도 충격을 받았습니다. 그는 즉각, 채찍질을 당하기 위해 두 팔이 양 기둥에 묶여 있는 바울을 찾아갔습니다. 그리고 바울에게 정말 로마 시민인지 확인하였습니다. '그렇다'는 바울의 시인에 천부장은, 자신은 거액을 들여 로마 시민권을 매입하였음을 먼저 밝혔습니다. 바울에게, 네가 로마 시민이라고는 상상조차 못했는데 너는 대체 어떻게 로마 시민이 되었느냐고 우회적으로 질문한 것이었습니다.

바울은, 자신은 "나면서부터" 로마 시민이라고 대답했습니다.

당시 로마 시민에 한하여 왼쪽 어깨에서부터 아래로 축 늘어지는 '토가'라는 겉옷을 입을 수 있었습니다. 그러나 '토가'는 착용과 행동이 거추장스러워 고위 공직자나 공적 행사에 참석하는 경우가 아니고는, 일반 시민들은 평상시에는 착용하지 않았습니다. 또 당시에는 지금처럼 휴대용 주민등록증이 있지도 않았습니다. 로마 시민임을 증명하는 문서는 해당 관청의 공문서 보관소에 있었습니다. 그러므로 '토가'를 착용하지 않은 로마 시민에게는, 자신이 로마 시민임을 드러내는 외관상의 표시는 따로 없었습니다. 하지만 당시 사람들은, 누구든지 자신이 로마 시민임을 밝히면 그의 말을 액면 그대로 받아 주었습니다. 로마 시민이 아닌 사람이 로마 시민을 사칭하면 예외 없이 극형인 사형에 처해졌기 때문입니다. 그래서 천부장 역시 로마 시민임을 밝힌 바울의 말을 의심 없이 받아들였습니다.

지중해 세계를 석권한 로마제국 내에서 비로마 시민이 로마 시민이 될 수 있는 길은 두 가지였습니다. 첫 번째는 로마제국에 공을 세우는 것이었고, 두 번째는 부패한 공무원에게 뇌물을 주고 시민권을 매입하는 것이었습니다. 물론 로마 시민권은 자손 대대로 승계되었습니다. 바울이 나면서부터 로마 시민이었다는 것은, 바울의 아버지나 할아버지가 로마제국에 공을 세웠거나, 혹은 돈으로 로마 시민권을 매입하였음을 뜻했습니다. 당시 로마제국의 통념상, 로마 시민권은 모두 동등하지 않았습니다. 바울처럼 날 때부터 로마 시민으로 태어난 혈연적 시민권은 돈으로 매입한 시민권보다 더 귀하게 다루어졌고, 돈으로 매입한 시민권도 매입 시기가 오래되었을수록 더 가치 있게 여겨졌습니다. 어느 쪽으로 보더라도 자기 당대에 로마 시민권을 매입한 천부장보다, 나면서부터 로마 시민으로 태어난 바울의 시민권이 훨씬 더 우월하였습니다.

심문하려던 사람들이 곧 그에게서 물러가고, 천부장도 그가 로마 시민인 줄 알고 또 그 결박한 것 때문에 두려워하니라(29절).

천부장의 명령에 따라 바울을 채찍질로 심문하려 했던 군사들도, 바울이 로마 시민임을 확인함과 동시에 그 자리에서 슬그머니 물러가 버렸습니다. 천부장 역시 로마 시민인 바울을 두 쇠사슬로 결박하여 연행하고, 또 채찍질을 하기 위해 부하들로 하여금 바울의 두 팔을 양 기둥에 묶게 한 것으로 인하여 두려워하였습니다. 정식 재판도 없이 로마 시민을 그렇게 다룬 것만으로도, 만약 바울이 고발한다면, 자신이 처벌 대상이 될 것이기 때문이었습니다. 천부장은 예루살렘의 유대인들이 왜 바울을 죽이려 하는지 그때부터 합법적으로 시시비비를 가리기 위해, 다음 시간에 살펴보겠습니다만, 정식으로 산헤드린 공회를 소집하였습니다.

바울이 주님의 부르심을 받은 이후, 자신이 로마 시민임을 공식적으로 밝힌 것은 이번이 두 번째였습니다. 본래 바울은 주님의 부르심을 받고, 그동안 자신의 자랑거리로 삼아 왔던 세상의 것들을 모두 배설물처럼 여겼습니다(빌 3:8). 바울이 세상의 자랑거리들을 삶의 목적으로 삼아 유대인 사회에서는 벌써 젊은 나이에 인정을 받았으나, 그런 것들을 삶의 목적으로 삼는 것은 하나님 앞에서 자신의 고귀한 생명을 무의미하게 고갈시키는 어리석은 짓임을 깨달았기 때문입니다. 바울이 삶의 목적으로 삼았던 세상의 자랑거리들 속에는 로마 시민권도 포함되어 있었습니다. 그러나 주님 안에서 영원한 천국 시민권을 획득한 바울에게 로마 시민권은, 더 이상 삶의 목적이 될 수 없었습니다.

주님의 명령에 따라 1차 전도 여행에 나선 바울은 가는 도시에서마다 수모를 겪었습니다. 루스드라에서는 유대인들에게 선동당한 시민들의 돌팔매질로, 사람들이 쓰러진 바울을 죽었다며 성 밖에 내다 버릴 정도로 심한 곤욕을 치렀습니다. 바울이 가는 곳마다 자신이 로마 시민임을 밝히고 관의 도움을 요청했더라면, 당하지 않았을 수모와 곤욕이었습니다. 그런데도 바울이 그렇게 하지 않았던 것은, 자신이 로마 시민이라는 사실 자체를 아예 잊고 살았기 때문입니다.

2차 전도 여행을 시작한 바울이 유럽 대륙의 빌립보를 찾았을 때의 일입니다. 그곳에 귀신 들린 가련한 여인이 있었는데, 고약한 사람들 몇 명이 그 여인을 내세워 사람들에게 점을 쳐주게 하고 돈을 벌고 있었습니다. 며칠 동안 계속하여 그 가련한 여인과 마주친 바울은, 주님의 이름으로 그 여인에게서 귀신을 좇아 주었습니다. 그와 동시에 그 여인을 이용하여 돈을 벌던 사람들이 바울과 그의 동역자인 실라를 붙잡아 빌립보의 집정관들에게 끌고 갔습니다. 바울이 그 여인에게서 귀신을 좇아냄으로, 그들이 그 여인을 이용하여 더 이상 돈을 벌 수 없게 되었기 때문입니다. 그러나 그들은, 이 유대인들이 로마인들인 우리가 받아들일 수 없는 해로운 풍속을 전한다는 거짓 모함으로 바울을 고발했습니다(행 16:20-21). 그들에게 선동당한 빌립보의 시민들도 합세하여, 소리를 지르며 집정관들에게 바울을 고발하였습니다. 이에 집정관들은 그 어떤 재판 절차도 거치지 않고, 바울과 실라에게 태형을 가하게 한 다음, 그 두 사람을 빌립보 감옥의 지하 감방에 투옥시켜 버렸습니다. 바울은 억울하게 태형과 투옥을 당하면서도, 그때까지도 자신이 로마 시민임을 기억하지 못했습니다. 그날 밤에 주님의 신비로운 섭리로, 그 감옥의 간수와 가족들이 바울로부터 복음을 영접하는 구원의 역사가 일어난 것을 기뻐하였을 따름입니다.

이튿날 아침이 되자, 그 전날 바울과 실라에게 태형과 투옥을 명령했던 빌립보의 집정관들이 아전을 감옥 간수에게 보내어, 그 두 사람을 석방시켜 주라고 했습니다. 바로 그 순간에, 자신과 실라가 로마 시민이라는 생각이 비로소 바울의 뇌리를 스쳤습니다. 주님의 부르심을 받은 이후에 자신이 로마 시민임을 아예 잊고 살아온 바울이, 자신의 로마 시민 됨을 처음으로 기억해 낸 것이었습니다. 바울은 자신의 석방을 통보한 간수에게 이렇게 말했습니다.

> 바울이 이르되, 로마 사람인 우리를 죄도 정하지 아니하고 공중 앞에서 때리고 옥에 가두었다가, 이제는 가만히 내보내고자 하느냐? 아니라, 그들이 친히 와서 우리를 데리고 나가야 하리라 한대(행 16:37).

바울의 이 말을 전해 듣고 화들짝 놀란 빌립보의 집정관들은 빌립보 감옥의 지하 감방으로 바울과 실라를 황급히 찾아갔습니다. 그들은 예의를 갖추어 바울과 실라에게 감방에서 나가기를 요청하고, 직접 감옥 밖까지 바울과 실라를 배웅하면서, 자신들의 잘못을 문제 삼지 말고 조용히 다음 행선지로 떠나 주기를 간청했습니다. 바울과 실라에게, 두 손이 닳도록 자신들의 잘못을 싹싹 빈 것이었습니다. 재판도 없이 로마 시민인 바울과 실라에게 태형을 가하고 투옥시킨 집정관들의 잘못을 바울과 실라가 문제 삼을 경우, 그들의 목이 달아날 판이었기 때문입니다.

사도행전 16장을 살펴볼 때 말씀드렸던 것처럼, 이때의 경험은 바울에게 대단히 중요한 깨달음을 안겨 주었습니다. 바울이 배설물처럼 버렸던 것들이, 주님을 삶의 목적으로 모시고 주님의 증인으로 살아갈 때, 그것들이 도리어 소중한 생명의 도구로 승화된다는 깨달음이었습니다. 주님의 부르심을 받은 바울이 세상의 자랑거리들을 배설물로 여겼다는 것은, 그것들을 더 이상 삶의 목적으로 삼지 않았다는 말입니다. 2천 년 전, 지중해 세계를 석권한 로마제국의 시민으로 살아가는 것은 더없이 큰 특권이었습니다. 로마제국 내에서 시민과 비시민 사이에는 하늘과 땅만큼의 차이가 있었습니다. 만약 바울이 그 로마제국에서 로마 시민으로 살아가는 것을 목적으로 삼았다면, 그의 학력과 경력 그리고 능력과 자질에 비추어 상당한 출세와 부를 이루었을 것입니다. 하지만 그 경우에 바울은 우리와는 아무 상관없는 인물이 되었을 것이요, 그의 인생은 이미 2천 년 전에 한줌의 흙으로 허망하게 끝나고 말았을 것입니다.

하지만 바울은 로마제국 내에 사는 사람들이라면 모두가 부러워하는 로마 시민이면서도, 오히려 로마 시민권을 배설물처럼 여기며, 오직 길이요 진리요 생명이신 주님만을 삶의 목적으로 모신 주님의 증인으로 살아왔습니다. 그때 그가 배설물처럼 여겼던 로마 시민권이, 오늘의 본문 속에서 가장 결정적인 순간에 바울의 생명을 지켜 주는 보호막이 되었습니다. 그리고 앞으로 살펴보겠습니다만 바울이 로마 시민의 권리를 내세워 로마 황제에게 상소함으로써, 로마제국의 보호 속에서 제국의 심장—로마에 입성할 수 있었습니다. 그 모든 것이, 결코 짧지 않은 손을 지니신 하나님의 신비로운 섭리 속에서 이루어진 일임은 두말할 나위가 없습니다.

이처럼 바울이 삶의 목적으로 삼았다면 그의 생명을 무의미하게 고갈시켰을 로마 시민권이, 주님의 증인으로 살기 위해 배설물처럼 여겼을 때, 오히려 그 로마 시민권이 바울과 그를 통해 복음을 영접할 수많은 사람들을 살리는 생명의 도구로 승화되었다는 것이, 바로 오늘의 본문이 우리에게 주는 메시지입니다.

얼마 전에 이해인 수녀님과 문자를 주고받던 중에, 수녀님이 재미있는 글을 전송해 주었습니다. 그 내용이 다음과 같습니다.

> 하루만 술을 마시지 않아도 목구멍에 가시가 돋는다고 생각하는 술꾼이
> 있었다. 어느 날 그가 존경하는 은사로부터 책 한 권을 선물 받았다. 그는
> 밤을 새워 그 책을 읽었다. 그 책에는 술이 인체에 얼마나 해로운 극약인
> 지가 상세히 기술되어 있었다. 술꾼은 깊은 충격을 받았다. 그리고 그는
> 깊이 결심을 했다. 앞으로는… 절대로, 책을 읽지 않겠노라고.

이 술꾼에게는 술이, 오늘 본문이 언급하고 있는 로마 시민권이었습니다.
은사가 보내 준 책의 내용에 충격을 받은 술꾼이 술을 백해무익한 배설물
로 여기기 시작했더라면, 그동안 술독에 빠져 살았던 자기 삶의 경험이 자
신을 살림은 물론이요, 다른 술꾼들도 술독에서 건져 내는 생명의 동력으
로 승화되었을 것입니다. 하지만 자신의 로마 시민권인 술을 계속하여 삶
의 목적으로 고수하기 위해 오히려 절독絶讀을 선언한 이 술꾼은 결국, 미
련하게도 백해무익한 술과 단 한 번뿐인 자신의 생명을 맞바꾸고 말았을 것
입니다. 그러나 이 미련한 술꾼이 실은, 하나님 앞에서 고작 배설물에 불과
한 이 세상의 로마 시민권을 삶의 목적으로 움켜쥐고 있는 우리 자신의 모
습인 것은 아닙니까?

우리 각자가 지금 삶의 목적으로 삼고 있는 로마 시민권은 구체적으로 무
엇입니까? 돈일 수도 있고, 권력일 수도 있고, 명예일 수도 있습니다. 그러
나 우리의 죽음 이후를 결코 책임져 주지 못할 그런 것들을 삶의 목적으로
삼는 한, 그런 것들을 더 많이 소유하고 장악할수록, 오히려 그것들이 우리
생명의 고갈과 소진을 더 빨리 재촉할 것이요, 타인의 생명까지 해치게 됨
을 잊어서는 안 됩니다. 생명 없는 이 세상의 비인격적인 것들을 삶의 목적

으로 삼는 것은, 자기 자신을 생명 없는 비인격적인 존재로 전락시키는, 가장 미련한 행위이기 때문입니다.

영원한 길이요 진리요 생명이신 주님 앞에서는 이 세상의 돈도, 권력도, 명예도, 한낱 배설물에 지나지 않습니다. 하지만 주님을 삶의 목적으로 모신 주님의 증인들에게는 그 배설물이, 오늘의 본문 속에서 바울의 로마 시민권처럼, 주님에 의해 자신과 타인을 동시에 살리는 생명의 보호막이 될 수 있습니다. 영원한 생명이신 주님을 삶의 목적으로 모신 사람을 통해서는, 이 세상의 생명 없는 비인격적인 것들마저도 주님의 생명 안에서 인격적인 생명의 도구로 승화되기 때문입니다.

그리스도인에게 삶의 목적은 우리에게 영원한 생명을 주신 삼위일체 하나님이시요, 이 세상의 모든 것들은 하나님을 위해 살아가기 위한 수단에 지나지 않습니다. 이런 의미에서 그리스도인의 참된 믿음은, 언제 어디에서나 목적과 수단을 바르게 분별하는 것이라 할 수 있습니다. 수단이 목적으로 둔갑하면, 그것이 무엇이든 목적이 된 수단은 사람을 해치는 흉기가 되고 맙니다. 그러므로 그리스도인의 영성은 자신이 목적으로 삼았던 세상의 것들을 배설물처럼 버리는 것으로부터 시작됩니다. 그리고 삼위일체 하나님을 삶의 목적으로 모신 증인으로 살아가기 위해 자신이 배설물처럼 버린 것들이, 도리어 짧지 않은 하나님의 손 안에서 모두를 살리는 생명의 도구로 승화되는 것을 확인하면서, 그리스도인의 영성은 본문의 바울처럼 날이 갈수록 더욱 깊이 심화됩니다.

수단이어야 할 로마 시민권을 삶의 목적으로 삼느라, 주님의 십자가 보혈로 구원받은 그리스도인이면서도 나는 천국 시민으로 살지 못하고, 패역

한 로마 황제의 신민으로만 살아왔습니다. 수단이어야 할 로마 시민권을 삶의 목적으로 삼았기에, 나는 사람을 살리는 주님의 증인이 아니라, 뭇사람을 해치는 흉기로 살아왔습니다. 이와 같은 나의 미련함을, 오늘 본문의 바울을 통해 깨우쳐 주셔서 감사합니다.

언제 어디에서나 목적과 수단을 바르게 분별하는, 참된 그리스도인으로 살아가게 해주십시오. 바울처럼, 그동안 자랑거리로 여겨 왔던 세상의 로마 시민권이, 주님 앞에서는 한낱 배설물에 지나지 않음을 잊지 말게 해주십시오. 오직 길이요 진리요 생명이신 주님만을 삶의 목적으로 모신 주님의 증인으로 살아감으로, 배설물과 같은 나의 것들이 오히려 사람을 살리는 생명의 도구로 승화되게 해주십시오. 우리 모두 영성 깊은 그리스도인으로 살아가게 해주시고, 우리의 영성이 세상을 새롭게 하는 생명의 동력이 되게 해주십시오. 아멘.

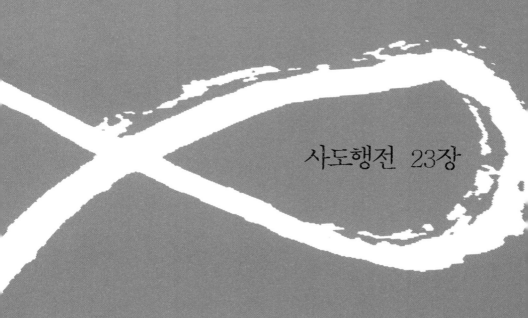

사도행전 23장

감방 속에서 바울이 맞은 그 밤은

환희와 감격이 넘치는

축제의 밤이었습니다.

18. 대제사장인 줄 알지 못하였노라

사도행전 22장 30-23장 5절
이튿날 천부장은 유대인들이 무슨 일로 그를 고발하는지 진상을 알고자 하여
그 결박을 풀고 명하여 제사장들과 온 공회를 모으고 바울을 데리고 내려가서
그들 앞에 세우니라 바울이 공회를 주목하여 이르되 여러분 형제들아 오늘까지
나는 범사에 양심을 따라 하나님을 섬겼노라 하거늘 대제사장 아나니아가 바울
곁에 서 있는 사람들에게 그 입을 치라 명하니 바울이 이르되 회칠한 담이여 하
나님이 너를 치시리로다 네가 나를 율법대로 심판한다고 앉아서 율법을 어기고
나를 치라 하느냐 하니 곁에 선 사람들이 말하되 하나님의 대제사장을 네가 욕
하느냐 바울이 이르되 형제들아 나는 그가 **대제사장인 줄 알지 못하였노라** 기
록하였으되 너의 백성의 관리를 비방하지 말라 하였느니라 하더라

바울이 태어날 때부터 로마 시민이었음을 확인한 천부장은 두려움에 사
로잡혔습니다. 로마 시민을 재판도 없이 두 쇠사슬로 결박하여 연행하고 채
찍질을 명령했다는 것만으로도, 바울이 고발한다면, 자신이 처벌 대상이
될 것이기 때문이었습니다. 그렇다고 바울을 그냥 귀가시킬 수도 없었습니

다. 바울로 인해 소요 사태가 발생했던 만큼, 예루살렘의 치안 책임자인 천부장은 반드시 그 진상을 규명할 필요가 있었습니다. 하지만 무턱대고 바울을 심문할 수도 없었습니다. 로마 시민은 정식으로 고소인이 있어야 비로소 심문할 수 있었습니다.

> 이튿날 천부장은 유대인들이 무슨 일로 그를 고발하는지 진상을 알고자 하여, 그 결박을 풀고 명하여 제사장들과 온 공회를 모으고, 바울을 데리고 내려가서 그들 앞에 세우니라(행 22:30).

날이 새자 천부장은 예루살렘의 유대인들이 왜 그토록 소요를 일으키며 바울을 죽이려 했는지, 그 진상을 밝히기 위해 산헤드린 공회를 소집하였습니다. 71명의 의원으로 구성된 산헤드린 공회는 유대인 최고 의결기구로, 의장은 대제사장이었습니다. 로마 당국은 산헤드린 공회에 유대인의 소송 사건을 심리하고 사형 판결을 내릴 수 있는 권한을 부여했지만, 사형 판결은 로마 당국의 승인이 있을 때에만 유효하였습니다. 본문에서 천부장이 바울의 결박을 풀어 주었다는 것은 그제야 바울의 몸에서 두 쇠사슬을 풀어 주었다는 말이 아니라, 아직 범죄 사실이 입증되지 않은 로마 시민 바울을 자유인의 신분으로 산헤드린 공회에 세웠다는 말입니다. 그 전날, 바울이 로마 시민임이 밝혀짐과 동시에 천부장은 바울을 결박했던 두 쇠사슬을 즉각 풀어 주었을 것입니다.

> 바울이 공회를 주목하여 이르되, 여러분 형제들아, 오늘까지 나는 범사에 양심을 따라 하나님을 섬겼노라 하거늘(행 23:1).

산헤드린 공회 앞에 선 바울은 의원 한 사람 한 사람을 주목하여 보았습니다. 그들은 유대인 사회에서 가장 출세한 사람들이었지만, 자신들이 빚어낸 하나님의 우상을 숭배하는, 하나님 앞에서는 가장 미련하고 가련한 인간들이었습니다. 우리는 본문을 통해 그 미련하고 가련한 의원들의 면면을 주목하는, 연민에 찬 바울의 눈빛과 마주칠 수 있습니다. 바울은 그들의 비위를 맞추기 위해 비굴하게, '존경하는 산헤드린 공회 의원님 여러분'이라고 입에 발린 소리를 하지 않았습니다. 바울은 71명의 의원들을 그냥 "여러분 형제들아"라고 불렀습니다. 미련하고 가련한 그들 또한 하나님 앞에서 바로 세워 주어야 할 형제들이었기 때문입니다.

그 형제들에게 던진 바울의 첫 마디는 "오늘까지 나는 범사에 양심을 따라 하나님을 섬겼노라"는 것이었습니다. 유대인들은 바울이 하나님의 율법과 성전을 모독했다며 그를 죽이려 했지만, 바울은 모든 면에 걸쳐 믿음의 양심을 따라 하나님을 섬겼다고 증언하였습니다. 이때 바울은 당시의 평균수명으로 이미 인생말년이었다고 했습니다. 그가 평생 가난과 박해와 벗하며 살아온 것도, 죽음을 각오하고 예루살렘을 찾은 것도 모두, 믿음의 양심을 좇아 하나님의 부르심에 순종하기 위함이었습니다. 우리도 언젠가 인생의 마지막 문턱에 섰을 때, 하나님과 세상 사람들을 향해, '나는 지금까지 모든 면에 걸쳐 믿음의 양심을 따라 하나님을 섬겼다'고 스스럼없이 고백할 수 있어야 하지 않겠습니까? 그러기 위해서는 지금부터 당장, 그렇게 살아야 합니다. 인생말년은 어느 날 하늘에서 뚝 떨어지는 것이 아니라, 우리가 매일 맞고 있는 오늘들의 결과이기 때문입니다.

하지만 산헤드린 공회 의장인 대제사장은 바울의 말을 곧이곧대로 받아들이지 않았습니다.

> 대제사장 아나니아가 바울 곁에 서 있는 사람들에게 그 입을 치라 명하니
> (2절).

당시의 대제사장은 아나니아였습니다. 주후 48년부터 59년까지 대제사장으로 재임한 아나니아는 역사가 요세푸스에 의하면, 탐욕스럽고 포악하여 십일조를 횡령할 뿐 아니라 폭력과 암살도 불사하던 잔인한 인간이었습니다. 한마디로 하나님을 이용하여 자기 뱃속만 채우는, 부도덕한 종교 장사꾼이었습니다. 그가 바울 곁에 서 있는 사람들에게 바울의 입을 치라고 명령했습니다. 유대인에게 입을 치는 것은, 인격에 대한 최악의 모독이었습니다. 대제사장 아나니아가 바울의 입을 치게 함으로써, 신앙 양심을 따라 하나님을 섬겨 왔다는 바울의 인격을 짓밟아 버린 것이었습니다. 저런 인간의 말은 더 이상 들어 볼 가치도 없다는 뜻이었습니다.

> 바울이 이르되, 회칠한 담이여 하나님이 너를 치시리로다. 네가 나를 율법대로 심판한다고 앉아서, 율법을 어기고 나를 치라 하느냐 하니(3절).

바울은 아나니아를 "회칠한 담"이라고 불렀습니다. 예수님께서 위선적인 서기관들과 바리새인들을 가리켜 "회칠한 무덤"이라고 말씀하셨습니다(마 23:27). 유대인들은 우기가 끝나면, 길가에 버려진 가난한 사람들의 무덤에 하얗게 횟가루를 뿌렸습니다. 무덤을 치장하기 위함이 아니라, 무덤을 부정하게 여긴 유대인들이 용이하게 부정한 무덤을 피해 가기 위함이었습니다. 무덤에 하얀 횟가루를 뿌리면 겉은 언뜻 깨끗해 보여도 그 속은 변함없이 더러운 무덤인 것처럼, 예수님께서 겉과 속이 다른 서기관들과 바리새인들의 위선을 그렇게 질타하신 것이었습니다.

바울이 자신의 입을 치게 한 아나니아를 '회칠한 담'이라고 부른 것도 같은 이유였습니다. 율법은 두세 증인들의 증언이 있을 때에만 사람의 범죄를 확정할 수 있다고 규정하고 있기에(신 19:15), 그 이전까지는 누구든 무죄로 인정되었습니다. 하지만 율법을 따른다는 산헤드린 공회에서 아나니아는 도리어 율법을 어기고, 처음부터 바울의 입을 치게 하여 바울을 죄인처럼 다루었습니다. 그래서 바울은 하얗게 회칠한 담이 순결해 보이지만, 그 담 너머에서는 온갖 추잡한 일들이 벌어지는 것에 빗대어 아나니아의 이중성을 '회칠한 담'으로 표현하면서, 자신은 가만히 있어도 하나님께서 당신을 치실 것이라고 경고했습니다.

> 곁에 선 사람들이 말하되, 하나님의 대제사장을 네가 욕하느냐? 바울
> 이 이르되, 형제들아 나는 그가 대제사장인 줄 알지 못하였노라. 기록하
> 였으되, 너의 백성의 관리를 비방하지 말라 하였느니라 하더라(4-5절).

본래 대제사장이 공식석상에 입는 의복은 따로 있어서, 의복만으로도 대제사장을 알아 볼 수 있었습니다. 하지만 바울이 곁엣 사람들이 일러주기 전까지 아나니아가 대제사장인 줄 알아보지 못했다는 것은, 그날의 산헤드린 공회가 천부장에 의해 갑자기 소집된 임시 회의였기에 대제사장이 평복을 입고 참석한 것으로 이해할 수 있습니다. 그뿐 아니라 바울은 주님의 부르심을 받은 이후 20여 년 이상 유대교와 단절된 삶을 살았으므로, 신임 대제사장의 얼굴을 알 수도 없었습니다.

아나니아에 대한 바울의 말을 들은 곁엣 사람들이 바울에게 "하나님의 대제사장을 네가 욕하느냐"고 반문했습니다. 그러나 그것은 대제사장을 하나님처럼 떠받드는 그들의 표현이었을 뿐, 바울이 대제사장 아나니아를 욕한

것은 아니었습니다. 바울의 말은 아나니아의 불법 행위에 대한 바울의 정확한 지적이요, 정당한 비판이요, 사도다운 경고였습니다. 바울은 "나는 그가 대제사장인 줄 알지 못하였노라"고 밝히면서, "너는 재판장을 모독하지 말며 백성의 지도자를 저주하지 말지니라"는 출애굽기 22장 28절 말씀을 인용하였습니다. 바울의 이 언급을, 대제사장 아나니아에 대한 바울의 사과로 해석하는 학자들도 있습니다. 또 적지 않은 목사들은 바울의 이 언급을 확대해석하여, 교인은 목사를 비판하거나 비난해서는 안 된다고 공공연하게 설교하기도 합니다. 그러나 본문을 기록한 누가는 시인이나 수사학자가 아니었습니다. 누가는 사실을, 사실 그대로 보고 전하는 의사였습니다. 바울이 이때 대제사장에게 정말 사과한 것이라면, 의사 누가는 그 누구도 오해할 수 없게끔 '사과'라는 단어를 정확하게 기술하였을 것입니다.

누가는 단지 바울이, '나는 그가 대제사장인 줄 알지 못하였노라'고 말한 것으로 기록하였습니다. 율법을 따르는 산헤드린 공회에서 율법을 거스르고, 도리어 폭력을 명령한 사람이 대제사장일 줄은 전혀 몰랐다는 말이었습니다. 다시 말해 대제사장이라면 공회 석상에서 그런 식으로, 부당하게 폭력을 명령할 수는 없다는 의미였습니다. 또 바울은 '너는 재판장을 모독하지 말며 백성의 지도자를 저주하지 말지니라'는 율법을 인용하였습니다. 그것도 바울이 대제사장에게 무조건 복종하겠다는 말이 아니었습니다. 율법에 따라 자신이 대제사장을 비방하지 않듯이, 대제사장도 율법에 따라 자신을 죄인처럼 다루지 말라는 뜻이었습니다. 유대인 최고 의결기구인 산헤드린 공회 의원 71명이 바울 한 사람을 재판하기 위해 일제히 바울을 주시하고 있었지만, 바울은 조금도 주눅 들지 않고 해야 할 말을 그렇게 당당하고도 명료하게 피력하였습니다.

중요한 사실은 바울이 해야 할 말을 다 하고, 항의할 것을 다 항의하고,

비판할 것을 다 비판하며, 경고할 것을 다 경고하면서도, 자신의 입을 치게 하여 자신의 인격을 공개적으로 모독한 대제사장 아나니아에 대해 그리스도인의 예의를 잃지 않았다는 것입니다. 대제사장 아나니아는 바울을 사람도 아닌 짐승처럼 취급했지만, 바울은 그 비인격적인 아나니아를 자신과 똑같은 사람으로 존중하여 대해 주었다는 말입니다. 바울이 이때만 그랬던 것은 아닙니다. 바울은 지중해 세계를 세 번이나 누비고 다니면서 사람들로 인한 온갖 고초를 겪었지만, 그는 참수형을 당해 죽을 때까지 사람들을 피하여 다니지 않았습니다. 이 세상 모든 사람이 자신과 동일하게 하나님으로부터 지음 받은 사람이요, 자신이 사랑해야 할 형제자매였습니다. 그래서 바울은 사람을 가리지 않고 꾸짖을 사람은 꾸짖고, 항의할 사람에게는 항의하고, 비판할 사람은 비판하면서도, 그 모든 사람을 존중하여, 모든 사람에게 사람이 들어야 할 복음을 전하였습니다.

바울의 말에 감화력과 생명력이 있었던 까닭이 여기에 있습니다. 우리는 오늘 본문을 토대로, 그리스도인은 어떤 경우에도 사람을 자신과 똑같은 사람으로 존중하는 사람이라 정의할 수 있습니다. 그런 사람이 만민을 살리러 이 땅에 오신 주님의 바른 통로가 될 수 있습니다. 만약 다른 사람도 나와 똑같은 사람으로 존중하는 마음이 우리에게 없다면, 우리는 지금 우리도 모르게, 율법을 따른다면서도 율법과는 무관하게 바울의 입을 치라고 폭력을 명령한 본문 속 대제사장처럼 살고 있을 것입니다.

제가 2012년에 월드비전과 함께 아프리카 르완다를 다녀온 뒤, 르완다의 수도 키갈리 인근의 '나라마 학살기념관'에 대해 말씀드린 적이 있었습니다. 그곳은 본래 가톨릭교회였습니다. 1994년 르완다에서 인종 분규가 일어나 다수 부족인 후투족이 단 세 달 동안, 소수 부족인 투치족을 최소 80만 명에서 최대 100만 명을 죽이는 대학살극이 일어났습니다. 그때 그 교회 경내로 피신한 5천 명의 투치족 역시 후투족 성직자들의 방조 속에, 교회 경내에서 모두 몰살당하고 말았습니다. 오늘날 학살기념관으로 바뀐, 옛 예배당 건물 안에는 당시 학살당한 사람들의 두개골들과 옷들이 전시되어 있습니다. 그것들은 하나같이, 교회 경내에서 성직자의 방조 속에 자행된 대학살극이 얼마나 참혹했었는지를 웅변하고 있습니다. 그 기념관 정면에는 옛날 가톨릭교회 시절에 사용하던 강대상이 있고, 그 강대상에는 르완다어로 이런 글귀가 쓰여 있습니다.

> 네가 너를 알고, 네가 나를 알면, 너는 나를 죽일 수 없다

대학살의 광풍과 광란으로부터 르완다 사람들이 얻은 위대한 통찰력이었습니다. '네가 네 자신이 사람임을 알고, 네가 나도 너와 같은 사람인 줄 알면, 사람인 너는 사람인 나를 죽일 수 없다'는 말입니다. 그렇지 않습니까? 사람이 사람을 사람으로 안다면, 어떻게 사람이 자신과 똑같은 사람을 죽일 수 있겠습니까?

다수 부족인 후투족이 소수 부족 투치족도 자신들과 똑같은 사람들임을 알았다면, 불과 세 달 만에 어떻게 최소 80만 명에서 최대 100만 명의 투치족을 쳐 죽일 수 있었겠습니까? 나라마 가톨릭교회의 성직자들이 투치족도 자신들과 동일한 사람들임을 알았다면, 교회 경내로 피신한 5천 명의 투치족이 맞아죽도록 어떻게 방조할 수 있었겠습니까? 대제사장 아나니아가 바울도 자신과 똑같은 사람인 줄 알았다면, 어떻게 율법을 따르는 산헤드린 공회에서 대제사장이 도리어 율법을 어기고 바울에게 폭력을 행사하게 할 수 있었겠습니까? 외딴 섬마을 여교사가 자신들과 똑같은 사람인 줄 안다

면, 어떻게 주민들이 자기 자식을 가르치는 여교사에게 술을 먹이고 돌아가며 성폭행할 수 있겠습니까? 부모가 어린 자식도 자신과 똑같은 사람인 줄 안다면, 어떻게 젊은 부모가 게임에 몰두하느라 어린 자식을 굶겨 죽일 수 있겠습니까? 운전자가 다른 운전자도 자신과 똑같은 사람인 줄 안다면, 어떻게 자기 차를 추월했다고 죽일 듯이 보복운전을 하고, 양보해 주지 않는다며 상대의 차를 세우고 도로 위에서 운전자를 때려 기절시킬 수 있겠습니까? 형제가 형제를 자신과 똑같은 사람인 줄 안다면, 어떻게 친형제끼리 살아 있는 부모의 재산을 놓고 공개적으로 철천지원수처럼 다툴 수 있겠습니까? 정치인이 자신과 이념이나 신념이 다른 정치인도 자신과 똑같은 사람인 줄 안다면, 어떻게 국민을 대표하는 정치인이 듣기에도 민망한 막말을 함부로 내뱉을 수 있겠습니까? 제조업자가 소비자도 자신과 똑같은 사람인 줄 안다면, 어떻게 치명적인 가습기 살균제를 제조 판매하여 수많은 사람을 죽일 수 있겠습니까? 오늘 우리 사회의 모든 문제는 따지고 보면, 모두 사람 존중의 실종에 기인하고 있습니다.

그리스도인들은 주님께 진 사랑의 빚을 사람들에게 갚는 사람들입니다. 그러므로 사람에 대한 연민과 사람 존중이 수반되지 않고는 그리스도인의 바른 삶은 불가능합니다. 그리스도인인 우리는 세상의 불의와 맞서고, 세상의 모순을 바로잡으며, 이 세상을 바로 세워 가야 할 거룩한 사명을 지니고 있습니다. 그 사명을 완수하기 위해 우리는 지적할 것은 지적하고, 비판할 것을 비판하며, 전해야 할 것을 전해야 합니다. 그러나 우리가 어떤 말을 하든, 우리는 바울처럼 사람에 대한 연민과 인간 존중을 잃지 말아야 합니다. 그래야 때로 사람으로부터 오해받거나 모함당하는 일이 있어도, 우리의 말이 사람을 살리는 감화력과 생명력을 지닐 수 있습니다. 사람에 대한 연민으로 사람을 존중할 줄 아는 사람을 통해 만민을 살리시려는 주님께서 역사하시기 때문임은 두말할 나위가 없습니다.

　얼마 전에 모 교단의 신대원 졸업 예정자인 신학도가 제게 글을 보내 왔습니다. 그중 일부를 당사자의 동의를 얻어 읽어 드리겠습니다.

　제가 졸업을 앞두고 목사님께 이 글을 보내게 된 계기는 '순전한 마음'과 '교회다움의 회복' 때문입니다. 믿음 1세대로 부모님의 핍박 속에서 신대원에 입학했던 제 마음은 너무 순수했나 봅니다. 신대원 생활과 교회 사역의 경험을 통해 저에게는 많은 답답함과 갈등이 생겨 버렸습니다. 불의에 대항하기보다는 은혜라는 논리로 덮어 버리며 믿음의 세대 속에서만 살아온 신학생들은 사회와 세상을 너무 모르고, 교회 안에서의 예배와 문화가 전부인 줄 압니다. 물론 예배가 중요하나, 세상 속에서의 성도들의 삶을 너무 모르는 것 같아 화가 납니다. '목회'와 '헌신', '희생'보다는, 교회 안에서조차 인맥, 라인, 빽, 정치, 불화, 이익 싸움, 불투명, 장학금 중복수혜 등과 같이, 제가 생각했던 것과는 너무 다른 교회 안에서의 불의가 저를 힘들게 하고 있습니다. 문제의식을 지닌 동역자들이 있기는 하나 태반의 신학생들은 자기 사역에 집중하고, 영혼에 집중하자는 빛 좋은 개살구 같은 말로 포장하면서, 현실에 대해서는 무관심하고 있습니다. 그리고 어쩔 수 없다는 동기생들과 선후배들이 너무 많습니다. 저는 하나님께서 일하시면 하나님의 때에 분명히 교회와 사람은 변한다는 희망을 갖고자 합니다. 침묵하는 그리스도인이 되고 싶지는 않습니다. 제가 아직 '30'이라는 젊은 나이에 세상을, 교회를 너무 몰라서 '지나친 분노'를 가지게 된 것은 아닌지, 저의 마음 상태도 잘 모르겠습니다. 유학을 생각하고 있었지만, 지금은 더 늦기 전에 언론대학원에 진학하여 교회의 불의에 대하여 고발하는 기자가 되어, 한국 교회의 각성을 어떻게 촉

구할 수 있을지에 대해 고민하고 있습니다.

참으로 자랑스럽고 용기 있는 청년입니다. 썩은 것을 썩은 것으로 제대로 인식하고, 그 썩은 것을 바로잡기 위해 신대원을 졸업하고서도 목사가 되기보다는, 교회의 불의를 고발하는 기자가 되겠다는 것은 얼마나 가상한 용기입니까? 저는 청년에게 이렇게 말해 주었습니다. '나는 청년이 꼭 교회의 불의를 고발하는 기자가 되었으면 좋겠다. 그러나 고발의 바탕이, 불의를 저지르는 사람에 대한 증오심이어서는 안 된다. 증오심으로 고발하는 사람들은 지금도 얼마나 많은가? 그러나 증오심을 바탕 삼은 고발은 사람을 변화시키지도 못하고, 도리어 사회를 분열시키고 있지 않는가? 증오심에 사로잡힌 사람은 자신의 증오심에 의해 자신이 파괴되기 때문이다. 그리스도인의 고발은, 불의를 저지른 사람에 대한 연민과 인간 존중이 바탕이 되어야 한다. 같은 고발의 글이라도 궁극적으로 상대를 무너뜨리기 위함이 아니라, 상대를 바로 세워 주기 위한 글이 사람을 감동시키고 사회를 통합시킨다.' 저는 그 청년이 정말 그런 기독 언론인이 되었으면 좋겠습니다.

태초에 하나님께서 사람을 창조하셨습니다. 그래서 내가 사람이듯이, 나이외의 모든 사람도 나와 똑같은 하나님의 피조물—사람입니다. 이것을 알 때에만 우리의 말과 글은 사람을 살리는 생명력과 감화력을 지닐 수 있고, 우리의 삶은 결코 짧지 않은 하나님의 손 안에서, 찢어질 대로 찢어진 우리 사회를 통합하는 그분의 손과 발로 쓰임 받을 수 있습니다.

하나님께서 나를 사람으로 빚어 주셨건만, 나는 짐승처럼 살았습니다. 그러나 하나님께서는 나를 짐승이 아니라 여전히 사람으로 보아 주셔서,

당신의 독생자로 하여금 십자가에서 나의 죗값을 대신 치르게 해주셨습니다. 내가 온갖 죄악과 불의의 노예로 이 세상에 백해무익한 존재로 살고 있을 때, 누군가가 나에게 연민을 느끼고 사람이 들어야 할 복음을 내게 전해 주었기에, 오늘 내가 구원받은 주님의 사람으로 이 자리에 앉아 있습니다. 이 모든 섭리를 주관해 주신 삼위일체 하나님을 찬양합니다. 그리스도인은 어떤 경우에도 사람을, 자신과 똑같은 사람으로 존중하는 사람임을 잊지 말게 해주십시오. 세상의 불의와 맞서고 고발하더라도 그 바탕이 증오심이 아니라, 불의한 사람들에 대한 연민과 인간 존중이게 해주십시오. 그리하여 우리의 말과 글에 주님의 생명력과 감화력이 배어나게 하시고, 우리의 삶이 결코 짧지 않은 하나님의 손 안에서, 분열된 이 사회를 통합하는 하나님의 손과 발이 되게 해주십시오. 아멘.

19. 빼앗아 가지고

사도행전 23장 6-10절

바울이 그중 일부는 사두개인이요 다른 일부는 바리새인인 줄 알고 공회에서 외쳐 이르되 여러분 형제들아 나는 바리새인이요 또 바리새인의 아들이라 죽은 자의 소망 곧 부활로 말미암아 내가 심문을 받노라 그 말을 한즉 바리새인과 사두개인 사이에 다툼이 생겨 무리가 나누어지니 이는 사두개인은 부활도 없고 천사도 없고 영도 없다 하고 바리새인은 다 있다 함이라 크게 떠들새 바리새인 편에서 몇 서기관이 일어나 다투어 이르되 우리가 이 사람을 보니 악한 것이 없도다 혹 영이나 혹 천사가 그에게 말하였으면 어찌 하겠느냐 하여 큰 분쟁이 생기니 천부장은 바울이 그들에게 찢겨질까 하여 군인을 명하여 내려가 무리 가운데서 **빼앗아 가지고** 영내로 들어가라 하니라

바울은 지금 천부장이 소집한 산헤드린 공회에 서 있습니다. 유대 사회에서는 가장 출세했지만, 실제로는 자신들이 빚어낸 하나님의 우상을 숭배하고 있는 가련한 산헤드린 의원 71명 한 사람 한 사람을, 바울은 연민에 찬 눈으로 주목하였습니다. 예루살렘의 유대인들은 바울이 하나님의 율법

과 성전을 모독했다며 바울을 죽이려 대소동을 일으켰습니다. 그러나 바울은, 지금까지 자신은 모든 면에 걸쳐 신앙 양심을 따라 하나님을 섬겨 왔다고 말문을 열었습니다. 바울의 그 말이 끝나기가 무섭게, 대제사장 아나니아가 바울 곁에 있는 사람들에게 바울의 입을 치게 했습니다. 유대인들에게 입을 치는 것은 인격에 대한 최악의 모독이었습니다. 대제사장 아나니아는 신앙 양심을 따라 하나님을 섬겨 왔다는 바울의 입을 쳐 공개적으로 그의 인격을 짓밟아 버림으로써, 저런 인간의 말은 더 이상 들어볼 가치도 없다고 선언한 셈이었습니다.

율법은 두세 증인들의 증언이 있을 때에만 사람의 범죄를 확정할 수 있게 했습니다. 그 과정 없이는 누구든 무죄로 인정되었습니다. 하지만 율법을 따른다는 산헤드린 공회에서 대제사장 아나니아는 도리어 율법을 어기고 처음부터 바울의 입을 치게 하여, 바울을 죄인보다도 못한 짐승처럼 다루었습니다. 율법의 수호자를 자처한 대제사장 아나니아의 이중성은, 겉으로는 순결해 보이지만 그 너머에서는 온갖 추잡한 일들이 벌어지는 '회칠한 담'과도 같았습니다. 바울은 자신의 입을 치게 한 아나니아를 '회칠한 담'이라고 부르면서, 자신은 가만히 있어도 하나님께서 그를 치실 것이라고 경고했습니다. 그것은 아나니아에 대한 욕이 아니었습니다. 율법을 따르는 산헤드린 공회에서 도리어 율법을 거스르고 자신의 입을 치게 한 아나니아에 대한 바울의 정당한 자기 변호요, 사도다운 경고였습니다.

하지만 바울의 그 말을 대제사장 아나니아에 대한 욕으로 간주한 주위 사람들이 바울에게, '하나님의 대제사장을 욕하는 것이냐'고 반문하였습니다. 그들은 아나니아를 '하나님의 대제사장'이라고 불렀습니다. 그들에게 대제사장은 하나님과 동등한 권위를 지닌, 하나님의 대리인이었습니다. 바울은 그들에게, 자신은 아나니아가 대제사장인 줄 몰랐다고 대답했습니다. 율법을 따르는 산헤드린 공회에서 율법을 거스르고, 도리어 폭력을 명령한 사람이 대제사장일 줄은 전혀 몰랐다는 말이었습니다. 다시 말해 대제사장이라면 공회 석상에서 그런 식으로, 부당하게 폭력을 행사할 수는 없다는 의미였습니다. 그리고 바울은 '너는 재판장을 모독하지 말며 백성의 지도자를 저주하지 말지니라'는 출애굽기 22장 28절의 율법을 인용하였습니다. 율법에 따라 자신이 대제사장을 비방하지 않듯이, 대제사장도 율법에 따라 자신을 죄인처럼 다루지 말라는 뜻이었습니다.

유대인 최고 의결기구인 산헤드린 공회 의원 71명이 바울 한 사람을 재판하기 위해 일제히 그를 주시하고 있었지만, 바울은 조금도 주눅 들지 않고 해야 할 말을 당당하고도 명료하게 피력하였습니다. 지난 시간에 말씀드린 것처럼 바울은 그렇게 해야 할 말을 다 하고, 항의할 것을 항의하고, 비판할 것을 비판하며, 경고할 것을 경고하면서도, 자신의 입을 치게 하여 자신의 인격을 공개적으로 짓밟은 대제사장 아나니아에 대한 연민을 잃지 않았습니다. 대제사장 아나니아는 처음부터 바울을 죄인보다도 못한 짐승처럼 다루었지만, 바울은 그 비인격적인 아나니아에 대한 인간 존중의 마음을 잃지 않았다는 말입니다. 수많은 사람들에게 박해를 당하면서도 늘 인간에 대한 연민과 인간 존중의 마음을 견지했던 그 바울이, 만민을 구하기 위해 이 땅에 오신 주님의 온전한 통로로 쓰임 받은 것은 조금도 이상한 일이 아니었습니다.

대제사장 아나니아가 바울의 입을 치게 하여 바울의 인격을 공개적으로 짓밟아 버렸을 때, 만약 바울이 흥분하여 절제력을 잃고, 바울 역시 대제사장과 산헤드린 공회 의원들에게 비인격적으로 대응했더라면 어떻게 되었겠습니까? 그러지 않아도 배교자로 낙인 찍은 바울을 죽이지 못해 안달하는 유대인들을 대표하는 산헤드린 공회에서, 바울은 영락없이 만장일치로, 율법과 성전 모독죄로 극형을 선고받았을 것입니다. 그리고 그 경우에 천부장은 로마 당국이 유대인들의 종교법을 인정해 주고 있는 이상, 바울이 아무리 로마 시민이라고 해도, 공회 석상에서 비인격적인 언행으로 극형을 선고받은 그를 더 이상 보호해 줄 명분을 찾지 못했을 것입니다. 그러나 바울은 비록 공개적으로 자신의 인격이 짓밟히는 모독을 당했지만, 인간에 대한 연민과 인간 존중의 마음을 잃지 않았기에, 조금이라도 흥분하거나 자제력을 잃지 않았습니다. 그래서 바울은 대제사장이 자신을 인간으로 취급조차 해주지 않는 공회 석상에서 무엇을, 어떻게 해야 할지, 지혜롭게 분별할 수 있었습니다.

> 바울이 그중 일부는 사두개인이요, 다른 일부는 바리새인인 줄 알고 공회에서 외쳐 이르되, 여러분 형제들아, 나는 바리새인이요 또 바리새인의 아들이라. 죽은 자의 소망 곧 부활로 말미암아 내가 심문을 받노라(6절).

산헤드린 공회를 구성하고 있는 71명의 의원 대부분은 사두개인들과 바리새인들이었습니다. 입고 있는 의복만으로도 구별할 수 있었던 사두개인들과 바리새인들은, 신학적 견해와 삶의 방식에 있어서도 완전히 서로 대척점에 있었습니다.

'사두개'란 명칭은 다윗 시대의 대제사장이었던 사독의 이름에서 유래하였습니다. 주전 2세기경, 사독의 후예임을 자처하는 제사장들이 성전 관리의 기득권을 주장하면서부터 사두개파가 형성되기 시작했습니다. 그리고 바울 시대의 사두개파는 제사장들과 산헤드린 공회 의원들 등, 유대 사회에서 종교적으로나 정치적으로 기득권을 지닌 지배계층으로 이루어져 있었습니다. 그들은 모세오경의 권위만 인정하고, 다른 구약성경의 권위는 받아들이지 않았습니다. 그들은 하나님께서 인간에게 율법을 주기만 하셨을 뿐, 인간사에 직접 개입하시는 것은 아니라고 생각했습니다. 그러므로 그들에게 하나님의 섭리는 애당초 있을 수 없었습니다. 천사와 영의 존재나, 부활과 영생과 같은 내세도 믿지 않았습니다. 그들에게 중요한 것은 언제나 현실 세계뿐이었습니다. 그 결과 그들은 도덕성과 윤리성을 상실한 물질주의자들이 될 수밖에 없었습니다. 그래서 신성해야 할 성전의 제사의식마저 추악한 장사꾼의 상거래로 전락시켜 버린 사두개인들은, 서민들에게는 증오와 혐오의 대상이었습니다.

반면에 '분리된 자' 혹은 '구별된 자'를 뜻하는 바리새인들은, 주전 4세기경 유대교 개혁에 앞장섰던 하시딤의 후예답게, 누구보다도 율법에 충실하였습니다. 그들은 세속적인 것들, 비율법적인 것들, 불경건한 모든 것들로부터 자신들을 구별하여 스스로 분리된 삶을 산다는 의미에서 자신들을 바리새파로 불렀고, 그 명칭에 대한 자부심을 지니고 있었습니다. 그들은 모세오경뿐 아니라 구약성경을 모두 정경으로 받아들였고, 또 조상 대대로 전해 내려오는 전통을 존중하였습니다. 그들은 천사와 영의 존재, 그리고 부활과 영생과 같은 내세도 믿었습니다. 타락한 제사장들이 유대교를 장악한 것에 반대하면서, 엄격하게 율법을 준수하는 바리새인들은 서민들의 존경과 신망을 받고 있었습니다. 이처럼 사두개파와 바리새파의 완전히 다른 신학적 견해와 삶의 방식의 차이는, 평소에도 그 두 진영 사이에서 늘 다툼거리가 되었습니다.

바울은 그 사두개파와 바리새파가 대거 포진하고 있는 산헤드린 공회에서, "여러분 형제들아, 나는 바리새인이요 또 바리새인의 아들이라. 죽은 자의 소망 곧 부활로 말미암아 내가 심문을 받노라"고 선언했습니다. 헬라어는 동사의 어미로 주어의 성과 수를 구별할 수 있으므로, 일반적으로 주어는 생략된다고 했습니다. 그런데도 바울은 1인칭 주어를 사용하여 '나는 바리새 인'이라고 선언했습니다. 자신이 바리새인임을 강조하기 위함이었습니다. 바울은 또 자신이 '바리새인의 아들'이라고 밝혔습니다. 헬라어 원문에 의하면 바울은 '바리새인'의 복수형을 사용하여, 자신이 '바리새인들의 아들'이라고 말했습니다. 자기 당대에 바리새인이 된 것이 아니라, 조상 대대로 바리새인 이었음을 강조한 말이었습니다. 그리고 자신이 지금, '죽은 자의 소망 곧 부활로 말미암아 심문'을 받는 것이라고 증언했습니다.

그와 동시에 바리새인과 사두개인 사이에 곧장 다툼이 일어났습니다.

> 그 말을 한즉 바리새인과 사두개인 사이에 다툼이 생겨 무리가 나누어지 니, 이는 사두개인은 부활도 없고 천사도 없고 영도 없다 하고, 바리새인 은 다 있다 함이라(7-8절).

다툼의 원인은 간단했습니다. 바리새인은 천사와 영 그리고 부활과 영생을 믿는 반면에 사두개인은 그 모든 것을 부정하는, 두 진영 사이의 해묵은 신학적 견해 차이로 인함이었습니다. 그들은 본래 한마음으로 바울을, 하나님의 율법과 성전을 모독한 자로 죽이려 했습니다. 그러나 바울이 언급한 부활로 인해, 그 두 진영은 분열되고 말았습니다. 바울이 언급한 부활과, 바리새인들이 믿는 부활이 동일한 부활이었던 것도 아니었습니다. 바리새인들은 내세를 믿었기에, 사람이 영생할 수 있다는 관점에서 일반적인 의미에서의 부활을 막연하게 믿었습니다. 그러나 바울이 언급한 부활은, 바리새인들을 포함한 유대인들에 의해 신성모독죄로 십자가에 못박혀 돌아가신 나사렛 예수님의 부활이었습니다. 바리새인들을 포함한 유대인들이 바울을 죽이려 했던 이유 중의 하나도, 자신들이 신성모독죄로 못박아 죽인 나사렛 예수가 부활하였다고 바울이 증언하고 다녔기 때문입니다. 그런데도 바리새인들은 바울이 언급한 부활이 구체적으로 어떤 부활, 누구의 부활을 의미하는지 알려 하지도 않았습니다. 그들은 바울이 단지 부활로 인해 심문을 받는다는 이유로, 앙숙이었던 사두개인들에 맞서 갑자기 바울의 옹호자로 자처하고 나선 것이었습니다.

크게 떠들새 바리새인 편에서 몇 서기관이 일어나 다투어 이르되, 우리가 이 사람을 보니 악한 것이 없도다. 혹 영이나 혹 천사가 그에게 말하였으면 어찌 하겠느냐 하여(9절).

이와 같은 바리새인들의 집단적인 바울 옹호에 가만히 있을 사두개인들이 아니었습니다. 본문 10절은 그 양 진영 사이에 "큰 분쟁"이 일어났음을 전해 주고 있습니다. 우리말 '분쟁'으로 번역된 헬라어 '스타시스στάσις'는 완력을 동원한 다툼을 의미합니다. 그래서 본문은 그 사태를 '큰 분쟁'으로 표현하고 있습니다. 사두개인들과 바리새인들이 서로 주먹을 휘두르며 뒤엉킨 것이었습니다.

산헤드린 공회는 바울을 심문하기 위해 소집되었습니다. 피고의 신분으로 그 공회에 참석한 바울은 스스로 자기 변증을 해야만 했습니다. 만약 공회 의원들이 바울의 자기 변증을 처음부터 끝까지 경청했더라면, 그들은 하나님께서 예수 그리스도의 십자가 보혈을 통해 그들까지도 구원해 주시려는 하나님의 은혜의 복음을 접할 수 있었을 것입니다. 그러나 자기 진영논리에 갇혀 서로 싸우던 그들은, 그 귀한 기회를 스스로 놓쳐 버리고 말았습니다. 바리새인들이 바울의 옹호자로 나선 것도 일반적인 의미의 부활을 믿는 자신들의 진영논리를 위함이었지, 바울이 증언하는 예수 그리스도의 부활을 믿기 때문이 아니었습니다. 그들 역시 추상적이고도 관념적인 부활이 아니라, 인간의 죗값을 대신 치르기 위해 십자가의 제물로 돌아가셨다가 죽음을 깨뜨리고 부활하신, 영원한 생명이신 예수 그리스도의 부활에 자신들을 접붙일 수 있는 절호의 기회를 박차 버리고 말았습니다. 한마디로 말해 서로 자신들의 진영논리에 갇혀 있던 사두개인들과 바리새인들은 바울을 통해 예수 그리스도 안에서 얻을 수 있었던 새로운 미래, 영원한 미래를 영영 상실하고 말았습니다. 진영논리에 갇혀 사는 것은 이처럼 어처구니없는 결과를 초래합니다.

지난 6월 23일, 영국에서 '브렉시트'와 관련된 국민투표가 실시되었습니다. '유럽연합' 탈퇴 여부를 놓고 국민의 의견을 묻는 투표였습니다. 결과는 투표자 51.9퍼센트의 찬성으로 브렉시트, 즉 유럽연합 탈퇴가 가결되었습니다. 그동안 영국에서는 유럽연합 잔류파와 탈퇴파가 서로 자기 진영논리를 내세워 상대를 공격하였습니다. 그 과정에서 서로 자기 진영에 유리하도록 선동과 과장과 진실 왜곡이 난무하였습니다. 그리고 유럽연합 탈퇴로 확정된 국민투표 결과가 영국 국민으로 하여금 비로소 진실을 직시하게 해주었습니다. 영국 파운드화가 폭락하고, 영국 증권시장에서 하루 사이에 1,000억 파운드(약 154조 원)가 증발한 것도 모자라, 외국계 금융기관과 기업들이 영국을 이탈할 움직임을 보이면서, 영국인들이 뒤늦게 인터넷에서 가장 많이 검색한 질문이 '유럽연합을 떠나는 것은 무슨 의미인가What does it mean to leave EU?'였던 것으로 보도되었습니다. 잔류파와 탈퇴파, 두 진영의 진영논리에 갇힌 많은 영국인들이 정작 유럽연합을 떠나는 것이 무슨 의미인지도 알지 못한 채 투표했던 것입니다. 그 결과 국민투표 일주일 만인 지난 6월 30일 현재, 영국 하원 홈페이지를 통해 브렉시트 재투표 청원에 서명한 영국인이 400만 명을 돌파한 것으로 알려졌습니다. 현재 대혼란에 빠진 영국에서 가장 확실한 것은, 잔류파와 탈퇴파의 진영논리에 갇혀 있던 영국은 당분간 희망에 찬 미래를 맞이하기는 어렵게 되었다는 사실입니다. 엿새 전에 타계한 미래학자 앨빈 토플러의 용어를 빌리자면, 영국은 그 누구도 예측할 수 없는 '불확실성uncertainty'의 미래와 직면하였습니다.

우리 국민도 오래전부터 정치적으로, 사회적으로, 지역적으로, 각각의 진영논리에 갇혀 서로 싸우고 있습니다. 국민 한 사람 한 사람이 하루 속히 진영논리에서 탈피하여 국민 전체와 대한민국의 미래를 생각하지 않는다면, 우리 역시 본문의 사두개인들과 바리새인들처럼 새로운 미래를 영영 상실하거나, 현재의 영국인들처럼 불확실성의 미래와 직면하게 될 것입니다.

바울을 두고 완력까지 동원한 사두개인들과 바리새인들의 싸움을 지켜본 천부장은, 산헤드린 공회가 바울에 대해 통일된 목소리를 내지 못한다는 중요한 사실을 확인하였습니다. 천부장은 이제, 완력을 동원한 사두개인들과 바리새인들의 싸움 속에서 로마 시민인 바울을 구해 내어야만 했습니다.

큰 분쟁이 생기니, 천부장은 바울이 그들에게 찢겨질까 하여 군인을 명하여, 내려가 무리 가운데서 **빼앗아 가지고** 영내로 들어가라 하니라(10절).

사두개인들과 바리새인들이 저들끼리만 주먹을 휘두르며 충돌한 것이 아니었습니다. 그들은 바울을 완력으로 붙잡고 서로 끌어당기면서 뒤엉켜 싸웠습니다. 사두개인들은 바울에게 몰매를 놓기 위해, 바리새인들은 바울을 지켜 주기 위해서였습니다. 그대로 두면 바울의 생명이 위태로울 것이 확실했습니다. 천부장은 부하들에게 명하여, 서로 바울을 붙잡고 뒤엉켜 싸우는 사두개인들과 바리새인들에게서 바울을 "빼앗아" 오게 하였습니다. 물리력을 동원하여 바울의 신변을 확보하게 한 것입니다. 그리고 천부장은 바울을 안전하게 로마군의 요새로 옮기게 하였습니다.

이처럼 사두개인들과 바리새인들의 완력의 충돌 속에서 바울을 빼앗아 낸 사람은 분명히 천부장이었습니다. 그러나 그것은 겉으로 드러난 현상이었을 뿐입니다. 그 배후에서 천부장을 통해 바울을 빼앗아 내신 분은 하나님이셨습니다. 바울은 세상의 그 어떤 진영의 논리에도 빠져 있지 않았습니다. 그는 오직 죄인을 구하시기 위해 당신 자신을 제물로 내어 주신 삼위일체 하나님의 논리인, 영원한 복음과 은혜의 논리만을 좇는 그리스도인이었습니다. 그때 하나님께서 결코 짧지 않은 당신의 손으로, 사두개인들과 바리새인들의 완력의 충돌 속에서 바울을 빼앗아 내신 것이었습니다. 바꾸어 말해 유대 사회에서 날아가는 새도 떨어뜨린다는 무소불위의 산헤드린 공회도, 결코 짧지 않은 하나님의 손에서 바울을 빼앗을 수는 없었습니다.

예수님께서 말씀하셨습니다.

> 내 양은 내 음성을 들으며, 나는 그들을 알며, 그들은 나를 따르느니라.
> 내가 그들에게 영생을 주노니 영원히 멸망하지 아니할 것이요, 또 그들을
> 내 손에서 빼앗을 자가 없느니라. 그들을 주신 내 아버지는 만물보다 크
> 시매, 아무도 아버지 손에서 빼앗을 수 없느니라(요 10:27-29).

그렇지 않습니까? 우주 만물을 창조하셨기에, 우주 만물보다 더 크신 하나님 아버지의 손에서 그 누가, 그 무엇이, 감히 우리를 빼앗을 수 있겠습니까?

그래서 십자가의 죽음도 하나님의 손에서 예수님을 빼앗지 못했습니다. 도리어 하나님께서 죽음의 권세로부터 예수님을 빼앗아 내시어 영원한 부활의 구주로 세우셨습니다. 참수형도 하나님의 손에서 바울을 빼앗을 수 없었습니다. 하나님께서 참수형을 당한 바울 역시 죽음의 권세에서 빼앗아, 시간과 공간을 초월하여 우리 가운데 영원히 살아 있게 하셨습니다.

이 세상 어느 진영의 논리도 우리에게 새로운 미래를, 영원한 미래를 안겨 줄 수는 없습니다. 사두개파와 바리새파는 말할 것도 없고, 2천 년 전 지중해 세계를 석권했던 로마제국과, 해 뜨는 데서부터 해 지는 데까지 유니온 잭기를 펄럭이게 했던 대영제국을 포함하여, 이 세상의 그 어떤 진영도, 그 자체로 영원한 진영은 없기 때문입니다. 오직 영원하신 하나님의 논리만 영원합니다. 그 영원한 복음의 논리를, 그 참생명의 논리를, 그 변함없는 은혜의 논리를 삶의 목적으로 삼는, 진정한 그리스도인으로 살아가십시다. 결코 짧지 않은 하나님의 손에서 이 세상의 그 무엇도, 그 누구도 우리를 빼앗지 못할 것입니다. 도리어 하나님께서 우리를 삼키려는 이 세상의 모든 위협과 위험으로부터, 언제나 우리를 빼앗아 내어 주실 것입니다. 그래서 그분 안에만 새로운 미래, 영원한 미래가 있습니다.

서로 자기 진영논리에 갇혀, 바울을 통해 예수 그리스도 안에서 얻을 수 있었던 새로운 미래, 영원한 미래를, 영원히 놓쳐 버린 어리석은 사두개인들과 바리새인들이, 실은 우리 자신들의 모습임을 깨닫게 해주셔서 감사합니다. 서로 자기 진영논리에 갇혀 싸우느라 새로운 미래를 놓치고 있는 이 나라를, 이 백성을, 우리 자신을, 불쌍히 여겨 주십시오. 우리 모두 자기 진영논리에서 탈피하여, 우리를 살리시려 당신 자신을 제물로 내어 주신 영원한 하나님의 논리, 그 영원한 복음과 은혜의 논리를 삶의 목적으로 삼는, 진정한 그리스도인으로 살아가게 해주십시오. 하나님의 논리를 좇는 우리의 삶에 의해, 결코 짧지 않은 하나님의 손에서 이 세상의 그 무엇도, 그 누구도, 우리를 빼앗을 수 없음이, 입증되게 해주십시오. 하나님의 논리를 삶의 목적으로 삼는 우리로 인해 우리의 미래가, 우리나라의 미래가, 인류의 미래가, 정녕 새로워져 가게 해주십시오. 아멘.

20. 주께서 바울 곁에 서서 100주년기념교회 창립 11주년 기념주일

사도행전 23장 11절

그날 밤에 **주께서 바울 곁에 서서** 이르시되 담대하라 네가 예루살렘에서 나의 일을 증언한 것같이 로마에서도 증언하여야 하리라 하시니라

지난 시간에 살펴본 것처럼, 바울을 심문하기 위해 천부장이 소집한 산헤드린 공회에서 사두개파와 바리새파가 격돌하였습니다. 바울이 언급한 '부활'을 두고, 사두개파와 바리새파가 서로 자기 진영논리를 내세우며 격돌한 것이었습니다. 서로 말로만 격돌한 것이 아니었습니다. 그들은 완력까지 동원하여 격돌하였습니다. 그들끼리만 격돌한 것이 아니라, 서로 바울을 붙잡아 끌어당기며 격돌하였습니다. 양 진영의 격돌이 얼마나 격렬했던지, 로마 시민인 바울이 그들에게 '찢겨질까' 염려한 천부장이 부하들에게 명령하여 바울을 '빼앗아' 내어오게 했습니다. 우리말 '찢겨질까'로 번역된 헬라어 동사 '디아스파오$\delta\iota\alpha\sigma\pi\acute{\alpha}\omega$'는 '산산조각 나다', '박살나다'는 의미입니다. 사두개파와

바리새파의 격돌 속에 바울을 내버려 두면 바울의 생명이 위태로울 것이 확실하였기에, 천부장이 물리력을 동원하여 바울을 구출해 낸 것이었습니다. 그리고 천부장은 바울을 안전하게 로마군의 요새로 옮기게 하였습니다.

서로 자기 진영논리에 갇혀 싸우던 사두개파와 바리새파가 천부장에게 바울을 빼앗겼다는 것은, 바울을 통해 접할 수 있었던 복음을, 바울을 통해 만날 수 있었던 주님을 스스로 박차 버렸음을 의미했습니다. 다시 말해 바울을 통해 주님 안에서 얻을 수 있었던 새로운 미래, 영원한 미래를 영영 상실해 버린 것이었습니다. 자기 진영논리에 빠져 독 안의 쥐로 살아가는 것은 그렇듯 어리석은 결과를 초래합니다. 반면에 완력을 동원한 그들의 격돌 속에서 천부장이 바울을 빼앗아 낸 것은, 하나님께서 천부장을 도구로 삼아 당신의 결코 짧지 않은 손으로 당신의 증인인 바울을 구해 주셨음을 뜻했습니다. 유대 사회에서 날아가는 새도 떨어뜨린다는 무소불위의 산헤드린 공회도, 하나님의 손에서 바울을 빼앗지는 못했습니다.

그리고 오늘의 본문 11절은 "그날 밤에"로 시작하고 있습니다. 바울이 산헤드린 공회에서 곤욕을 치르고 봉변을 당한 바로 그날 밤이었습니다. 바울이 주님을 위해 곤욕을 치르고 봉변을 당했다고 해서 그날 밤에, 고대광실의 비단금침이 바울을 기다리고 있는 것은 아니었습니다. 바울은 그날 밤에도 그 전날처럼, 로마군 요새 속 차디찬 감방에서 밤을 맞았습니다. 바울은 주님의 부르심을 받은 이후 자신의 전 생애를 주님께 드렸습니다. 자신의 젊음도, 열정도, 세상에서 출세할 수 있었던 모든 가능성도, 주님께 아낌없이 송두리째 드렸습니다. 하지만 이미 인생말년에 접어든 노년의 바울은, 그날 밤에도 차디찬 감방에서 밤을 맞았습니다. 그렇다면 그날 밤은 얼마나 암울하고 절망적인 밤이었겠습니까?

그러나 본문 11절은 그날 밤, 그 차디찬 감방 안에서 대반전이 일어났음을 보여 주고 있습니다.

> 그날 밤에 주께서 바울 곁에 서서 이르시되, 담대하라. 네가 예루살렘에
> 서 나의 일을 증언한 것같이, 로마에서도 증언하여야 하리라 하시니라
> (11절).

그날 밤에 그 차디찬 감방 속에 바울 홀로 있었다면, 그 밤은 암울과 절망
의 밤일 수밖에 없었을 것입니다. 그러나 그날 밤에, 바울은 혼자가 아니었
습니다. 지금까지 늘 그래오셨듯이, 그날 밤에도 주님께서 바울 곁에서 바울
과 함께하고 계셨습니다. 그날 밤 주님께서 바울과 함께하고 계셨기에, 그날
밤은 암울과 절망의 밤이 아니라, 새로운 여명이 밝아 오는 소망의 밤이었
습니다. 그날 밤 주님께서 바울과 함께하고 계셨기에, 그 차디찬 감방은 로
마 황제의 황궁보다 더 따스하고도 평안한 보금자리였습니다. 그날 밤 주님
께서 바울 곁에서 바울과 함께 계시기만 하셨던 것은 아닙니다. 그날 밤 주
님께서 그 차디찬 감방 속의 바울에게, 그가 예루살렘에서 주님을 증언했던
것처럼 제국의 심장 로마에서도 주님을 증언하게 될 것이라고 말씀해 주셨
습니다. 이미 인생말년에 접어든 노년의 바울을 계속하여 당신의 증인으로
사용하시겠다는 언약이었습니다. 로마제국의 출세하고 성공한 사람들에 비
한다면 아무 짝에도 쓸모없는 인생말년의 자신을, 주님께서 계속하여 당신
의 증인으로 사용해 주시겠다는 것은 바울에게 얼마나 큰 격려요 위로였겠
습니까? 그래서 그날 밤 차디 찬 감방 속에서 바울이 맞은 그 밤은 환희와
감격이 넘치는 축제의 밤이었습니다.

그리스도인에게 가장 중요한 것은 높은 지위나 많은 소유 혹은 안락한
주거지가 아니라, 주님께서 자신과 함께 계시느냐는 것입니다. 주님께서 함

께 계시지 않는다면 높은 지위나 많은 소유 그리고 안락한 주거지가 오히려 자신의 생명을 고갈시키는 족쇄가 될 것이요, 주님께서 함께하신다면 차디 찬 감방이나 초가삼간도 소망과 환희와 감격의 도가니가 될 것입니다. 바로 이것이, 오늘 창립 11주년을 맞는 우리에게 주님께서 주시는 메시지입니다.

삼위일체 하나님께서 11년 전, 양화진외국인선교사묘원과 용인순교자기념 관의 법적 소유주인 100주년기념재단을 통해, 황량하게 방치되어 있던 이 곳에 100주년기념교회를 친히 세우셨습니다. 한국 개신교의 두 성지를 보 존하고, 한국 교회 200주년을 향한 새로운 길을 닦게 하시기 위함이었습니 다. 그리고 지난 11년 동안 원근각처에서 수많은 당신의 백성을 보내 주셔서, 100주년기념교회가 부여받은 소명과 시대적 사명을 다하는 아름다운 신앙 공동체로 세워지게 해주셨습니다. 하나님의 그 크신 섭리와 은혜를, 온 마 음을 다해 찬양드립니다. 하나님께서 우리에게 부여해 주신 소명을 완수하 기 위해 지난 11년 동안, 온갖 풍상 속에서도 묵묵히 섬김과 헌신의 본을 보 여 오신 교우님들께도 진심으로 감사드립니다. 그리고 창립 11주년을 맞아 몇 가지 주요 현안에 대해 말씀 올리겠습니다.

상임위원회에서 우리 교회 교직원의 정년퇴임 날짜를, 생일이 전반기인 교 직원은 해당 연도의 6월 말, 생일이 하반기인 교직원은 해당 연도의 11월 말 로 결정함에 따라, 저의 정년퇴임은 제가 만 70세가 되는 2019년 6월로 확 정되었습니다. 저는 매달 첫째 주일부터 셋째 주일까지 한 달에 세 번 설교 함으로, 2019년 6월 셋째 주에 퇴임할 예정입니다. 앞으로 2년 11개월 1주 남은 제 임기 동안, 가장 중요한 과제는 두말할 것도 없이 훌륭한 후임목사 님을 세우는 것입니다. 저는 30년에 걸친 목회 기간 중, 담임목사 청빙 이후 분란에 휩싸인 수많은 교회를 보아 오면서, 할 수만 있다면 후임목사는 교회 내부에서 찾는 것이 최선의 길이라 여기고 있습니다. 하지만 그것은 생각처럼 쉬운 일이 아닙니다.

우리 교회는 다른 교회와는 달리 담임목사에게 복합적인 자질과 역량을 요구하고 있습니다. 담임목사에게 깊은 영성이 필요한 것은 기본입니다. 한국 개신교의 성지인 양화진외국인선교사묘원과 용인순교자기념관을 보존하고 관리하는 우리 교회에는, 한국 교회에서 가장 많은 것으로 추정되는 76개의 봉사부서가 있습니다. 담임목사는 그 모든 봉사부서를 파악하고 아우르는 행정력과 지도력을 필요로 합니다. 우리 교회를 창립한 100주년기념재단, 한국 교계, 그리고 성지와 관련된 관청과의 관계에서 교회를 대표하는 얼굴일 수 있어야 합니다. 우리 교회는 매년 헌금의 50퍼센트를 외부로 흘려 보내며, 수많은 기관과 교회를 돕고 있습니다. 교회 역사는 일천하지만, 역할은 한국 교회 맏형의 역할이기에, 담임목사는 그 역할을 감당할 수 있어야 합니다. 문화원을 통해 사회와의 접촉점을 확대하기 위해, 세상에 대해 열린 시야를 지니고 있어야 합니다. 한국 교회 200주년을 위한 길닦이 소명을 완수하기 위해, 현실에 대한 판단력과 미래를 향한 통찰력을 지녀야 합니다. 많은 교역자들과 동역하면서 그들을 프로 교역자로 훈련시키는 조련사인 동시에, 교인들의 입장에서 감독하는 감독자이어야 합니다. 우리 교회가 성경에서 벗어난 한국 교회의 그릇된 관습과 폐습을 좇지 않고 바른 길을 걸을수록, 앞으로도 우리 교회를 공격하거나 모함하는 외부의 도전은 계속 있을 것입니다. 담임목사는 최전방에서 그 모든 공격과 도전에 맞서는 존재감을 지녀야 합니다. 진리를 위해서라면 자기 자신이 욕먹기를 두려워하지 않는 용기가 있어야 한다는 의미입니다.

오해하지는 마십시오. 현재 담임목사인 제가 그 모든 자질과 역량을 다 갖추고 있다는 말은 아닙니다. 부족하기 짝이 없는 제가 100주년기념교회 담임목사직을 11년 동안 수행해 보니, 특수한 소명을 부여받고 초교파 교회인 우리 교회 담임목사에게는 그런 자질과 역량이 반드시 필요하더라는 말입니다. 현재 저는 몇몇 교역자에게서 그런 가능성을 엿보면서, 내년인 2017년 말을 최종 기한으로 설정하고 있습니다. 만약 내년 말까지 우리 교회 교역자들 중에서 2대 담임목사직을 확실하게 수행할 수 있는 재목을 찾지 못한다면, 2018년 초부터 정관에 정해진 절차에 따라 외부 청빙에 들어갈 예정입니다.

큰 예배당을 갖지 못했고 또 가질 계획도 없는 우리 교회는 주일이면, 각각 떨어져 있는 6개 건물의 크고 작은 21개 예배실에서 교인들이 흩어져 예배를 드리고 있습니다. 그러다 보니 교인이 많아질수록 교인 간의 소통은 더 어려워졌습니다. 더욱이 등록교인이면서도 교회정관에 따른 교회의 철학과 정신을 제대로 알지 못하는 교인들이 태반입니다. 그래서 올해 새로 발족된 미래준비위원회에서는 교회정관에 따른 교회의 철학과 정신을 교인들과 공유하면서, 교회의 새로운 미래상을 정립하기 위해 교인들의 의견을 수렴하는 공청회를 계획하고 있습니다. 저의 퇴임과 함께 교회정관에서 개정되어야 할 내용들도 있습니다. 이를테면 정관의 '장로 권사 호칭자'의 자격에 〈새신자반〉 10주, 〈성숙자반〉 10주, 〈사명자반〉 10주, 총 30주의 신앙훈련이 명시되어 있지만, 저의 퇴임과 함께 제가 강의한 그 프로그램들도 폐강됨이 마땅할 것입니다. 이런 사안을 포함하여, 정관에 대해서도 공청회에서 서로 의견을 나눌 수 있습니다. 9월 22일 목요일 저녁 8시로 계획되어 있는 첫 번째 공청회부터 인터넷을 통해서도 생중계될 예정입니다. 많은 교우님들께서 참여하셔서 교회정관에 따른 우리 교회의 철학과 정신을 공유하면서, 좋은 생각과 의견도 함께 나누어 주시기 바랍니다.

우리 교회 창립 5주년 때에 '침묵의수도원'의 필요성에 대해 말씀드린 적이 있었습니다. 안타깝게도 개신교에만, 타 종교에서는 필수적인 침묵수행이 없습니다. 개신교의 뿌리라 할 수 있는 로마 가톨릭교회에도 물론 침묵수행이 있습니다. 절대자이신 하나님 앞에서 입을 다물고 침묵함으로 하나님의 눈으로 자신의 내면을 성찰하고, 하나님의 숨결로 영원을 호흡하며, 자신을 향한 하나님의 음성에 귀 기울이는 가운데 영적 내공이 깊어지게 됩니다. 하지만 16세기 개혁자들은 종교개혁 와중에 침묵수행을 잃어버리고 말았습니다. 개신교인들은 기도가 무엇이냐고 물으면 주저하지 않고 '하나님과의 대화'라고 모범답안을 제시하지만, 정작 기도는 하나님께 자기 말만 일방적으로 통보하는 것으로 끝나 버립니다. 입을 다물고 상대의 말을 들으려 하지 않으면, 누구와의 대화도 불가능합니다. 그 결과 개신교인의 기도는, 아무리 기도해도 자신을 비우거나, 자신을 넘어서기 어렵습니다. 영적 성숙은 하나님 앞에서 입을 다물고 침묵하는 시간의 길이와 정비례합니다. 하나님께 자신을 전적으로 맡기는 침묵을 통해, 하나님에 의해 자신이 비워지고 하나님의 것으로 채움 받음으로 자기 성장, 자기 성숙, 자기 극복이 수반됩니다.

우리 교회 상임위원회는 2011년, 남한의 중심부에 위치한 전라북도 진안군의 산 속에 한국 교회를 위해 침묵의수도원을 건립하기로 결의했었습니다. 매주 32명이 4박 5일 동안 숙식하면서 각자의 방에서 홀로 침묵수행 하는 형태의 수도원이었습니다. 여러 과정을 거쳐 2014년 7월에 진안군청으로부터 건축허가를 받았지만, 당시는 제가 방사선치료로 투병 중이어서, 저의 부재 중에 누구도 책임지고 착공할 수 없었습니다. 작년에는 우리 교회가 통째로 예배당으로 사용하고 있는 제2별관의 건물주가 건물을 매각하려 했고, 건물을 매입하려던 회사가 건물 전체를 예배당으로 임대해 줄 수 없다고 해서, 상임위원회 결의를 통해 우리 교회가 제2별관 건물을 48억 원에 매입하느라, 재정 관계상 침묵의수도원을 착공할 수 없었습니다. 그 와중에 건축법이 개정되어 건축허가 시한인 올해 7월 30일이 지나면, 그 산속에 어떤 형태의 건축허가든 신규로 다시 받는 것은 사실상 불가능해졌습니다. 그래서 지난 6월 상임위원회는 약 100억 원의 공사비를 필요로 하는 침묵의수도원 대신에, 규모를 대폭 축소하여, 숙식을 제공하지 않는 '침묵의채플'을 건립하기로 하였습니다. 공사비 36억 원은, 우리 교회가 외부로 흘려 보내는 총 헌금의 50퍼센트 가운데서 충당될 예정입니다. 물론 이 모든 일을 섭리하시는 분은 하나님이시지만, 저 개인적으로도 일주일에 32명만 혜택을 받을 수 있는 침묵의수도원보다, 경기도 충청도 전라도 경상도 강원도 등 어느 곳의 교인이든 아무 때나 원할 때에 찾아가 침묵을 통해 하나님과 독대할 수 있는 침묵의채플이, 한국 교회를 위해서는 오히려 더 유용하리라 판단하고 있습니다.

〈새신자반〉에서 배웠습니다만, 그리스도인의 건강한 신앙은 '말씀'과 '봉사' 그리고 '성도의 교제'가 정삼각형을 이루어야 한다고 했습니다. 그리고 그것은 주일예배만으로는 불가능하고, 소그룹 모임인 구역모임을 통해 가능하다고 했습니다. 구역 가족들이 주중에 함께 모여 하나님의 말씀을 심도 있게 나누는 가운데, 말씀이 각자의 손과 발을 통해 봉사로 이어지는 말씀의 육화incarnation가 이루어지고, 구역 가족들이 말씀 안에서 서로 밀어 주고 끌어 주는 성도의 교통은 서로의 믿음을 굳건하게 세워 주는 원동력이 됩니다. 저는 지금까지 저를 부르는 구역모임에는 반드시 시간을 내어 찾아갔습니다. 열흘 전에는 서대문구 연희동의 구역모임에 갔습니다. 그날도 제가 큰 은혜를 받고 돌아왔습니다. '말씀', '봉사', '성도의 교제'가 함께 어우러진 그 구역 가족들의 삶이 얼마나 아름답고도 감동적이었는지 모릅니다. 소그룹 모임을 통해서만 누릴 수 있는 심오한 영적 감동이었습니다.

저는 100주년기념교회 담임목사로서, 우리 교회에 출석하는 모든 교우님들이 구역모임을 통해 그와 같은 심오한 영적 감동을 누리며 살아가기를 소망하고 있습니다. 아쉽게도 현재 우리 교회 321개 구역모임에 참석하고 있는 교인은 전체 교인의 20퍼센트에 지나지 않습니다. 그래서 내년부터 구역모임 수를 현재의 두 배로 늘이고, 여러 제약과 어려움이 있지만 내년부터 2년간 제가 구역장 성경공부를 직접 인도하려고 합니다. 내년부터 저와 함께 구역장 성경공부를 하면서, 구역장으로 구역 가족들과 더불어 말씀의 능력을 삶으로 체험하기 원하는 분들은 교구목사님들께 신청해 주시기 바랍니다. 특히 장로권사 호칭자 가운데 60대 초반에 해당되는 분들은 가능하면, 모두 구역장이나 권찰로 섬겨 주시기를 부탁드립니다. 그리스도인 개개인의 영적인 힘도, 교회의 힘도, '말씀', '봉사', '성도의 교제'가 한데 어우러진 소그룹 모임에서 나옵니다. 구역모임이 튼튼하게 세워져 있으면 담임목사가 교체되고 세월이 흘러도, 교회는 흔들림 없이 더 나은 미래를 일구어 갈 수 있습니다.

그러나 무엇보다 중요한 것은 주님께서 우리와 함께해 주시는 것입니다. 더 정확하게 말하면, 우리 자신이 이미 우리와 함께 계시는 주님께 언제나 민감하게 깨어 있는 것입니다. 주님께서 바울을 떠나 머나먼 곳에 가 계시다가, 그날 밤이 되어서야 바울을 비로소 기억하시고, 차디 찬 감방 속의 바울을 부랴부랴 다시 찾아오신 것이 아니었습니다. 주님께서는 다메섹 도상에서 바울을 불러내신 이후에 바울이 어디로 가든 바울과 항상 함께하고 계셨고, 바울은 그 주님께 늘 민감하게 깨어 있었습니다. 그래서 바울은 그날 밤 그 차디 찬 감방 속에서도, 제국의 심장 로마에서도 주님의 증인이 되어야 하리라는 주님의 말씀을 들을 수 있었습니다. 우리가 이미 우리와 함께 계시는 주님을 인식하지 못한다면, 우리 교회가 아무리 부흥한다 해도 주님과 무관하게 살아갈 우리로 이루어진 우리의 교회는, 세상 사람들로부터 비난받는 또 하나의 고급 사교클럽이거나 추악한 이익집단으로 전락하고 말 것입니다. 반면에 우리 한 사람이 한 사람이 우리와 함께 계신 주님께 늘 민감하게 깨어 산다면, 온갖 풍상 속에서도 우리 교회는 더욱 견고한 주님의 교회로 세워져 갈 것입니다.

작년에 우리 교회의 표어는 요한복음 14장 20절에 기인한, '너희가 내 안에, 내가 너희 안에'였습니다. 영이신 주님께서는 이미 영으로 우리 안에 임해 계시고, 당신 자신이신 당신의 말씀으로 우리를 품고 계십니다. 우리 모두 말씀과 기도를 통해, 그 주님께 민감하게 깨어 있는 그리스도인들이 되십시다. 말씀과 기도를 통해, 우리 각자를 향한 주님의 음성에 귀 기울이며 살아가십시다. 말씀과 기도를 통해, 그분의 눈과 입 그리고 손과 발로 살아가십시다. 보잘것없는 담임목사가 교체되어도, 아무리 세월이 흘러도, '여호와의 손이 짧으냐?'(민 11:23)라는 올해 우리 교회의 표어처럼, 결코 짧지 않은 손을 지니신 주님께서 한국 교회의 미래를 위한 길닦이로 변함없이 우리를 사용하실 것이요, 우리의 증언을 통해 이 세상을 정화시켜 가실 것입니다. 주님의 몸 된 100주년기념교회로 부름 받은 우리에게, 그보다 더 큰 영광은 없습니다.

주님 우리와 함께 계시기에, 이곳에 우리가 모였습니다. 주님 우리와 함께 계시기에, 우리의 모임이 100주년기념교회가 되었습니다. 주님 우리와 함께 계시기에, 지난 11년 동안 우리 모두 한국 개신교의 두 성지를 보존하고, 한국 교회의 미래를 위한 길닦이의 소명에 충성해 왔습니다. 주님 우리와 함께 계시기에, 우리를 옭아매려던 차디 찬 감방의 도전도 능히 극복할 수 있었습니다. 주님 우리와 함께 계시기에, 앞으로도 우리가 달려가야 할 소명의 길을 최선을 다해 달려가겠습니다.

100주년기념교회를 이루고 있는 우리 모두, 어떤 경우에도, 주님 우리와 함께 계심을 잊지 말게 해주십시오. 아침에도, 낮에도, 밤에도, 따뜻한 날에도, 혹한의 날에도, 평안한 날에도, 괴로운 날에도, 숨 가쁜 일터에서도, 두 발 뻗고 누운 집에서도, 차디 찬 감방 속에서도, 우리와 함께 계시는 주님께 민감하게 깨어 있게 해주십시오. 그리하여 담임목사가 교체되어도, 아무리 세월이 흘러도, 모진 비바람이 몰아쳐도, 인류의 역사 속에 100주년기념교회를 통한 주님의 섭리가 더욱 아름답게 펼쳐지게 해주십시오. 아멘.

21. 담대하라

사도행전 23장 11절

그날 밤에 주께서 바울 곁에 서서 이르시되 **담대하라** 네가 예루살렘에서 나의 일을 증언한 것같이 로마에서도 증언하여야 하리라 하시니라

지난 주일에 '침묵의채플' 건립에 대해 설명하면서, 침묵기도의 필요성에 대해 말씀드렸었습니다. 절대자이신 하나님 앞에서 입을 다물고 침묵함으로 하나님의 눈으로 자신의 내면을 성찰하고, 하나님의 숨결로 영원을 호흡하며, 자신을 향한 하나님의 음성에 귀 기울이는 가운데 영적 내공이 깊어지게 됩니다. 그러나 개신교인들은 기도가 무엇이냐고 물으면 주저 없이 '하나님과의 대화'라고 모범답안을 제시하지만, 정작 기도는 하나님께 자기 말만 일방적으로 통보하는 것으로 끝나 버립니다. 입을 다물고 상대의 말을 들으려 하지 않으면, 누구와의 대화도 불가능합니다. 그래서 개신교인의 기도는 아무리 기도해도, 자신을 비우거나, 자신을 넘어서기 어렵습니다. 영

적 성숙은 하나님 앞에서 입을 다물고 침묵하는 시간의 길이와 정비례합니다. 하나님께 자신을 전적으로 맡기는 침묵을 통해, 하나님에 의해 자신이 비워지고 하나님의 것으로 채움 받음으로, 자기 성장, 자기 성숙, 자기 극복이 수반됩니다.

이와 관련하여, 며칠 전 성동구의 구역모임에서 한 교우님이 질문하였습니다. 침묵을 통해 하나님의 음성을 들으려 하면 도리어 온갖 잡념들만 떠오르는데, 어떻게 하면 하나님의 음성을 들을 수 있느냐는 질문이었습니다. 정말 그렇습니다. 하나님 앞에서 자기에게 몰두하여 자기 말만 쏟아낼 때와는 달리, 입을 다물고 하나님의 음성을 들으려 하면 이내 온갖 잡념에 휘둘리고 맙니다. 빚쟁이에게 쫓기는 사람이라면 눈앞에서 돈이 왔다 갔다 할 것이고, 누군가와 심한 다툼 속에 있다면 증오하는 그 사람의 얼굴만 어른거릴 것입니다. 그렇게 해서는 하나님의 음성을 들을 수 없습니다. 저는 그 교우님께 침묵기도는 반드시 말씀의 토대 위에서 이루어져야 한다고 대답해 드렸습니다. 침묵기도는, 하나님 당신이신 하나님 말씀의 거울 앞에 우리 자신을 비추어 보는 영적 행위입니다.

> 하나님의 말씀은 살아 있고 활력이 있어, 좌우에 날선 어떤 검보다도 예리하여 혼과 영과 및 관절과 골수를 찔러 쪼개기까지 하며, 또 마음의 생각과 뜻을 판단하나니, 지으신 것이 하나도 그 앞에 나타나지 않음이 없고, 우리의 결산을 받으실 이의 눈앞에 만물이 벌거벗은 것같이 드러나느니라(히 4:12-13).

하나님 말씀의 거울 앞에 입을 다물고 우리 자신을 비추면, 우리의 혼과 영과 관절과 골수와 마음속 생각까지 찔러 쪼개어 우리를 벌거벗기시는 하나님의 말씀이, 당신의 말씀을 통해 우리에게 말씀하십니다.

예를 들어 누군가가, 인생말년에 접어든 바울이 차디찬 감방에 갇혔던 그날 밤에 주님께서 바울에게 언약하신 오늘의 본문을 읽은 뒤, 입을 다물고 그 말씀의 거울 앞에 자신을 비추었다고 하십시다. 그리고 그 사람이 자기보다 형편이 나은 사람들과 자신을 비교하면서, 늘 상대적인 박탈감으로 불평과 불만 속에서 살아왔다고 가정하십시다. 그 사람이 겸손한 마음으로 오늘 본문 말씀의 거울 앞에 입을 다물고 자신을 비춘다면, 그는 그의 혼과 영과 관절과 골수와 마음의 생각을 찔러 쪼개시며 자신을 벌거벗기시는 하나님의 음성을 듣게 될 것입니다. 차디찬 감방 속의 바울보다 훨씬 더 나은 형편에 있으면서도 감사할 줄 모르고, 아무리 주어도 불평과 불만 속에 살아가는 그의 그릇된 삶을 일깨워 교정해 주시는 하나님의 음성일 것입니다. 반대로 바울처럼 신앙 양심을 좇아 살려다 심하게 불이익을 당하고 있는 사람이라면, 그 사람은 오늘 본문 말씀의 거울 앞에 자신을 비추어 보면서, 자신을 격려하시며 자신에게 용기를 북돋아 주시는 하나님의 음성을 듣게 될 것입니다.

이처럼 말씀의 토대 위에서 이루어지는 침묵기도가 말씀에 의한 삶의 교정과, 영적 내공의 심화를 가능하게 해줍니다. 바꾸어 말해 하나님의 말씀을 토대로 삼지 않으면, 설령 무슨 소리를 들었다 해도 그것은 하나님의 음성이 아니라, 거의 대부분 자기 집착에서 비롯된 자기 소리에 지나지 않을 것입니다. 저는 30년에 걸친 목회 기간 중 저와 관련하여 하나님의 음성을 들었다는, 많은 분들의 편지를 받았습니다. 반드시 자신이 살고 있는 지역이나 자기 교회에서 제가 목회해야 하고, 하나님의 영광을 위해 자신이 하고 있는 일에 제가 반드시 동참해야 하고, 제가 목회하는 교회에 자신을 전임 교역자로 반드시 청빙해야 하고, 자신의 부채를 제가 반드시 대신 갚아 주어야 한다는 등, 그분들이 들었다는 하나님의 음성도 각양각색이었습니다. 그분들이 들었다는 하나님의 음성은 모두 저와 관련된 것이었는데도, 하나님께서 정작 제게는 일언반구도 없으셨습니다. 그분들이 들었다는 하나님의 음성은 모두 헛소리였던 것입니다. 하나님의 말씀을 배제하고 하나님의 음성을 들으려 하면, 이렇게 헛소리를 듣게 될 따름입니다. 그동안 산에서 헛소리를 듣고 자칭 교주가 된 사람들이 얼마나 많습니까?

오늘 본문을 다시 보시겠습니다.

> 그날 밤에, 주께서 바울 곁에 서서 이르시되 담대하라, 네가 예루살렘에서 나의 일을 증언한 것같이 로마에서도 증언하여야 하리라 하시니라 (11절).

차디찬 감방 속의 바울은 혼자가 아니었습니다. 주님께서 그 감방 속에서 바울과 함께 계셨습니다. 주님께서 바울에게, 그가 예루살렘에서 주님을 증언한 것같이 로마에서도 당신의 증인이 될 것이라고 말씀하셨습니다. 주님의 이 말씀은, 바울이 그날 밤 주님으로부터 처음 들은 내용이 아니었습니다. 주님께서 바울이 3차 전도 여행 중 에베소에서 복음을 전할 때, 그가 자신의 생을 마지막으로 던져야 할 곳이 제국의 심장 로마임을 이미 바울에게 일러 주셨습니다(엡 19:21). 그날 밤 바울이 로마군 요새의 차디찬 감방 속에서, 자신의 최종 목표지가 로마임을 일러 주신 주님의 그 말씀을 곱씹었을 것임은 두말할 나위가 없습니다. 그 바울에게 예루살렘의 로마군 요새 속 감방은, 제국의 심장 로마로 향하는 경유지일 뿐이었습니다. 그때 주님께서 당신의 음성으로, '네가 예루살렘에서 나의 일을 증언한 것같이 로마에서도 증언하여야 하리라'고 바울에게 당신의 언약을 재확인시켜 주신 것은, 살아 계신 주님으로서는 너무나도 당연한 일이었습니다. 만약 그날 밤 바울이 그 차디찬 감방 속에서, 주님께서 이미 일러 주셨던 말씀은 제쳐 놓고, 절망에 사로잡혀 무작정 주님의 음성만 들으려고 했다면, 바울 역시 필경 헛소리를 듣고 말았을 것입니다.

오늘의 본문을 한 번 더 보시겠습니다.

> 그날 밤에, 주께서 바울 곁에 서서 이르시되 담대하라, 네가 예루살렘 에서 나의 일을 증언한 것같이 로마에서도 증언하여야 하리라 하시니라 (11절).

중요한 사실은 그날 밤, 그 차디찬 감방 속에 갇혀 있는 바울에게 주님께 서 가장 먼저 하신 말씀이 "담대하라"는 말씀이었다는 것입니다. 헬라어 동 사 '다르세오θαρσέω'는 '용기를 가지라'는 의미입니다. 로마군 요새의 감방 속 에 홀로 갇힌 바울이 절망에 빠지지 않고, 용기를 지니고 담대해야 함은 더 없이 중요했습니다. 그러나 여기에서 이내 질문이 제기됩니다. 주님께서 차 디찬 감방 속에 갇힌 노년의 바울에게 '담대하라'고 말씀하실 것이 아니라, 아예 그가 감방에 갇히지 않게 해주시는 것이 훨씬 더 좋지 않았겠습니까? 왜 노년의 바울을 감방에 갇히게 내버려 두시고서는, 뒤늦게 용기를 내어 담대하라고 격려하시는 것입니까? 바울을 골리시려, 병도 주고 약도 주시는 것입니까? 바울이 예루살렘에서 로마군 요새의 감방에 갇히지 않고는, 제 국의 심장 로마에서도 주님의 증인이 되어야 할 새로운 미래를 얻을 수 없 기 때문이었습니다.

이미 말씀드린 적이 있었고, 또 다음 시간에 상세하게 살펴보겠습니다만 이때 예루살렘에는, "바울을 죽이기 전에는 아무것도 먹지 않기로 굳게 맹세한"(14절) 유대인들이 40여 명이나 있었습니다. 그들은 바울이 지나가는 길목에 기다리고 있다가 바울을 죽이기로, 구체적인 계획까지 세워 두고 있었습니다. 만약 그날 밤에 바울이 예루살렘의 어느 민가에서 편안하게 잠을 잤다면, 그는 그날 밤에 쥐도 새도 모르게 그들에게 암살당하고 말았을 것입니다. 그날 밤, 바울에게 예루살렘에서 가장 안전한 장소는 무장한 로마군이 지키는 로마군 요새의 감방이었습니다. 그리고 로마군의 호위 속에서 압송되어야만, 유대인들의 온갖 살해 위협 속에서도 제국의 심장 로마에 무사하게 이를 수 있었습니다.

바로 이것이, 그날 밤 그 차디찬 감방 속의 바울이 용기를 지니고 담대해야 할 이유였습니다. 예루살렘에서 로마군 요새의 그 감방만이, 로마에서도 주님을 증언해야 할 바울의 새로운 미래를 보장해 주는 유일한 징검다리였습니다.

십자가 죽음의 고난을 목전에 두신 주님께서 제자들에게 말씀하셨습니다.

보라, 너희가 다 각각 제 곳으로 흩어지고 나를 혼자 둘 때가 오나니 벌써 왔도다. 그러나 내가 혼자 있는 것이 아니라, 아버지께서 나와 함께 계시느니라. 이것을 너희에게 이르는 것은, 너희로 내 안에서 평안을 누리게 하려 함이라. 세상에서는 너희가 환난을 당하나, 담대하라, 내가 세상을 이기었노라(요 16:32-33).

큰 소리 치던 제자들은, 막상 주님께서 사로잡히시자 저마다 혼비백산하여 주님을 버리고 줄행랑을 놓았습니다. 하지만 주님께서는 당신이 혼자가 아님을 아셨습니다. 하나님 아버지께서 결코 짧지 않은 손으로 당신을 붙들고 계심을 아신 것입니다. 주님께서 하나님 아버지의 뜻에 따라 담대하게 십자가 죽음의 고난에 당신을 기꺼이 던지신 것은, 그것이 인간을 영원히 살리는, 새로운 부활의 미래를 향한 징검다리였기 때문입니다. 그리고 그분은 마침내 죽음을 깨뜨리고 부활하심으로, 모든 것이 죽음으로 끝나 버리는 이 세상을 이기고 영원히 새로운 미래의 구주가 되셨습니다. 그 주님께서 제자들에게 세상에서는 환난을 당해도, 세상을 이기신 주님 안에서 담대하라고 말씀하셨습니다. 이 어두운 세상에서 주님을 좇는 사람들에게 세상의 어둠과 싸우는 환난이 있는 것은, 바로 그것이 새로운 미래를 향한 징검다리이기 때문입니다. 그래서 주님께서 제자들에게, 새로운 미래를 향한 그 징검다리로 담대하게 발을 내디디라고 명령하신 것입니다. 유한한 인간에게 지금, 보다 나은 미래를, 전혀 다른 차원의 새로운 미래를 가꾸는 것보다 더 가치 있는 삶은 없습니다.

지난 6월 27일에 치러진 2016년 '코파 아메리카' 결승전에서도, 지난 대회에 이어 아르헨티나와 칠레가 맞붙었습니다. 전후반 90분, 연장 30분, 총 120분간의 혈전에도 무승부를 기록한 양 팀은 작년처럼 승부차기로 승부를 가려야만 했습니다. 그러나 아르헨티나의 첫 번째 키커로 나선, 아르헨티나가 낳은 세계적인 축구 스타 메시가 실축함으로, 칠레에게 설욕을 벼르던 아르헨티나는 승부차기에서 또다시 4대 2로 분패하고 말았습니다. 경기가 끝난 뒤 그라운드에 무릎을 꿇고 엎드려 눈물 흘리던 메시의 모습은 처연하기까지 했습니다. 현역 시절에 조국에 월드컵 우승의 영광을 안겼던 펠레와 마라도나와는 달리, 메시는 월드컵 준우승 한 번과 세 번에 걸친 코파 아메리카 준우승으로 만족해야만 했습니다. 번번이 우승 문턱에서 좌절한 것이었습니다. 그날 29세의 메시는 눈물을 흘리며, 아르헨티나 국가대표 팀 은퇴를 선언했습니다.

> 나의 국가대표팀 경력은 이제 끝났다. 내가 할 수 있는 모든 것을 했지만, 챔피언이 되지 못해 가슴이 아프다. 이제 (국가대표)는 끝났다. 모두를 위해서다. 나는 (더 이상) 할 수 없다.

그 이후, 아르헨티나의 대통령을 필두로 수많은 아르헨티나 국민이 메시의 마음을 되돌리기 위한 호소에 나섰습니다. 그중에서도 한 초등학교 여교사가 메시에게 보낸 편지가 인터넷을 통해 세계인을 감동시키고 있습니다. 한 교우님이 제게도 그 편지를 보내 주셨는데, 많은 분들이 인터넷을 통해 보셨겠지만, 아직 알지 못하는 분들을 위해 그 내용을 잠시 읽어 드리겠습니다.

> 리오넬 메시에게,
> 당신은 아마 이 편지를 읽지 않겠지요. 하지만 저는 오늘 축구팬이 아닌, 한 명의 교사로 당신에게 편지를 씁니다. 저는 비록 교사이지만, 아무리 노력해도 아이들이 당신을 좋아하는 마음에는 미치지 못합니다. 그 많은 아이들은 당신을 사랑하고 있습니다. 그런데 그 아이들이 지금, 영웅이 포기하는 모습을 보게 되었습니다. 대표팀 은퇴는, 당신을 깎아 내리는 사람들에게 굴복하는 것입니다. 승리에만 가치를 두고, 패배를 통한 성장을 무시하는 그들의 어리석음에 당신이 넘어가지 않았으면 합니다. 아이들에게 이기는 것만이 우선이고 유일한 가치라는 선례를 남겨서는 안됩니다. 어린아이들에게 인생의 목적을 '내 재능으로 다른 누군가를 행복하게 하는 것'으로 가르쳐서는 안 됩니다.

우리는 어려서부터 희귀병을 앓은 당신이, 어떻게 고통을 극복하며 성장했는지를 보아 왔습니다. 지금 당신이 은퇴하면, 이 나라 아이들은 당신에게서 배웠던 노력의 가치를 더 이상 배우지 못할 것입니다. 지금 당신처럼, 졌다는 이유만으로 포기한다면, 오늘도 하루하루를 어렵게 살아가는 이 나라의 많은 사람들은 인생의 가치를 잃어버릴 수 있습니다. 저는 학생들에게 당신을 이야기할 때, 당신이 얼마나 멋지게 축구를 하는지 말하지 않습니다. 단 한 골을 넣기 위해, 당신이 같은 장면을 수천 번이나 연습한다는 사실을 알려 줍니다.

당신은 아르헨티나 유니폼을 벗어선 안 됩니다. 모든 팬들이 당신에게 승리와 우승만을, 트로피와 메달만 바라는 게 아니라는 사실을 알아야 합니다. 제발 우리 아이들에게 2등은 패배라고, 경기에서 지는 것이 영광을 잃게 되는 일이라는 선례를 남기지 말아 주세요. 진정한 영웅은 패했을 때 포기하지 않는다고 생각합니다. 진정한 영웅이라면 이길 때는 같이 이기고, 질 때도 혼자가 아니라는 진리를 알려 줘야 합니다. 당신이 우리나라를 대표할 때만큼은, 리오넬 메시가 아닌 아르헨티나 그 자체라는 마음으로 대표팀에 남아 주었으면 합니다. 결과와 관계없이, 사랑하는 일을 하며 행복할 수 있다면, 그것이 가장 위대한 우승이라는 사실을 보여 주세요.

이런 감동적인 글을 쓴 초등학교 여교사는, 인생을 달관한 분임에 틀림없습니다. 이제 29세에 불과한 메시가 2년 후의 월드컵과 4년 후의 코파 아메리카에 아르헨티나 국가대표로 재출전하여 또다시 우승에 좌절한다 해도, 그는 그 자체로 펠레나 마라도나와는 달리, 전혀 새로운 차원의 전설로 남을 것입니다. 전 세계인들이 그를 통하여 결코 좌절하지 않는 인생의 아름다움과, 1등을 넘어서는 2등의 절대가치를 확인하게 될 것이기 때문입니다. 메시는 전혀 다른 차원의 그 새로운 미래를 위해, 아르헨티나 국가대표팀에 담대하게 복귀할 이유와 당위성을 지니고 있습니다. 패배한 축구선수도 어떤 징검다리로 발을 내딛느냐에 따라 전혀 다른 차원의 새로운 미래를 일굴 수 있다면, 하물며 결코 짧지 않은 하나님의 손안에 붙들려 사는 우리야 두 말해 무엇하겠습니까?

황량하게 방치되어 있던 양화진외국인선교사묘원의 관리 보존을 위해 11년 전에 우리 교회가 창립되자마자, 그동안 이곳에서 사익을 누리던 개인과 단체가 저 개인과 우리 교회를 모함하고 공격하기 시작했습니다. 그리고 모 교단까지 가세한 모함과 공격은 2007년부터 절정을 향해 치닫기 시작했습니다. 저를 목사직에서 끌어내리고, 우리 교회를 양화진에서 축출하기 위한 그들의 모함과 공격은 상상을 초월했습니다. 그러지 않아도 약골이었던 제 건강은 그때 치명상을 입었습니다. 당시 제 체질과 건강 상태를 잘 아는 한의사가 저를 진맥하고는, 앞으로 오래 살아야 5년이라고 말했습니다. 그로부터 5년이 지나 제가 실제로 암수술을 받았으니, 그 한의사의 진맥이 터무니없었던 것은 아니었습니다. 그때는 매 순간 숨을 쉬는 것도 버거웠습니다. 저를 지탱시켜 준 것은 오직 하나님의 말씀뿐이었습니다. 하루는 구약성경 예레미야서를 읽는데 29장 11절 말씀이 저를 사로잡았습니다.

여호와의 말씀이니라. 너희를 향한 나의 생각을 내가 아나니 평안이요, 재앙이 아니니라. 너희에게 미래와 희망을 주는 것이니라.

하나님께서 우리 교회로 하여금 거짓 모함의 환난을 겪게 하신 것은 우리에게 재앙을 내리시기 위함이 아니라, 새로운 미래와 희망을 주시기 위함이었습니다. 불법과 무질서가 판을 치던 양화진의 묘지기로 부름 받은 우리가 그런 고통스러운 과정을 거치지 않는다면, 어떻게 치외법권 지대처럼 방치되어 있던 양화진이 대한민국의 법과 공익에 따른 한국 개신교의 성지로 거듭나는 새로운 미래가 주어질 수 있겠습니까? 예레미야 29장 11절의 그 말씀이 얼마나 저를 담대하게 붙들어 주었는지 모릅니다. 그래서 그 이듬해인 2008년에 우리 교회의 표어를 '미래와 희망'으로 삼고, 우리 모두 외부의 거짓 모함과 공격을 피하지 않고 도리어 담대하게 맞섰습니다. 그리고 우리는 이미, 명실상부하게 한국 개신교의 성지로 회복된 양화진에서 전혀 다른 차원의 새로운 미래를 누리고 있습니다. 그때의 그 고통스럽던 환난은, 새로운 오늘을 얻기 위해 우리가 반드시 내디뎌야만 했던 징검다리였습니다.

우리가 시간과 공간을 초월하신 영원한 하나님의 말씀을 좇아 사는 것은, 오늘의 토대 위에서 주님께서 주시려는 새로운 미래를 가꾸기 위함입니다. 지금 고통스러운 환난을 겪고 있습니까? 도무지 끝이 보이지 않는 절망의 터널을 통과하고 있습니까? 하나님의 짧지 않은 손을 정녕 믿는다면, 결코 그 상황을 피하지 마십시오. 담대하게 그 상황과 맞닥뜨리십시오. 그 상황 속에서도 영원하신 하나님의 말씀을 담대하게 좇으십시오. 지금의 그 상황은 바울의 차디찬 감방처럼, 하나님께서 주시려는 전혀 다른 차원의 새로운 미래를 향한 징검다리임을 잊지 마십시오. 결코 짧지 않은 손을 지니신 하나님께서는 오늘도 우리에게 이렇게 약속하고 계십니다.

너희를 향한 나의 생각을 내가 아나니 평안이요, 재앙이 아니니라. 너희에게 미래와 희망을 주는 것이니라.

예루살렘에서 바울이 갇혀 있던 로마군 요새의 차디찬 감방만 보면, 그것은 인생말년의 바울에게 고통스러운 환난이었습니다. 그러나 그 너머에 계신 하나님을 우러러뵈면, 그 차디찬 감방은 바울이 전혀 다른 차원의 새로운 미래로 나아가기 위한 징검다리였습니다. 그래서 주님께서는 차디찬 감방의 바울에게 담대하라고 말씀하셨고, 바울은 그 절망적인 상황 속에서도 흔들림 없이 담대하였습니다.

이 세상 살아가면서 원치 않는 환난을 당할 때, 환난만 보다가, 환난에 질식당하는 환난의 노예가 되지 않게 해주십시오. 결코 짧지 않은 손을 지니신 하나님을 우러러뵈며, 그 환난의 징검다리로 담대하게 두 발을 내디딤으로, 하나님께서 주시려는 전혀 다른 차원의 새로운 미래를 누리게 해주십시오. 우리가 하나님의 말씀을 좇아 사는 것도 하나님의 말씀으로 우리의 미래를 영원하고도 새롭게 개간하기 위함임을, 그리고 우리의 미래가 새로워지는 만큼 이 세상의 미래도 새로워짐을, 우리 모두 잊지 말게 해주십시오. 아멘.

22. 밤 제삼 시에

사도행전 23장 12-24절

날이 새매 유대인들이 당을 지어 맹세하되 바울을 죽이기 전에는 먹지도 아니하고 마시지도 아니하겠다 하고 이같이 동맹한 자가 사십여 명이더라 대제사장들과 장로들에게 가서 말하되 우리가 바울을 죽이기 전에는 아무것도 먹지 않기로 굳게 맹세하였으니 이제 너희는 그의 사실을 더 자세히 물어보려는 척하면서 공회와 함께 천부장에게 청하여 바울을 너희에게로 데리고 내려오게 하라 우리는 그가 가까이 오기 전에 죽이기로 준비하였노라 하더니 바울의 생질이 그들이 매복하여 있다 함을 듣고 와서 영내에 들어가 바울에게 알린지라 바울이 한 백부장을 청하여 이르되 이 청년을 천부장에게로 인도하라 그에게 무슨 할 말이 있다 하니 천부장에게로 데리고 가서 이르되 죄수 바울이 나를 불러 이 청년이 당신께 할 말이 있다 하여 데리고 가기를 청하더이다 하매 천부장이 그의 손을 잡고 물러가서 조용히 묻되 내게 할 말이 무엇이냐 대답하되 유대인들이 공모하기를 그들이 바울에 대하여 더 자세한 것을 묻기 위함이라 하고 내일 그를 데리고 공회로 내려오기를 당신께 청하자 하였으니 당신은 그들의 청함을 따르지 마옵소서 그들 중에서 바울을 죽이기 전에는 먹지도 않고 마시지도 않기로 맹세한 자 사십여 명이 그를 죽이려고 숨어서 지금 다 준비하고 당신의 허락만

기다리나이다 하니 이에 천부장이 청년을 보내며 경계하되 이 일을 내게 알렸다
고 아무에게도 이르지 말라 하고 백부장 둘을 불러 이르되 **밤 제삼 시에** 가이
사랴까지 갈 보병 이백 명과 기병 칠십 명과 창병 이백 명을 준비하라 하고 또
바울을 태워 총독 벨릭스에게로 무사히 보내기 위하여 짐승을 준비하라 명하며

그날 밤, 바울은 로마군 요새의 차디찬 감방 속에 갇혀 있었습니다. 주님
께서 바울을 버리셨기 때문이 아니라, 바울을 보호하시기 위해 특별히 예비
하신 곳이 바로 그 감방이었습니다. 그날 밤 예루살렘에서 바울에게 가장
안전한 곳은, 무장한 로마 군인들이 철통같이 경비하는 로마군 요새의 감방
이었습니다. 만약 바울이 그날 밤 어느 민간인의 집에서 편안하게 잠을 잤더
라면, 그는 자신의 최종 목표지인 로마로 출발하기도 전에 죽고 말았을 것입
니다. 오늘의 본문이 그 내막을 상세하게 전해 주고 있습니다.

날이 새매 유대인들이 당을 지어 맹세하되, 바울을 죽이기 전에는 먹지
도 아니하고 마시지도 아니하겠다 하고, 이같이 동맹한 자가 사십여 명
이더라(12–13절).

이튿날이었습니다. 유대인 40여 명이 바울을 죽이기 전에는 먹지도 않고
마시지도 않겠다고 맹세하고 나섰습니다. 아무도 모르게 바울을 죽이려는
암살단이 결성된 것입니다. 그들을 묘사한 본문의 표현이 심상치 않습니다.
그들은 함께 "당을" 짓고, "맹세"하며, "동맹"하였습니다. 바울을 죽이려는
암살단 40여 명의 결의는 그 정도로 확고하였습니다. 그들은 철통 같은 경
비의 로마군 요새 안에 있는 바울을 어떻게 암살할 것인지, 구체적인 계획
까지 수립하였습니다. 그리고 역시 바울에 대한 적개심을 품고 있는 대제사

장들과 장로들을 찾아갔습니다.

> 이제 너희는 그의 사실을 더 자세히 물어보려는 척하면서, 공회와 함께
> 천부장에게 청하여 바울을 너희에게로 데리고 내려오게 하라. 우리는 그
> 가 가까이 오기 전에 죽이기로 준비하였노라 하더니(14–15절).

그들은 대제사장들과 장로들로 하여금 바울에 대한 재심문을 명분 삼아
바울을 로마군의 요새에서 다시 산헤드린 공회로 끌어낼 수 있도록, 천부
장의 허락을 구하게 했습니다. 그들이 로마군 요새와 산헤드린 공회 사이에
매복해 있다가 바울을 암살하기 위함이었습니다. 설령 천부장이 그들의 계
략에 말려들어 바울을 산헤드린 공회에 다시 출석시킨다고 해도, 바울 홀
로 내보낼 리가 없지 않습니까? 반드시 무장한 로마 군인들로 하여금 바울
을 호송하게 할 것입니다. 그런데도 암살단원들이 길에 매복해 있다가 바울
을 죽이겠다는 것은, 바울을 호송하는 로마 군인들과의 무력 다툼에서 자
신들의 목숨을 잃어도 좋다는 의미였습니다. 그들은 바울을 죽이기 위해 식
음을 전폐하였을 뿐 아니라, 자신들의 목숨까지 내놓은 사람들이었습니다.
　어디에서나 강경파가 이해 당사자들을 압도합니다. 유대인들이 보기에, 하
나님의 성전을 모독하고 율법을 거슬렀다는 바울은 신성모독죄로 죽어 마
땅한 배교자였습니다. 바울을 배척하는 유대인들은 바울에게 덧씌워진 그
죄목들이 사실인지, 거짓 모함인지, 헤아려 보려 하지 않았습니다. 그들은
다함께 집단심리에 빠져 한마음으로 바울을 죽이려 했습니다. 그 유대인들
앞에, 바울을 죽이기 전에는 먹지도 마시지도 않겠다고 당을 지어 맹세하
고 동맹한 40여 명의 암살단원이 등장했습니다. 더욱이 그들은 바울을 죽
이기 위해, 바울을 호송하는 로마 군인들과의 무력 다툼에서 죽어도 좋다

고 자신들의 목숨까지 걸었습니다. 대제사장들과 장로들은 물론이요, 그들의 굳은 맹세를 알게 된 유대인들은 모두 그들에게 압도당하고 말았을 것입니다. 유대인들이 증오하는 바울을 죽이기 위해 식음을 전폐하는 것도 모자라 자신들의 목숨까지 기꺼이 내어놓은 그들에게, 누가 감히 이의를 제기할 수 있었겠습니까?

하지만 이미 우리가 잘 알고 있는 것처럼, 그리고 계속하여 살펴보겠습니다만, 바울을 암살하려던 그들의 계획은 수포로 돌아가고 말았습니다. 바울을 죽이기 전에는 먹지도 마시지도 않겠다고 맹세했던 그들이 바울 암살에 실패한 것입니다. 그래서 그들이 그 이후에, 자신들이 맹세했던 대로 정말 먹지도 마시지도 않다가 그냥 굶어 죽었겠습니까? 자존심상 한동안은 버티다가, 슬그머니 다시 먹고 마시기 시작했을 것입니다. 그때, 바울을 죽이기 전에는 먹지도 마시지도 않겠다고 그토록 호기롭게 맹세했던 그들이, 젊은이들의 표현을 빌리자면, 얼마나 쪽팔렸겠습니까? 자신들이 먹고 마시는 것을 누가 쳐다보기라도 하면, 쪽이 팔려 쥐구멍에라도 들어가고 싶지 않았겠습니까? 그 이후로 그들이 무슨 큰 소리를 쳐도, 주위 사람들은 모두 헛소리로 여겼을 것입니다. 그릇된 작당과 맹세와 동맹으로 인해, 그들은 먹고 마실 때마다 쪽팔린 인생을 살아야 했을 것입니다.

사람들은 감옥에 수감되는 것을 쪽팔려 합니다. 수감 이유가 대부분 떳떳하지 못하기 때문입니다. 바울은 지금 로마군 요새의 감방에 수감되어 있습니다. 이번이 처음인 것도 아닙니다. 바울은 2차 전도 여행 중에 빌립보에서도 수감된 적이 있었습니다. 하지만 바울은 그로 인해 조금도 쪽팔려 하지 않았습니다. 바울은 주님의 증인으로 진리를 좇다가 수감되었기 때문이었습니다. 아니, 두 번 다 당신의 뜻을 이루시기 위한 주님의 신비로운 섭리였습니다. 다음은 사도 베드로의 증언입니다.

> 부당하게 고난을 받아도 하나님을 생각함으로 슬픔을 참으면 이는 아름
> 다우나, 죄가 있어 매를 맞고 참으면 무슨 칭찬이 있으리요. 그러나 선
> 을 행함으로 고난을 받고 참으면, 이는 하나님 앞에 아름다우니라 (벧전
> 2:19-20).

진리를 좇고 선을 행하다가 고난을 당하는 것은 쪽팔리는 일이 아닙니다. 그것은 도리어 자신의 삶을 하나님의 아름다운 작품으로 승화시키는 신앙 행위입니다. 불의와 악을 행하다가 어려움에 봉착하는 것, 그것이 쪽팔리는 짓입니다. 똑같은 논리로, 신앙 양심을 따라 청렴하게 사는 것은 하나님 앞에서 아름다울지언정 쪽팔리는 삶이 아닙니다. 세상의 부귀영화를 위해 신앙 양심을 저버리는 것, 바로 그것이 쪽팔리는 인생을 향한 지름길입니다.

본문의 유대인 암살단처럼 바르고 선하게 사는 사람을 짓밟기 위해 호언장담하고 있습니까? 그로 인해 언젠가 자신이 쪽팔리게 될 것입니다. 자신의 눈에 들보를 가지고서도, 누군가의 눈 속 가시를 뽑겠다며 그 사람의 눈을 파헤치고 있습니까? 그 결과로, 자신의 쪽이 팔리게 될 것입니다. 부여된 의무는 소홀히 하면서도, 자기 권리를 내세우는 데는 타의 추종을 불허합니까? 머지않아 스스로 쪽팔려 할 것입니다. 정욕과 물욕에 사로잡혀 이미 정도를 벗어나 있습니까? 언젠가 온 가족들마저 함께 쪽팔려 할 것입니다. 살아생전 사람들 앞에서는 쪽팔리기를 요행히 모면한다 해도, 하나님 앞에서는 반드시 쪽팔리게 될 것입니다. 하나님께서는 살아 계시고, 하나님의 셈은 속일 수도, 피할 수도 없기 때문입니다.

바울을 죽이기 전에는 먹지도 마시지도 않겠다고 호언장담했던 40여 명의 유대인들이, 어떻게 하루아침에 쪽팔리게 되었는지 본문이 밝혀 주고 있습니다.

> 바울의 생질이, 그들이 매복하여 있다 함을 듣고 와서, 영내에 들어가 바울에게 알린지라(16절).

본문은 성경에서 바울의 혈족이 등장하는 유일한 구절입니다. 길에 매복해 있다가 바울을 암살하려던 암살단의 모의가 바울의 조카에게 알려졌고, 바울의 조카는 곧 로마군 요새에 갇혀 있는 삼촌 바울을 면회하여 그 사실을 알려 주었습니다. 다메섹에서 바울을 죽이려던 유대인들의 음모가 바울에게 알려졌을 때처럼(행 9:23-25), 그리고 바울의 3차 전도 여행 중 지중해를 횡단하는 배 안에서 바울을 암살하려던 고린도 유대인들의 공모가 바울에게 알려졌을 때처럼, 본문 역시 바울의 조카가 유대인 암살단의 모의를 알게 된 과정이나 그의 이름과 나이 등에 대해서는 아무 설명도 하지 않습니다. 그 모든 것이 주님에 의한 주님의 섭리였기 때문입니다. 그와 동시에, 바울을 죽이기 전에는 먹지도 마시지도 않겠다고 호언장담했던 유대인 암살단원들은 쪽팔리지 않을 수 없게 되어 버렸습니다. 그리스도인에게 참되고도 바른 믿음은, 사람들 앞에서뿐 아니라 하나님 앞에서 쪽팔리지 않기 위해 절대적으로 필요합니다.

> 바울이 한 백부장을 청하여 이르되, 이 청년을 천부장에게로 인도하라. 그에게 무슨 할 말이 있다 하니, 천부장에게로 데리고 가서 이르되, 죄수 바울이 나를 불러 이 청년이 당신께 할 말이 있다 하여 데리고 가기를

청하더이다 하매, 천부장이 그의 손을 잡고 물러가서 조용히 묻되, 내게 할 말이 무엇이냐? 대답하되, 유대인들이 공모하기를 그들이 바울에 대하여 더 자세한 것을 묻기 위함이라 하고, 내일 그를 데리고 공회로 내려오기를 당신께 청하자 하였으니, 당신은 그들의 청함을 따르지 마옵소서. 그들 중에서 바울을 죽이기 전에는 먹지도 않고 마시지고 않기로 맹세한 자 사십여 명이 그를 죽이려고 숨어서, 지금 다 준비하고 당신의 허락만 기다리나이다 하니, 이에 천부장이 청년을 보내며 경계하되, 이 일을 내게 알렸다고 아무에게도 이르지 말라 하고(17–22절).

감방의 바울은 백부장을 불러 자신의 조카를 천부장에게 데려가 주기를 요청했고, 천부장은 바울의 부탁에 따라 바울의 조카로부터 유대인 암살단의 음모를 상세하게 전해 들었습니다. 바울이 로마 시민이라 해도, 그는 유대인들로부터 고발당한 미결수 신분이었습니다. 로마 시민 가운데 범법자와 사기꾼이 얼마나 많았겠습니까? 천부장과 백부장의 입장에서는, 미결수로 감방에 갇혀 있는 바울의 요청을 묵살해 버리기가 더 쉬웠습니다. 그런데도 백부장은 바울의 요청에 따라 그의 조카를 천부장에게 데려갔고, 천부장은 바울의 조카라는 말에 그의 손을 잡고 주위 사람을 물리친 후에 그의 말을 경청하고, 그의 말을 전폭적으로 신뢰하였습니다. 천부장과 백부장이 미결수인 바울에게 왜 그런 호의를 베풀었겠습니까? 그들이 이미 바울의 언행에 감화되어 있었기 때문입니다.

처음에 천부장은 유대인들이 쳐 죽이려던 바울을, 4천 명의 칼잡이를 동원하여 소요를 일으켰던 이집트인으로 오해하여 채찍질을 하려 했었습니다. 그러나 알고 보니 바울은 고등교육을 받은 사람만 가능한, 고급 헬라어를 구사하는 로마 시민이었습니다. 특히 그 전날 산헤드린 공회에서 의연하게 자기 변증을 하던 바울의 모습은, 바울을 놓고 서로 자기 진영논리에 갇혀 뒤엉켜 다투던 사두개파와 바리새파 의원들과는 너무나도 대조적이었습니다. 그 현장에 있던 천부장과 백부장들은 바울이 무고하게 모함당하고 있음을 확인할 수 있었습니다. 그들이 바울에게 약속이라도 한듯 호의를 베푼 것은, 결코 우연의 일치가 아니었습니다.

때로 돈으로 위기를 돌파할 수 있습니다. 권력으로 원하는 것을 장악할 수도 있습니다. 그러나 오늘날 우리 사회에서 일어나고 있는 온갖 사건들을 직시해 보십시오. 가장 결정적인 순간에 바로 그 돈, 그 권력이, 당사자는 말할 것도 없고 온 가족들마저 몽땅 쪽팔리게 하고 있지 않습니까? 가장 결정적인 순간에 자신을 지켜 주는 것은 돈이나 권력이 아니라, 평상의 바른 삶입니다. 우리가 언제 어디서나 주님의 말씀을 좇아 바르게 살아야 할 까닭이 여기에 있습니다.

유대인들의 구체적인 암살 모의를 확인한 천부장은, 무고한 로마 시민 바울을 위해 특단의 대책을 세웠습니다. 로마 시민에 대한 재판권을 지닌 로마 총독 벨릭스에게 바울을 이송하기로 한 것입니다. 당시 로마 총독의 거주지는 예루살렘에서 104킬로미터 떨어진 가이사랴였습니다.

> 백부장 둘을 불러 이르되, 밤 제삼 시에 가이사랴까지 갈 보병 이백 명과 기병 칠십 명과 창병 이백 명을 준비하라 하고, 또 바울을 태워 총독 벨릭스에게로 무사히 보내기 위하여 짐승을 준비하라 명하며(23-24절).

천부장은 그날 밤 제삼 시, 현재 우리 시간으로 밤 9시에 바울을 극비리에 가이사랴로 이송하기로 하였습니다. 전기가 없던 2천 년 전의 밤 9시는 오늘날의 밤 9시와는 달랐습니다. 2천 년 전 밤 9시는, 모든 사람이 잠든 한밤중이었습니다. 천부장은 두 명의 백부장들에게 바울을 위해 중무장한 보병 200명, 기병 70명, 창병 200명을 동원하도록 했습니다. 바울을 태울 짐승도 별도로 준비하게 했습니다. 천부장이 40여 명의 암살단으로부터 바울의 생명을 지키기 위해, 그 한밤중에 470명의 군인으로 하여금 바울을 경호하게 한 것입니다. 천부장은 천 명의 군인을 거느리는 장군을 일컫습니다. 그러나 평상시 천부장 휘하의 군인은 통상 600명이었던 것으로 알려지고 있습니다. 천부장은 바울 한 사람을 가이사랴까지 안전하게 이송하기 위해 자기 휘하 군인들을 무려 78.3퍼센트나 동원한 셈이었습니다. 모두가 잠든 그 한밤중에, 바울은 지중해 세계에서 천하무적인 로마제국 군인 470명의 경호 속에 예루살렘을 떠나 가이사랴로 향하였습니다.

　본문의 상황을 바울의 입장에서 곰곰이 생각해 보십시다. 인생말년에 접어들기까지 주님의 증인으로 살다가 억울하게 로마군 요새의 차디찬 감방에 갇힌 바울이, 자신을 가이사랴의 로마 총독에게 이송해 달라고 부탁한 적이 있었습니까? 40여 명의 암살단원들이 길에 매복해 있다가 자신을 죽이려 한다는 조카의 말을 듣고, 바울이 천부장에게 470명의 군인을 경호원으로 붙여 달라고 요청한 적이 있었습니까? 그게, 요청한다고 수락될 일이겠습니까? 웬만한 세도가도 470명의 경호원을 언급했다가는 미친 사람 소리 듣기 십상이지 않겠습니까? 인간의 상상을 초월하는 그 모든 일은, 바울의 의도나 계획과는 무관하게 전개되었습니다. 차디찬 감방 속의 바울이 한 일이라고는, '담대하라'는 주님의 말씀을 좇아 그 절망적인 상황 속에서도 자기 자신을 주님 앞에서 바르게 추스르는 것뿐이었습니다. 그때 주님께서 바울을 위해 친히, 그 모든 상황을 신묘막측하게 연출하신 것이었습니다. 본문 속 바울은 어떤 상황 속에서든, 그리스도인의 삶의 자세가 어떠해야 하는지를 일깨워 주고 있습니다.

지난 6월 16일 미국 샌디에이고 파드리스의 홈구장에서 원정팀인 마이애미의 스즈키 이치로 선수가 마지막 타석에서 2루타를 쳤습니다. 그 순간 2만 3,700명의 관중이 모두 일어나 이치로 선수에게 축하의 박수를 쳐주었습니다. 이치로 선수가 일본 프로야구와 미국 프로야구 통산 4,257개의 안타로, 세계 프로야구 역사상 최다 안타 신기록을 수립했기 때문이었습니다. 일본 프로야구에서 9년 동안 1,278개의 안타를 쳤던 이치로 선수가 2001년 미국 메이저리그에 진출한 이후, 그날 2,979째 안타를 기록함으로써 대망의 신기록을 수립한 것이었습니다. 올해 43세인 이치로 선수는 미국 메이저리그에서만도 3천 안타의 대기록을 오늘로 단 한 개 남겨두고 있습니다.

하지만 이치로 선수가 처음부터 출중한 타격 능력을 지닌 야수였던 것은 아니었습니다. 그는 일본 프로야구 신인 4라운드 드래프트에서 겨우 선택된 평범한 투수 출신이었습니다. 그런데도 그가 일본 프로야구와 미국 프로야구를 동시에 평정한 세계 최고의 타자가 될 수 있었던 것은, 전적으로 피눈물 나는 자기 훈련의 결과였습니다. 이치로를 개인적으로 잘 아는 사람들은 그를 주저 없이 수도사로 부른다고 합니다. 어느 하루도 자기 훈련을 게을리 하지 않는 그의 성실성과 꾸준함이 타인에게 그렇게 비치는 것입니다. 이치로는 어떤 야구 선수보다도 자기 훈련에 더 투철한 이유를 이렇게 밝혔습니다. '나의 마음속에는 연마하고 싶은 돌이 있습니다. 나는 야구를 통해 그것을 빛나게 하고 싶습니다.' 그는 단순히 돈이나 명성을 위해 프로야구를 하는 것이 아닙니다. 그에게 프로야구는 자기 자신을 연마하는 수단입니다. 그는 세계 프로야구계의 수도사로 불리기에 전혀 손색이 없는 인물입니다.

그리스도인인 우리 속에는 연마해야 할 돌이 아니라, 영혼이 깃들어 있습니다. 우리의 삶은 그 영혼을 연마하는 수단입니다. 햇볕 따스한 인생의 봄

날이든, 눈보라 몰아치는 인생의 엄동설한이든, 차디찬 감방 속의 바울처럼, 자기 영혼 연마하기를 게을리 하지 않는 사람이 참된 그리스도인입니다. 어찌 주님께서 그런 사람의 인생을, 모든 사람이 잠든 한밤중인들, 당신의 신묘막측한 섭리로 경호해 주시지 않겠습니까?

암투병 중인 여성도님이 제게 보낸 글 가운데 일부분을, 당사자의 동의를 얻어 읽어드리겠습니다.

> 항암치료 종료 직후에는 눈도 잘 보이지 않고, 부종 때문에 다리도 잘 안 움직이고, 손톱에서도 진물이 나와, 일상생활 자체가 힘들고 마음도 무척 힘들었습니다. 저 자신이 타인의 껍데기에 들어가 갇힌 것 같았고, 항암치료가 예전의 저를 없애고 무력한 다른 존재로 바꾸어 놓은 것같이 느껴졌습니다. 그래서 우울해할까 하다가 이런 생각이 들었습니다. '나는 원래 영혼의 눈이 어둡고, 영혼의 다리는 가야 할 곳에 가지 못하며, 영혼의 손은 진물이 흘러 쓰지 못하는 자다. 지금 내 겉모습은 내 영혼의 모습이 겉으로 드러난 것일 뿐이다.' 이런 생각을 하자 무력한 제 상태가 용납되어 받아들여졌고, 이렇게 기도할 수 있었습니다. '하나님, 제 영혼의 눈을 밝혀 주세요. 그리고 영혼의 눈이 밝아지듯이 제 육신의 눈도 밝혀 주세요. 제 영혼의 다리와 손도 고쳐 주시고, 그처럼 제 육신의 다리와 손도 고쳐 주세요.' 그러자 시간이 지나며 눈도, 다리도, 손도, 다 나았습니다. 이렇게 예전에는 해본 적이 없는 제 영혼을 위한 기특한 기도도 할 수 있었고, 육신을 회복시켜 주시는 하나님의 은혜도 누릴 수 있었습니다.

이 성도님은 암환자가 되었다고 절망에 빠진 것이 아니라, 암투병을 자기 영혼을 연마하는 은총의 기회로 승화시켰습니다. 그래서 그분은 이렇게 고백하기도 했습니다. "돌아보니 '슬픔'이 있었던 것이 아니라 가끔씩 지나가는 '슬픈 생각'이 있었던 것뿐이고, '참담함'이 아니라 두세 번 정도 '참담한 느낌'이 있었을 뿐이구나 싶습니다." 얼마나 위대한 신앙고백입니까? 자기 영혼을 연마하는 사람에게는 시간과 공간을 초월하시는 주님 안에서, 이렇듯 지나간 과거에 대한 해석마저 새로워지게 됩니다.

지금 슬픔에 잠겨 있습니까? 자신이 처해 있는 상황이 참담하기만 합니까? 진물이 질질 흐르는 인생을 주체하는 것조차 힘이 듭니까? 바울 한 사람을 위해 그 한밤중에 보병 200명, 기병 70명, 창병 200명, 도합 470명의 군사를 동원하신 주님께서 우리의 주님이심을 잊지 마십시다. 차디찬 감방 속의 바울처럼 지금의 상황을 자신의 영혼을 연마하고, 자기 자신을 주님 앞에서 바르게 추스르는 은혜의 기회로 승화시켜 가십시다. 우리가 가난해도, 실패해도, 병들어도, 세상이 억압해도, 우리에게는 절대로 쪽팔리는 일이 없을 것입니다. 결코 짧지 않은 손을 지니신 주님께서 우리를, 당신의 더 빛난 도구로 사용하시기 때문일 것임은 두말할 나위가 없습니다.

모든 사람이 잠든 그 한밤중에, 바울 한 명을 위해 470명의 군인들을 동원하신 주님께서 오늘도 우리의 주님 되심을 감사합니다. 우리에게 주어진 모든 환경과 상황이, 주님 안에서 우리의 영혼을 연마해 주시기 위한 주님의 은총임을 일깨워 주셔서 감사합니다. 그동안 슬픔과 참담함으로 보였던 상황들이 실은, 슬프게 여겼던 나의 생각과 느낌이었을 뿐임을 일깨워 주심도 감사합니다.

프로야구 선수가 야구를 통해 자기 자신을 연마하듯, 우리에게 주어진 환경과 상황 속에서 말씀과 기도로 우리의 영혼을 연마해 가게 해주십시오. 그리하여 세상에서 사는 동안 하나님과 사람 앞에서 쪽팔리는 일이 없게 해주시고, 날이 갈수록 주님의 빛난 도구로 쓰임 받게 해주십시오. 아멘.

23. 아래와 같이 편지하니

사도행전 23장 22-30절

이에 천부장이 청년을 보내며 경계하되 이 일을 내게 알렸다고 아무에게도 이르지 말라 하고 백부장 둘을 불러 이르되 밤 제삼 시에 가이사랴까지 갈 보병 이백 명과 기병 칠십 명과 창병 이백 명을 준비하라 하고 또 바울을 태워 총독 벨릭스에게로 무사히 보내기 위하여 짐승을 준비하라 명하며 또 이 **아래와 같이 편지하니** 일렀으되 글라우디오 루시아는 총독 벨릭스 각하께 문안하나이다 이 사람이 유대인들에게 잡혀 죽게 된 것을 내가 로마 사람인 줄 들어 알고 군대를 거느리고 가서 구원하여다가 유대인들이 무슨 일로 그를 고발하는지 알고자 하여 그들의 공회로 데리고 내려갔더니 고발하는 것이 그들의 율법 문제에 관한 것뿐이요 한 가지도 죽이거나 결박할 사유가 없음을 발견하였나이다 그러나 이 사람을 해하려는 간계가 있다고 누가 내게 알려 주기로 곧 당신께로 보내며 또 고발하는 사람들도 당신 앞에서 그에 대하여 말하라 하였나이다 하였더라

바울의 조카로부터 유대인 암살단에 의한 바울 암살 모의를 전해들은 천부장은, 그날 밤 9시에 예루살렘에서 104킬로미터 떨어져 있는 가이사랴의

총독 벨릭스에게 바울을 극비리에 이송하기로 하고, 백부장들로 하여금 중무장한 보병 200명, 기병 70명, 창병 200명을 동원하게 하였습니다. 천부장이 그 한밤중에 470명의 군인들로 하여금 바울을 호위하게 한 것이었습니다. 천부장은 바울을 태울 "짐승"도 별도로 준비하게 했습니다. '짐승'으로 번역된 헬라어 '크테노스κτῆνος'는 사람이나 짐을 운송할 수 있는 말 혹은 나귀를 뜻합니다. 31-32절에 의하면 보병 200명, 기병 70명, 창병 200명이 바울을 호위하며 예루살렘을 출발하였지만, 가이사랴를 40여 킬로미터 앞둔 안디바드리부터는 말을 탄 기병 70명만 바울을 호위하였습니다. 바울 역시 말을 타고 달리는 그 기병들과 보조를 맞추어야 했음으로, 천부장이 바울을 위해 준비한 '짐승'이 말이었음을 알 수 있습니다. 천부장이 미결수 한 사람을 위해 모든 사람이 깊이 잠든 한밤중에 무려 470명의 군인들을 동원하고, 또 미결수에게 타고 갈 말까지 제공한 것은, 그의 생애에서 전무후무한 일이었을 것입니다. 주님의 신묘막측한 섭리가 아니라면, 사람으로서는 그 누구도 상상조차 불가능한 일이었습니다.

또 이 아래와 같이 편지하니 일렀으되(25절).

천부장은 또 바울을 호송하는 군인들 편에 총독 벨릭스에게 편지를 써보내었습니다. 이를테면 미결수 바울에 대한 서면 보고서였습니다. 그 내용이 다음과 같습니다.

글라우디오 루시아는 총독 벨릭스 각하께 문안하나이다. 이 사람이 유대인들에게 잡혀 죽게 된 것을 내가 로마 사람인 줄 들어 알고, 군대를 거느리고 가서 구원하여다가, 유대인들이 무슨 일로 그를 고발하는지 알고

자 하여 그들의 공회로 데리고 내려갔더니, 고발하는 것이 그들의 율법 문제에 관한 것뿐이요, 한 가지도 죽이거나 결박할 사유가 없음을 발견하였나이다. 그러나 이 사람을 해하려는 간계가 있다고 누가 내게 알려주기로, 곧 당신께로 보내며 또 고발하는 사람들도 당신 앞에서 그에 대하여 말하라 하였나이다 하였더라(26-30절).

천부장의 이름은 글라우디오 루시아였습니다. 글라우디오는 로마식 이름이고, 루시아는 헬라식 이름입니다. 천부장은 사도행전 22장 28절에서 바울에게, 자신이 막대한 돈을 들여 로마 시민권을 취득하였음을 밝혔었습니다. 이로 미루어, 헬라인이었던 루시아는 로마 제국의 군인이 된 이후에 로마 황제 글라우디아 치하에서 돈으로 로마 시민권을 취득하고, 자기 이름 루시아 앞에 로마식 이름인 글라우디오를 덧붙였음을 짐작할 수 있습니다. 그런 배경을 지닌 천부장의 서면 보고서는, 그가 얼마나 출세 지향적인 인간이었는지를 여실히 보여 주고 있습니다. 출세 지향적인 인간은 진실하지 않습니다. 출세 지향적인 인간, 다시 말해 자기 야망에 사로잡힌 인간은 허세와 과장과 과시 그리고 거짓이 몸에 배어 있습니다. 천부장 글라우디오 루시아가 그런 사람이었습니다.

그의 서면 보고서 내용은 크게 세 단락으로 나눌 수 있습니다.
첫 번째 단락은, 유대인들에게 죽게 된 바울이 로마 시민임을 천부장 자신이 먼저 알고 군사를 동원하여 구해 주었다는 것입니다. 이것이 사실입니까? 새빨간 거짓말이었습니다. 대소동이 일어났다는 보고를 받고 급히 군사를 대동하고 현장에 출동한 천부장은, 왜 유대인들이 바울을 쳐 죽이려 하는지, 시시비비를 가리려 하지 않았습니다. 천부장은 바울을 4천 명의 칼잡이를 동원하여 소요를 일으켰던 이집트인으로 속단하고, 부하들을 시켜 두 쇠사슬로 바울을 결박한 다음, 요새로 끌고가 악명 높은 죽음의 채찍질을 가하게 했습니다. 천부장은, 죄도 확정되지 않은 로마 시민을 채찍질할 수 있느냐는 바울의 책망을 전해 듣고서야 그가 로마 시민인 줄 알았습니다. 그와 동시에 천부장은 두려움에 사로잡혔습니다. 로마 시민인 바울을 재판절차도 없이 쇠사슬로 결박하고 채찍질하려 한 것을 바울이 문제라도 삼으면, 천부장은 더 이상 자기 자리를 보전할 수 없기 때문이었습니다. 다행히 바울이 천부장의 잘못을 문제 삼지 않음으로, 그는 무사할 수 있었습니다. 그런데도 천부장은 로마 시민 바울이 죽음의 위기에 처한 것을 자신이 먼저 알고 달려가, 유대인들의 손에서 로마 시민인 그를 구해 낸 것처럼 거짓 보고를 하고 있습니다. 총독 벨릭스에게 자신이 로마 시민을 보호하기 위해 얼마나 노심초사하고 있는지, 자기 자신을 과시하기 위함이었습니다.

두 번째 단락의 내용은, 유대인들이 왜 바울을 고발하는지 알기 위해 산헤드린 공회를 소집해 보았더니 그들의 율법에 관한 문제일 뿐, 로마제국의 법에 저촉되는 사안은 전혀 없었다는 것입니다. 이것은 사실이었습니다. 그래서 이 보고 내용은, 천부장의 인간 됨됨이를 더 잘 보여 주고 있습니다. 천부장은 예루살렘의 치안 책임자였습니다. 그가 바울에게 잘못이 없음을 확인한 이상, 자신의 권한으로 바울을 풀어 줄 수 있었습니다. 하지만 그는 그렇게 하지 않았습니다. 단지 자신이 풀어 준 로마 시민 바울이 자신의 관할구역 내에서 유대인 암살단원들에게 피살당하는 것을 미연에 방지하기 위함만이었다면, 그는 아무도 모르게 한밤중에 바울을 자기 관할구역 밖으로 호송해 줄 수도 있었을 것입니다. 하지만 천부장은 군인 470명을 동원하면서까지, 바울을 한밤중에 총독 벨릭스에게 이송하였습니다. 로마 시민인 바울을 구실 삼아, 로마 시민에 대한 재판권을 지닌 총독에게 자신의 공을 드러내기 위함이었습니다.

　마지막 단락의 내용은, 바울에 대한 암살 모의가 알려져 자신이 바울을 총독에게 이송하면서, 바울의 고발자들에게도 총독에게 바울을 고발하도록 했다는 것입니다. 이것 역시 사실이 아닙니다. 바울의 조카로부터 유대인들의 바울 암살 계획을 전해 들은 천부장은, 그날 밤 극비리에 바울을 가이사랴로 이송시켰습니다. 바울을 죽이려는 암살단원에게 정보가 새나가지 않게 하기 위함이었습니다. 따라서 천부장이 총독에게 본문의 편지를 쓰던 시각에는, 바울의 고발자들은 바울의 이송 계획조차 모르고 있었습니다. 그런데도 천부장은 그 이전에 바울의 고발자들에게, 바울을 총독에게 고발하도록 이미 통보한 것처럼 거짓 보고를 하고 있습니다.

　우리는 익히 알고 있습니다. 그날 밤 그 한밤중에 천부장으로 하여금, 470명의 군인들을 동원하여 바울을 가이사랴로 이송하게 하신 것은 주님의 신묘막측한 섭리였음을 말입니다. 주님께서 천부장의 배후에서 그 모든 일을 친히 연출하신 것이었습니다. 그렇지만 천부장의 안중에는 주님이 없었습니다. 그는 그 모든 일을 실행한 주인공이 자기 자신이라고 여겼습니다. 그것도 모자라 총독 벨릭스에게 로마 시민 바울을 구실 삼은 자신의 공을 과시하기 위해 사실을 왜곡하여 과장하고, 허위로 가득 찬 거짓 보고서를 올렸습니다. 세상에서 출세 지향적인 인간들이 즐겨 사용하는 수법입니다.

　중요한 사실은 허세와 허위로 가득 찬 그의 보고서가, 왜 거룩하신 하나님의 말씀인 성경에 수록되어 있느냐는 것입니다. 이런 허세와 허위 보고서는 하나님께 결코 통하지 않는다는 사실을 우리에게 일깨워 주시기 위함입니다. 사람은 속일 수 있지만, 하나님은 절대로 속일 수 없다는 것입니다. 천부장이 이 거짓 보고서로 총독의 환심을 사서, 이 이후에 승진하였을 수도 있습니다. 그러나 그다음에는 어떻게 되었겠습니까? 그가 계속하여 승승장구하면서 2천 년이 지난 지금까지 부귀영화를 누리고 있습니까? 그가 허세와 허위로 자신을 과장하고 과시하며 아무리 높아졌다 한들, 그에게 결국 돌아간 것은 고작 한줌의 흙으로 흔적도 없이 사라지는 허망한 죽음뿐이었지 않겠습니까?

천부장은 2천 년 교회 역사상 가장 위대한 사도 바울을 직접 만난 사람이었습니다. 바울과 개인적으로 이야기를 나누었고, 두 번이나 바울의 자기변증을 직접 들었습니다. 바울의 언행에 감화도 받았고, 바울에 대한 호감도 지녔습니다. 하지만 바울의 삶을 본받거나 바울이 증언하는 주님을 영접하기보다는, 도리어 로마 시민인 바울을 이용하여 자신의 입신양명을 도모하였습니다. 바울을 위한 주님의 섭리를 마치 자신의 공로인 양, 허세와 허위로 왜곡하고 과장하며 과시하였습니다. 그리고 그것으로 끝이었습니다. 그는 자기 과시와 과장을 위한 허세와 허위로 가득 찬, 어리석은 인간 표상으로 사도행전 무대에서 퇴장하고 말았습니다. 분명히 그에게도 구원과 주님의 통로로 쓰임 받을 수 있는 기회가 주어졌지만, 스스로 그 기회를 박차버린 셈이었습니다.

주님께서 행하신 일을 자신의 공로인 양 허세와 허위로 왜곡하고 과장하는 사람을 통해서는 주님의 뜻도, 하나님의 나라도 이루어지지 않습니다. 이것이 오늘의 본문이 우리에게 주는 교훈입니다.

내일은 일제의 식민통치에서 해방된 지 71주년을 기념하는 광복절입니다. 주권과 언어와 강토를 강탈당한 지 무려 36년 만에 얻은 해방이라면, 당시의 백성에게 얼마나 감격적인 해방이었겠습니까? 대체 그 해방이 어떻게 주어졌습니까? 우리의 선제적인 노력과 의지의 결과였습니까?

함석헌 선생은 《뜻으로 본 한국 역사》에서 '해방'에 대해 상세하게 설명하고 있습니다. 다소 길긴 하지만, 그 주요 내용을 읽어 드리겠습니다.

그러므로 이 해방에서 우리가 첫째 밝혀야 하는 것은, 이것이 도둑같이 뜻밖에 왔다는 것이다. 해방 후 분한 일, 보기 싫은 꼴이 하나둘만 아니지만, 그중에도 참 분한 일은, 이 해방을 도둑해 가려는 놈들이 많은 것이다. 그들은 자기네만은 이 해방을 미리 알았노라고 선전한다. 그것은 그들이, 이 도둑같이 온 해방을 자기네가 보낸 것처럼 말하여 도둑해 가려는 심정에서 하는 소리다. 그러나 그것은 거짓말이다. 만일 그들이 그렇게 미리 알았더라면, 그렇게 시대를 내다보는 선견지명이 있었다면, 왜 8월 14일까지 그렇게도 겸손히 복종을 하고 있었던가? 그때에 한마디라도 미리 말하여 민중을 위로하고 용기를 가다듬어 준 것이 있다면, 이제 와서 새삼스러이 선전을 하지 않아도 민중이 지도자로 모셨을 것이다.

그만두어라. 솔직하자. 너와 내가 다 몰랐느니라. 다 자고 있었느니라. 신사참배라면 허리가 부러지게 하고, 성을 고치라면 서로 다투어 가며 하고, 시국연설을 하라면 있는 재주를 다 부려서 하고, 영·미를 욕하고, 전향하라면 참 '앗싸리' 전향하고, 곱게만 보일 수 있다면 성경도 고치고, 교회당도 팔아먹고, 신용을 얻을 수 있다면 네 발로 기어도 보이고 개 소리로 짖어도 보여 준, 이 나라의 지사, 사상가, 종교가, 교육자, 지식인, 문인에, 또 해외 유랑 몇십 년 이름은 좋아도 서로서로 박사파, 선생파, 무슨 계, 무슨 단, 하와이와 샌프란시스코에서는 미국인 심부름꾼 노릇을 하며 세력 다툼을 하고, 중경·남경선 중국인의 강낭죽을 얻어먹으며 자리 다툼을 하던 사람들이 알기는 무엇을 미리 알았단 말인가? 이 나라가 해방될 줄을 미리 안 사람은 하나도 없다. 또 설혹 어떻게 해 미리 알았다 하더라도, 그래서 미리 싸웠던 사람은 하나도 없다. (중략) 미리 알았노라는 협잡꾼을 물리쳐라. 정치가 본래 협잡이니라. 협잡 아니라는 놈일수록 협잡이니라. 도둑같이 왔으면 주인 없는 해방이기 때문에, 당연히 그것은 씨알(민중)의 것이 된다.

둘째로 알아야 할 것은, 이 해방은 하늘에서 온 것이라는 것이다. 아무도 모른 것은 아무도 꾸민 사람이 없기 때문이다. 사람이 꾸미지 않고 온 것은 하늘의 선물이다. 이것은 하늘에서 직접 민중에게 준 해방이다. 아무도 여기 대하여 공로를 주장할 중간적인 자가 없다. 종이 될 때 반항도 못하고 되었던 것같이, 놓일 때에도 아무 힘 쓴 것 없이 갑자기 뜻밖에 놓였다. 뜻밖이니만큼 기쁨이 더 크다. 이것은 아마 섭리가 우리의 기뻐하는 것을 보자고, 그리하여 착한 마음이 저절로 소성되는 것을 보자고, 일부러 하신 일이다. 한 개의 교육이다. (중략)

대체 카이로 회담은 왜 있었으며, 포츠담 조약은 또 왜 있었으며, 스탈린과 루즈벨트 밀담은 왜 있었나? 일이 왜 그렇게 극비밀리에 되었으며, 러시아는 왜 그렇게 약속을 어기고 재빨리 행동을 하여 전쟁의 종국이 벼락 식으로 오게 되었나? 왜 원자탄이며, 왜 일본의 급작 항복인가? 아무리 과학적인 관찰로 하더라도, 이것을 우연이라 하기에는 너무도 계획적으로 보이지 않나? 모든 일이 어떤 합점을 향하여 갑자기 집중되는 것 같지 않은가? 그리고 그 한 점은 무엇일까? 남의 일은 또 몰라도, 적어도 우리 자리에서 보면 해방을 하루아침 하늘에서 떨어뜨리기 위한 것이라고밖에 설명할 수 없다. 객관적인 사실을 우리는 모른다. 일의 뜻을 생각할 때, 그렇게밖에 설명할 길이 없다.

구구절절 옳은 말입니다. 함석헌 선생이 해방을 "하늘의 선물"이라 말한 것은 '하나님의 선물'이라는 의미입니다. 미국이 1945년 8월 6일과 9일에 일본의 히로시마와 나가사키에 차례로 원자폭탄을 투하함으로, 불과 엿새 후인 8월 15일에 일본 천황 히로히토의 무조건 항복으로 우리에게 해방이 주어지기까지, 해방이 그렇게 하루아침에 갑자기 주어질 것을 예상한 사람은 없었습니다. 함석헌 선생 말대로 해방은 우리 민족에게 도둑같이 임한 하나님의 선물이었습니다. 이스라엘 백성을 이집트의 노예살이에서 해방시키신 하나님께서 일제 치하에서 억압받던 우리 백성에게, 세계사의 격변 속에서 해방을 선물로 주신 것이었습니다. 그러나 해방 직후 우리 사회는 어떠하였습니까? 함석헌 선생의 지적처럼 해방을 자기 공로로 과시하고 과장하는 정치인들과 정파들로 우리 사회는 사분오열되었고, 급기야 비극적인 한국전쟁을 치러야만 했습니다. 만약 그때 이 땅의 백성이 도둑같이 갑자기 찾아온 해방, 하나님께서 선물로 내려 주신 해방에 감사하면서 겸손하게 하나님의 뜻을 좇았더라면, 우리나라는 지금 서로서로 존중하면서 하나님의 공의가 하수처럼 흐르는 정의로운 나라가 되어 있을 것입니다.

교회라고 다르지 않았습니다. 복음이 이 땅에 전파된 지 불과 한 세기만에 전 국민의 4분의 1이 주님을 영접하는, 2천 년 기독교 역사상 초유의 일이 이 땅에서 가능할 수 있었던 것 역시, 일제강점기의 치욕과 한국전쟁의 격랑 속에서 하나님께서 내려 주신 하나님의 은총이었습니다. 그러나 교회의 부흥이 자신들의 공로라고 과장하고 과시하던 교회 지도자들에 의해 교회는 성경에서 벗어나 세속화되었고, 세상의 신뢰를 상실하고 말았습니다. 하나님께서 거저 주신 해방의 선물을 자기 공로로 과장하고 과시하다가 나라를 사분오열시킨 정치 지도자들, 하나님께서 은혜로 주신 교회 부흥을 자기 공로로 과시하고 과장하다가 교회를 비난과 조롱의 대상으로 전락시킨 교회 지도자들, 그들은 모두 바울을 구원하신 하나님의 섭리를 자기 공로인 양 과시하고 과장한, 허세와 허위에 찬 본문의 천부장과 조금도 다르지 않습니다. 그런 사람들이 세상에서 자기 이권을 확실하게 챙길 수는 있겠으나, 이 세상을 바로 세우는 하나님의 통로로 쓰임 받을 수는 없습니다.

사도 바울은 고린도전서 13장에서 사랑의 특성을 설명하면서, '사랑은 자랑하지 않는다'고 증언하였습니다. '자랑하다'는 의미의 헬라어 '페르페류오마이περπερεύομαι'는 '허풍선'을 뜻하는 '페르페로스πέρπερος'에서 파생된 단어라고 했습니다. '자랑'은 자기 우월성을 과시하거나 반대로 자기 열등감을 감추기 위해 자신의 행위를 계속 과장하는 것입니다. 바울은 또 '사랑은 교만하지 않다'고 밝혔습니다. '교만하다'로 번역된 헬라어 '휘시오오φυσιόω'는 '부풀리다', '부풀게 하다'는 의미입니다. 방금 '자랑'은 자신의 행위를 과장하는 것이라고 했는데, 그 과장이 계속되다 보면 아예 자기 자신을 부풀리게 됩니다. 이것이 '교만'입니다. '교만'은 실제의 자신보다 자기를 훨씬 더 높고 크게 여기는 것입니다. 다시 말해 실제의 자기 자리보다 월등하게 높은 자리에 자신을 앉히는 것입니다. 그래서 교만한 사람은 하나님도, 사람도, 바르게 사랑할 수 없습니다. 무슨 일이든 잘못되면 모두 남의 탓이요, 잘되면 어김없이 자신의 공로인 양 허위와 허세로 과장하고 과시할 것이기 때문입니다. 교만한 사람에게는 하나님도, 사람도, 자기를 드높이기 위한 수단에 지나지 않습니다.

오직 겸손한 사람만 하나님과 사람을 바르게 사랑할 수 있습니다. 겸손한 사람은 하나님의 뜻을 좇아 최선을 다하고서도 하나님의 은혜 앞에서는 누가복음 17장 10절 말씀처럼 자신이 "무익한 종"임을 잊지 않을 것이요, 사람들 앞에서는 무슨 일이든 하나님의 섭리요 은혜라고 하나님께 영광을 돌릴 것이기 때문입니다. 그런 겸손한 사람을 통해 하나님의 나라가 확장되고, 어둡고 혼탁한 이 세상이 밝아지고 맑아짐은 두말할 나위가 없습니다.

광복 71주년을 하루 앞둔 오늘, 주님께서 본문을 통해 우리에게 주신 교훈을 잊지 마십시다. 하나님의 섭리를 자신의 공로인 양 허세와 허위로 과시하고 과장하던 천부장의 교만과 어리석음을 과감하게 떨쳐 버리십시오. 무너진 이 땅의 교회를 회복시켜 주실 분도, 혼돈과 혼란에 빠진 이 나라를 바로 세워 주실 분도, 삼위일체 하나님뿐이심을 잊지 마십시다. 겸손하게 그분의 말씀을 좇으며, 그분과 사람을 바르게 사랑하는 이 시대의 바울이 되십시다. 결코 짧지 않은 손을 지니신 주님께서 바울을 통해 로마제국을 새롭게 하셨듯, 우리를 통해 이 땅의 교회와 우리 사회도 반드시 회복시켜 주실 것입니다. 언제나 소망은 허세와 허위로 자신을 과장하고 과시하는 인간이 아니라, 오직 인간의 죗값을 대신 치러 주신 십자가의 주님께만 있습니다.

지난밤 내가 잠자는 동안, 나의 의지와 무관하게 나의 심장이 밤새도록 뛰었던 것은 하나님의 은혜였습니다. 오늘 이 시간 구원받은 그리스도인으로 이 자리에 나와 삼위일체 하나님을 찬양하고, 하나님의 말씀을 들으며, 하나님께 예배드릴 수 있는 것도 하나님의 은혜입니다. 내게 만 개의 입이 있고, 만 개의 손과 발이 있어, 그 모든 것으로 하나님을 위해 헌신한다고 해도, 예수 그리스도의 십자가 보혈로 나를 구원해 주신 하나님의 은혜를 생각하면, 나는 언제나 무익한 종일 뿐입니다. 그래도 이 무익한 종을 사랑하고 믿어 주시며, 언제나 함께해 주셔서 감사합니다. 하나님의 섭리 아니고는 공중의 참새 한 마리도 떨어지지 않습니다. 하물며 36년 동안 나라를 강탈당했던 이 백성에게 도둑같이 찾아온 해방, 하늘에서 하나님의 선물로 내려 주신 해방이야 두말해 무엇하겠습니까? 해방 71주년을 맞아 우리 모두 이제부터 겸손하게 하나님과 사람을 바르게 사랑하며, 하나님의 뜻을 좇아 사는 참된 그리스도인이 되게 해주십시오. 세상 모든 일이 마치 자신의 공로인 양, 허위와 허세로 과장하고 과시하던 천부장의 어리석음과 교만을 되풀이하지 않게 해주십시오. 이 땅에 그리스도인들이 있음으로, 우리 사회와 이 땅의 교회가 결코 짧지 않은 손을 지니신 주님 안에서 영원한 생명과 진리의 광복을 누리게 해주십시오. 아멘.

24. 헤롯 궁에 그를 지키라

사도행전 23장 31-35절

보병이 명을 받은 대로 밤에 바울을 데리고 안디바드리에 이르러 이튿날 기병으로 바울을 호송하게 하고 영내로 돌아가니라 그들이 가이사랴에 들어가서 편지를 총독에게 드리고 바울을 그 앞에 세우니 총독이 읽고 바울더러 어느 영지 사람이냐 물어 길리기아 사람인 줄 알고 이르되 너를 고발하는 사람들이 오거든 네 말을 들으리라 하고 **헤롯 궁에 그를 지키라** 명하니라

모든 사람들이 깊이 잠든 한밤중에, 드디어 바울은 중무장한 보병 200명, 기병 70명, 창병 200명의 호위 속에 예루살렘을 출발하였습니다. 미결수 바울은 보병이나 창병처럼 도보로 행군한 것이 아니라, 천부장이 제공해 준 말을 타고 갔습니다. 바울을 고발한 대제사장들이나 산헤드린 공회 의원들 중에 어느 누군들, 로마제국의 군인 470명의 호위를 받아 본 적이 있었겠습니까? 지중해 세계를 석권한 로마제국의 고관대작 가운데, 그런 호위를 받을 수 있는 사람이 몇 명이나 되었겠습니까? 하지만 불과 40여 명

의 암살단원들로부터 바울을 보호하시기 위해, 하나님께서는 암살단원들보다 열 배가 넘는 군인들을 동원하셨습니다. 바울을 둘러 호위하고 있는 470명의 군인들은 바울을 위한, 결코 짧지 않은 손을 지니신 하나님의 섬세한 손길이었습니다.

그러나 바울의 예루살렘 출발의 참된 의의는, 유대인 암살단의 마수에서 벗어나기 위한 육체적 도피에 있지 않았습니다. 주님께서 로마군 요새의 차디찬 감방에 갇혀 있던 바울의 곁에서, 바울에게 약속하시지 않았습니까?

> 담대하라. 네가 예루살렘에서 나의 일을 증언한 것같이 로마에서도 증언하여야 하리라(11절).

바울이 예루살렘에서 주님의 증인이었던 것처럼, 로마에서도 당신의 증인이 되리라는 주님의 언약이었습니다. 바울이 자신의 마지막 생을 던져야 할 최종 목적지가, 제국의 수도 로마였던 것입니다. 따라서 지금 예루살렘을 출발한 바울은 군인 470명의 호위를 받으며, 주님께서 언약하신 그 로마를 향해 첫발을 내디딘 것입니다. 그렇다면 그날 밤 예루살렘을 출발하면서 마상의 바울이 누렸을 감격을 어찌 필설로 다할 수 있겠습니까?

주님께서 말씀하셨습니다.

> 참새 두 마리가 한 앗사리온에 팔리지 않느냐. 그러나 너희 아버지께서 허락하지 아니하시면, 그 하나도 땅에 떨어지지 아니하리라. 너희에게는 머리털까지 다 세신 바 되었나니, 두려워하지 말라. 너희는 많은 참새보다 귀하니라(마 10:29-31).

이 세상 어느 누가 사람의 머리카락을 정확하게 셀 수 있겠습니까? 그러나 우리를 창조하신 하나님께서는 우리 각자의 머리카락 수까지 다 세고 계십니다. 우리의 머리카락 세는 것이 하나님의 취미여서가 아니라, 하나님께서 그 정도로 우리의 사정과 형편을 세밀하고도 정확하게 알고 계신다는 말입니다. 그래서 주님께서는 제자들에게 이 세상의 그 무엇도 "두려워하지 말라"고 말씀하셨습니다. 하나님께서 우리의 머리카락 수까지 정확하게 세시는 그 능력으로, 언제나 당신의 방법에 따라 우리의 삶을 책임져 주실 것이기 때문입니다.

지금 바울은 자신의 상상을 초월한, 하나님의 그 책임져 주심을 직접 확인하고 있습니다. 군인 470명의 호위 속에서 가이사랴를 향해 출발하는, 아니 주님께서 언약하신 제국의 심장 로마로 향해 첫발을 내딛는 바울의 심장이, 터질 듯이 하나님을 찬양하지 않았겠습니까? 한밤의 정적을 가르는 보병 200명과 창병 200명의 발자국 소리, 기병 70명이 타고 가는 일흔 필의 말발굽 소리는, 바울의 귀에는 하나님을 찬미하는 웅장한 코러스로 울리지 않았겠습니까? 이미 인생말년에 접어든 바울은, 코 끝에 호흡이 남아있는 한, 삼위일체 하나님께 자신을 아낌없이 더더욱 드리리라 새롭게 다짐하지 않았겠습니까?

말씀을 좇아 사는 사람이, 계속하여 말씀대로 살아가는 까닭이 여기에 있습니다. 말씀대로 사는 사람만 성경 말씀이 단순한 인쇄물이 아니라, 인간의 삶을 책임져 주시는 하나님의 능력임을 확인할 수 있기 때문입니다. 말씀대로 사느라 때로 불이익을 당하고 원치 않는 고난을 겪어도, 말씀에 의해 하나님께서 하나님의 때에 하나님의 방법으로 책임져 주시는 삶만이 그 어떤 후유증도 없는, 참된 가치와 의미 있는 삶임을 아는 것입니다. 말씀대로 살지 않고는, 결코 확인할 수 없는 하나님의 은혜입니다.

오늘의 본문을 보시겠습니다.

> 보병이 명을 받은 대로 밤에 바울을 데리고 안디바드리에 이르러, 이튿날
> 기병으로 바울을 호송하게 하고 영내로 돌아가니라(31-32절).

바울을 호송하는 470명의 군인들은 밤새도록 행군하여 이튿날, 예루살렘
에서 약 60킬로미터 떨어진 안디바드리에 도착하였습니다. 말을 타지 않은
보병 200명과 창병 200명이 하룻밤에 60킬로미터를 도보로 행군했을 정도
로, 그들의 행군은 강행군이었습니다. 그리고 안디바드리에서 보병 200명과
창병 200명은 예루살렘으로 되돌아가고, 그곳에서부터는 기병 70명만 바
울을 호위하였습니다. 예루살렘에서 60킬로미터 떨어진 안디바드리라면, 예
루살렘에 있는 유대인 암살단의 영향권에서 완전히 벗어났다고 판단한 것이
었습니다. 말을 탄 바울은 안디바드리에서부터는 기병 70명과 보조를 맞추
어, 약 40킬로미터 떨어진 가이사랴로 달렸습니다.

> 그들이 가이사랴에 들어가서 편지를 총독에게 드리고, 바울을 그 앞에
> 세우니(33절).

가이사랴에 도착한 기병들은 총독 벨릭스에게 천부장의 편지를 전달하
고, "바울을 그 앞에 세"웠습니다. 총독의 법정에 바울을 미결수 신분으로
세웠다는 말입니다.

> 총독이 읽고, 바울더러 어느 영지 사람이냐 물어 길리기아 사람인 줄 알고
> (34절).

총독은 천부장의 편지를 읽었습니다. 지난 시간에 확인해 보았던 것처럼, 천부장이 미결수 바울에 대하여 서면 보고서로 쓴 그 편지는 천부장의 자기 과장과 과시를 위한, 허위와 허세로 가득찬 거짓 보고서였습니다. 총독이 그 보고서를 읽고 천부장의 거짓됨을 헤아릴 수 있었겠습니까? 총독 벨릭스는, 잠시 후에 다시 말씀드리겠습니다만, 평소에 뇌물을 밝히는 인간이었습니다. 그는 자기 수하 사람들 중에 누가 의롭고, 강직하며, 맡은 소임에 충성을 다하는지 헤아릴 의지도, 능력도 없었습니다. 누구든 뇌물을 바치기만 하면, 능력이나 자질과는 상관없이 그 사람을 우대하는 부패한 관리였습니다.

오늘날에도 자기에게 주어진 직위를 이용하여 불의한 방법으로 사욕을 채우는 사람들이 도처에 있습니다. 그런 사람들이 세상에서는 호의호식할지 몰라도, 그들에게 그 직위를 맡기신 하나님께서는 반드시 하나님의 때에 하나님의 방법으로 그 책임을 물으실 것입니다. 우리가 어떤 직위에 있든, 그 직위를 맡겨 주신 하나님 앞에서 우리는 청지기일 뿐임을 잊어서는 안 됩니다.

천부장의 보고서를 읽은 총독 벨릭스는 바울에게 어느 영지 출신인지 물었습니다. 바울이 누구의 관할지에 속한 사람인지 확인하기 위함이었습니다. 로마제국에는 수도 로마처럼 황제가 직접 통치하는 지역도 있었고, 원로원이 관할하는 지역도 있었습니다. 만약 바울이 그런 지역 출신이라면 자신의 관할권이 미치지 못하므로, 총독 벨릭스는 바울을 해당 지역으로 보내야만 했습니다. 바울은 길리기아 출신이었습니다. 유대 총독 벨릭스는 당시 수리아와 길리기아 지방의 대리대사를 겸하고 있었으므로, 길리기아 출신인 바울에 대해 재판권을 행사할 수 있었습니다.

이르되, 너를 고발하는 사람들이 오거든 네 말을 들으리라 하고, 헤롯 궁에 그를 지키라 명하니라(35절).

총독 벨릭스는 바울의 고발자들이 오면 재판을 열기로 하고, 부하들에게 바울을 '헤롯 궁에 지키라'고 명령하였습니다. 헤롯 궁은 그 유명한 헤롯 대왕이 지중해 연안 도시인 가이사랴에 자신을 위해 건축한 궁전이었습니다. 그러나 그의 사후에, 유대 지방의 행정수도가 예루살렘에서 해상교통이 편리한 가이사랴로 변경됨과 동시에, 헤롯 궁은 유대 총독의 관저가 되었습니다. 옛날 궁전에는 지하실에 감옥이 딸려 있었습니다. 총독 벨릭스가 부하들에게 바울을 '헤롯 궁에 지키라'고 명령한 것은 헤롯 궁의 지하감옥에 그를 투옥시킨 것일 수도 있고, 사도행전 24장 23절이 시사하는 것처럼 미결수 바울이 로마 시민이므로 궁전의 한 방에 연금시킨 것일 수도 있습니다. 어느 쪽이든, 바울이 헤롯 궁 안에 구금되었다는 의미에서는 동일하였습니다.

가이사랴는 바울의 최종 목적지가 아니었습니다. 주님께서 언약하신 것처럼, 바울의 최종 목적지는 제국의 심장 로마였습니다. 예루살렘에서 군인 470명의 호위를 받으며 로마를 향해 첫발을 내디뎠던 바울에게 가이사랴는, 잠시 거쳐가는 경유지에 지나지 않았습니다. 그렇다면 바울에 대한 재판이 속히 열려, 바울이 하루라도 빨리 가이사랴를 떠나는 것이 마땅할 것입니다. 하지만 바울의 상황은 우리의 예상과는 전혀 다르게 전개되었습니다.

사도행전 24장 26-27절에 의하면, 총독 벨릭스는 재판에 연루된 사람들로부터도 뇌물을 거두어들였습니다. 뇌물을 바치면 유전무죄가 되고, 뇌물을 바치지 않으면 무전유죄로 만들거나 무한정 재판을 지연시켜 당사자를 괴롭혔습니다. 대부분의 신흥종교 지도자들이 그렇듯이, 총독 벨릭스는 그리스도교로 불리는 신흥종교의 지도자 바울에게도 돈이 많으리라고 생각하였습니다. 벨릭스는 돈 많은 바울이 으레 뇌물을 건넬 것이라 기대하고 여러 차례나 불러내어 개인적으로 이야기를 나누었지만, 바울은 도무지 뇌물을 바칠 기미를 보이지 않았습니다. 그러자 총독 벨릭스는 별다른 이유도 없이 바울을, 무려 2년 동안이나 헤롯 궁에 방치해 두었습니다. 총독 벨릭스는 그렇듯 모든 일을 자신의 잇속을 챙기는 데 이용하는, 전형적인 탐관오리였습니다.

그 탐관오리 총독 벨릭스 때문에, 로마로 가야 할 바울이 2년 동안이나 할 일 없이 가이사랴의 헤롯 궁에 구금되어 있어야 한다는 것은, 아무리 생각해도 선뜻 이해하기 어렵습니다. 바울의 로마행은 그의 개인적인 계획이 아니라, 주님께서 바울에게 언약하신 주님의 뜻이었습니다. 그렇다면 바울이 속히 가이사랴를 떠나, 하루라도 더 빨리 로마에 당도해야 하지 않겠습니까? 하지만 바울은 탐관오리 총독 벨릭스에게 가로막혀, 2년 동안 가이사랴에서 허송세월을 보내야만 했습니다. 이것을 대체 어떻게 이해해야 하겠습니까? 그것은 전혀 난해한 문제가 아닙니다. 바로 그것이 인간의 상상을 초월한, 주님의 섭리였습니다. 바울은 까닭 없이 가이사랴의 헤롯 궁에 구금당하여, 아무 할 일 없이 2년 동안 허송세월한 것이 결코 아니었습니다.

바울은 그동안 세 차례나 지중해 세계를 누비며 전도 여행을 하였습니다. 이곳에서 전도하다 길이 막히면 전도 대상지를 저곳으로 옮겼습니다. 이곳저곳 옮겨 다니는 동안에 고린도후서 11장의 고백처럼 매질과 돌팔매질을 당하기도 하고, 바다에서 조난에 직면하기도 하고, 광야의 위험과 강도의 위험을 겪기도 하고, 가난과 추위와 굶주림으로 헐벗기도 했습니다. 하지만 로마는, 바울이 그동안 거쳐온 그 어떤 전도 대상지와도 같지 않았습니다. 로마는, 예수 그리스도의 피로 붉게 물들여야 할 제국의 심장이었습니다. 예수 그리스도의 피가 제국의 심장을 소생시킬 수 있게끔, 자신의 마지막 생을 송두리째 던져야 할 최후의 종착지였습니다. 바울은 그 로마에서 주님을 위해 의연하게 참수형을 당했고, 바울의 순교로 제국의 심장은 마침내 예수 그리스도의 피로 붉게 물들었습니다.

주님께서는 바로 그날을 위해, 바울로 하여금 가이사랴에서 2년 동안 철저하게 준비하게 하신 것이었습니다. 사람이 모르고 죽는 것은 조금도 어렵지 않습니다. 사고를 당해 죽거나 심장마비로 죽는 데에는, 훈련이나 준비를 필요로 하지 않습니다. 오랜 지병 끝에 죽는 것도 어렵지 않습니다. 오랜 기간에 걸친 투병 그 자체가 죽음을 위한 준비입니다. 그러나 사람이 죽을 줄 알면서 죽는 것, 그것도 죄 없이 목이 잘려 비참하게 죽을 줄을 뻔히 알면서도 그 죽음을 피하지 않고, 도리어 자진하여 사지로 찾아 들어가는 것은 절대로 쉬운 일이 아닙니다. 사람이 멀쩡하게 알면서도 죽기 위해서는, 그 자신이 생명으로 충만해야 합니다. 그래야 죽음이, 죽음을 초월한 생명으로 승화됩니다. 이것이 주님께서 바울로 하여금 로마에 이르기 전, 2년 동안 가이사랴에서 준비하게 하신 이유였습니다.

가이사랴에서 바울은 2년 동안 헤롯 궁에 구금되어 있었습니다. 헤롯 궁은 건축광인 헤롯 대왕이 자신을 위해 건축한 궁전인 만큼 얼마나 화려하고 웅장했겠습니까? 하지만 헤롯 대왕은 자신을 위해 건축한 그 궁전에서 천년만년 살지 못했습니다. 그의 사후에는 후손들이 버젓이 살아 있었지만 그들의 차지가 된 것도 아니었습니다. 지중해 세계의 패자 로마제국의 총독이 그 궁전의 주인이 되었습니다. 그리고 지금은 로마제국도, 그 궁전도, 모두 사라지고 말았습니다. 헤롯 궁이야말로 인생무상의 상징이었습니다.

바울은 인생무상의 상징인 바로 그 헤롯 궁에서 2년 동안 영원하신 주님의 말씀으로, 영원하신 주님의 생명으로, 자신을 충만하게 채웠습니다. 고린도후서 4장 16절을 통한 바울의 고백을 빌리자면, 인생말년에 접어든 바울의 겉사람은 2년 동안 더 낡아졌지만, 그의 속사람은 주님 안에서 날로 더욱 강하고 새로워졌습니다. 그리고 마침내 그가 로마에서 주님을 위해 참수형을 당함으로, 제국의 심장 로마를 예수 그리스도의 피로 붉게 물들여 주님 안에서 소생시켰습니다. 자신이 죽어 로마제국을 주님의 피로 새롭게 하였을 뿐 아니라, 그 자신도 주님 안에서 영원히 살았습니다. 바울의 심령이 영원하신 주님의 생명으로 충만하지 않았던들 가당찮았을 일이었습니다.

바울은 총독 벨릭스에게 뇌물을 바치지 않았다는 죄 아닌 죄 때문에, 2년 동안 헤롯 궁에 구금당해 있어야만 했습니다. 그러나 그 2년은 주님의 특별한 은총의 기간이었습니다. 그 2년 동안 바울의 심령은 주님의 생명으로 농익을 대로 농익어, 마침내 죽어서 도리어 영원히 살고, 영원히 살리는, 영원한 생명의 통로가 되었습니다. 그래서 그는 참수형을 당하기 전 로마의 지하감옥에서, 우리를 향해 이렇게 권면합니다.

주 안에서 항상 기뻐하라. 내가 다시 말하노니 기뻐하라(빌 4:4).

바울은 어떤 상황이든, 주님 안에서 반드시 "모든 것이 합력하여 선"(롬 8:28)으로 귀결됨을 자신의 믿음과 삶의 경험을 통해 분명하게 알고 있었습니다. 인간의 지식과 판단을 초월하는 주님의 섭리는 언제나 신묘막측하기 때문입니다. 그래서 그는 자신이 원치 않는 상황 속에서도 범사에 감사할 수 있었고, 항상 기뻐할 수 있었습니다. 이런 의미에서 2년에 걸친 헤롯 궁의 구금생활 역시 바울에게는 크나큰 감사와 기쁨의 조건이었습니다.

의를 행하거나 불의와 타협하지 않았다는 이유로 지금, 자기 인생이 억울하게 헤롯 궁에 구금되어 있습니까? 경제적이거나 건강상의 이유로 지금,

자기 인생이 원치 않는 헤롯 궁에 갇혀 있습니까? 그렇다면 오히려 감사하며 기뻐하십시다. 우리를 그 헤롯 궁으로 이끌어 들이신 분이 주님이심을 잊지 마십시다. 인생무상의 상징인 그 헤롯 궁에서, '모든 육체는 풀과 같고 그 모든 영광은 풀의 꽃과 같으니, 풀은 마르고 꽃은 떨어지되 오직 주의 말씀은 세세토록 있음'(벧전 1:24-25)을 날마다 우리의 마음속에 되새기십시다. 주님의 그 말씀으로, 그 말씀의 생명과 능력으로, 우리의 심령을 날마다 충만하게 채워 가십시다. 우리의 심령을 주님의 생명으로 채우는 것은, 우리가 두 발 딛고 있는 이 세상의 심장을 예수 그리스도의 피로 붉게 물들이는 것입니다. 그때 우리 역시 바울처럼 죽어서 도리어 영원히 살고, 영원히 살리는, 영원한 생명의 통로로 우뚝 서게 될 것입니다. 결코 짧지 않은 손을 지니신 주님께서 인생무상의 상징인 헤롯 궁으로 우리를 부르신 이유가, 바로 거기에 있습니다.

주님의 증인인 바울이 로마에 이르기 전에, 주님께서 2년 동안 그를 가이사랴의 헤롯 궁에 갇혀 있게 하셨습니다. 인생무상의 상징인 헤롯 궁은, 풀은 마르고 꽃은 떨어지되 오직 주님의 말씀만 세세토록 있음을 확인하고, 그 말씀의 생명과 능력으로 자신을 채우기에 가장 적합한 곳이었습니다. 바울은 그 과정을 거쳐 로마제국의 심장을 예수 그리스도의 피로 붉게 물들이는, 우리가 알고 있는 사도 바울이 되었습니다.

의를 행하고 불의와 타협하지 않았다는 이유로 지금 헤롯 궁에 갇혀 있다면, 경제적이거나 건강상의 이유로 지금 원치 않는 헤롯 궁에 갇혔다면, 도리어 감사하며 기뻐하게 해주십시오. 인생무상의 헤롯 궁에서 우리의 심령을 영원하신 주님의 말씀으로, 말씀의 생명과 능력으로 날마다 충만하게 채워 가게 해주십시오. 우리의 겉사람은 하루하루 낡아져도, 우리의 속사람은 결코 짧지 않은 손을 지니신 주님 안에서 점점 더 강하고 새로워지게 해주십시오. 우리로 인해 이 세상의 심장이 예수 그리스도의 피로 붉게 물들게 해주십시오. 바울처럼 죽어서 도리어 영원히 살고, 영원히 살리는, 영원한 생명의 통로로 우뚝 서게 해주십시오. 아멘.

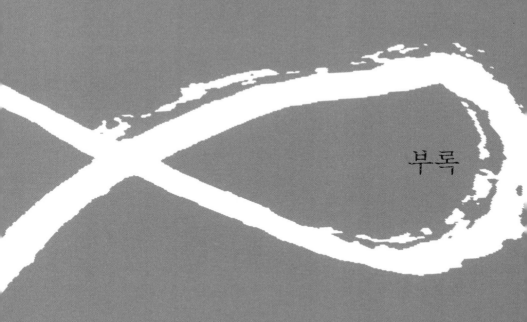

부록

신년 0시 예배 **여호와의 손이 짧으냐**

2016년 1월 1일

여호와의 손이 짧으냐 신년 0시 예배

민수기 11장 18-23절

또 백성에게 이르기를 너희의 몸을 거룩히 하여 내일 고기 먹기를 기다리라 너희가 울며 이르기를 누가 우리에게 고기를 주어 먹게 하랴 애굽에 있을 때가 우리에게 좋았다 하는 말이 여호와께 들렸으므로 여호와께서 너희에게 고기를 주어 먹게 하실 것이라 하루나 이틀이나 닷새나 열흘이나 스무 날만 먹을 뿐 아니라 냄새도 싫어하기까지 한 달 동안 먹게 하시리니 이는 너희가 너희 중에 계시는 여호와를 멸시하고 그 앞에서 울며 이르기를 우리가 어찌하여 애굽에서 나왔던가 함이라 하라 모세가 이르되 나와 함께 있는 이 백성의 보행자가 육십만 명이온데 주의 말씀이 한 달 동안 고기를 주어 먹게 하겠다 하시오니 그들을 위하여 양 떼와 소 떼를 잡은들 족하오며 바다의 모든 고기를 모은들 족하오리이까 여호와께서 모세에게 이르시되 **여호와의 손이 짧으냐** 네가 이제 내 말이 네게 응하는 여부를 보리라

이스라엘 백성이 이집트의 노예살이에서 해방되어 출애굽한 것은, 그들의 의지나 능력으로 인함이 아니었습니다. 그것은 전적으로 하나님의 은혜로

인함이었습니다. 하나님께서 모세를 당신의 도구 삼아 그들을 해방시켜 주신 것이었습니다. 당시 모세의 나이는 팔십 세였습니다. 그렇지만 이스라엘 백성을 해방시키시려는 하나님의 역사가, 모세의 나이 팔십 세가 되었을 때에야 비로소 시작한 것은 아니었습니다.

출애굽기 1장은 이집트의 파라오가 기하급수적으로 증가하는 이스라엘 노예의 수를 억제하기 위해, 이스라엘 노예가 사내아이를 낳으면 나일강에 던져 죽이라는 무시무시한 명령을 내리는 것으로 시작됩니다. 그리고 출애굽기 2장은 노예가 낳은 한 사내아이에 대한 증언입니다. 그 사내아이를 낳은 어미는 파라오의 명령을 어기고 석 달 동안 아이를 숨겨 키웠습니다. 그러나 더 이상 숨길 수 없게 되자, 어미는 갈대상자에 아이를 넣어 나일강 갈대 사이에 두었습니다. 마침 나일강에 목욕하러 나온 이집트의 공주가 그 갈대상자를 발견하고, 그 속에서 갓난아이가 울고 있는 것을 보고는, 그 아이가 자기 아버지가 죽이라고 명한 노예의 아들임을 알고도 자신의 양자로 삼았습니다. 그 덕분에 죽었어야 할 노예의 사내아이는 죽임을 면하고, 오히려 왕자의 신분으로 왕궁에서 40년 동안 제왕 교육을 받으며 지도자의 자질을 배양하였습니다. 그 아이가 바로, 하나님께서 80년 후에 출애굽의 도구로 사용하신 모세였습니다. 모세를 통해 이스라엘 백성을 이집트의 노예살이에서 해방시키기 80년 전부터, 하나님께서는 이스라엘 백성의 해방을 위해 그렇듯 치밀하고도 신묘막측하게 역사하고 계셨던 것입니다.

하나님께서는 자식이 없는 아브라함에게 아들을 주실 것을 약속하시면서, 그 후손들이 400년 동안 이집트의 노예살이를 거치게 될 것임을 예고하셨습니다. 노예는 더 이상 내려갈 곳이 없는, 가장 밑바닥 인생입니다. 하나님께서는 사랑하는 아브라함의 후손들을 온실 속에서 나약하게 키우시지 않고, 가장 밑바닥 인생에서부터 강인하게 훈련시키기 원하셨던 것입니다. 그리고 하나님께서는 당신이 작정하신 400년이 이르기 80년 전에 모세를 태어나게 하시고, 출생과 동시에 죽었어야 할 모세를 당신의 방법으로 살리심으로, 그때부터 벌써 이스라엘 백성의 해방을 위한 당신의 신비로운 섭리를 펼치기 시작하셨습니다. 하지만 이스라엘 백성은 그 사실을 전혀 깨닫지 못했습니다. 그들은 해방 80년 전부터 하나님의 신비로운 섭리가 자신들을 위해 한 치의 오차도 없이 펼쳐지고 있는 중이라는 사실을 상상조차 하지 못했습니다. 아니, 하려고도 하지 않았습니다. 그들은 단지 노예생활의 절망과 비관 속에서 원망하며 신음하였을 뿐입니다.

우리는 우리의 두 눈들로 모든 것을 볼 수 있는 것처럼 착각하지만, 실은 우리가 볼 수 있는 것은 지극히 제한적이라고 했습니다. 내 몸속을 내가 들여다볼 수 없고, 벽 너머를 볼 수 없으며, 우주처럼 크거나 세균처럼 작은 것도 볼 수 없고, 태양처럼 눈부신 것과 칠흑 같은 어둠도 보지 못합니다. 따지고 보면 우리가 볼 수 있는 것보다, 보지 못하는 것이 훨씬 더 많습니다. 하물며 시간과 공간을 초월하시는 하나님의 신비로운 섭리를 어찌 인간이 보고, 다 알 수 있겠습니까? 사랑하는 교우 여러분! 우리 눈에 보이지 않는다고 해서, 우리 귀에 들리지 않는다고 해서, 하나님께서 우리를 위해 역사하시지 않는다고 단정하는 불신의 어리석음을 범치 마십시다. 하나님께서는 우리가 생각도 하기 이전부터, 우리에게 필요한 것을 위해 벌써부터 당신의 방법으로 한 치의 오차도 없이 역사하고 계시는 중입니다.

이스라엘 백성을 해방시키신 하나님께서는 그들의 앞길을 낮에는 구름기둥으로, 밤에는 불기둥으로 친히 인도해 주셨습니다. 하나님께서 그들을 먼저 인도해 가신 곳은 홍해였습니다. 그때 마음이 돌변한 파라오가 이집트의 전 군대를 이끌고 이스라엘 백성을 추격해 왔습니다. 폭 32킬로미터의 홍해를 앞에 두고 이집트 전 군대의 추격을 당한 이스라엘 백성은 독 안에 든 쥐와 같았습니다. 이스라엘 백성은 이제 죽었다고, 공연히 이집트에서 나왔다고, 모두 모세를 원망하며 울부짖었습니다. 그때 하나님께서는 폭 32킬로미터의 홍해를 좌우로 가르시고, 그 가운데 마른땅이 드러나게 하시어 이스라엘 백성을 구해 주셨습니다. 하나님께서 이스라엘 백성을 그 위험한 홍해 앞으로 친히 인도해 가셨던 것은, 그들의 목전에서 그 거대한 홍해를 가르심으로, 거대한 바다가 천지를 창조하신 하나님의 손안에 들어 있음을 그들에게 확인시켜 주시기 위함이었습니다. 광야에서 양식이 떨어지자 하늘에서 만나를 내려 주시고, 마실 물이 없을 때는 반석에서 강이 터지게 하심으로, 하나님께서는 이스라엘 백성에게 하늘과 땅도 하나님의 주관하에 있음을 보여 주셨습니다.

이처럼 하나님께서 이스라엘 백성을 이끌어 가신 홍해와 광야는, 이스라엘 백성에게 온 우주 만물을 주관하는 당신 자신이 어떤 분이신지 친히 가르쳐 주신 신앙 교육장이었습니다. 그렇다면 이스라엘 백성이 할 일은 그 전능하신 하나님을 의지하면서, 하나님께서 약속하신 언약의 땅—가나안을 향해 믿음으로 나아가는 것이었습니다. 하지만 이스라엘 백성의 언행은 믿음과는 거리가 멀었습니다.

그들은 하나님의 은혜로 400년에 걸친 노예살이에서 해방되었고, 하나님의 능력으로 갈라진 홍해를 건넜고, 하나님의 자비로 물 한 방울 쌀 한 톨 없는 죽음의 광야에서 매일 물을 마시고 하늘에서 떨어지는 만나를 양식으로 먹었습니다. 하지만 시내 광야 다베라에 이르렀을 때, 그들은 이제는 질려서 만나를 먹지 못하겠다고, 왜 고기는 주지 않느냐고, 차라리 이집트 생활이 나았다고 출애굽한 것을 후회하면서, 한목소리로 원망하며 울부짖었습니다. 그들은 자신들이 이집트에서 죽지 못해 겨우 연명한 노예였음을 이미 까맣게 잊고 있었습니다. 그들의 행태는 마치 물에 빠진 사람을 구해 주었더니, 도리어 보따리 내어놓으라고 윽박지르는 것과 같은 형국이었습니다. 그때 모세가 하나님께 드린 기도의 내용이 다음과 같았습니다.

> 이 모든 백성에게 줄 고기를 내가 어디서 얻으리이까? 그들이 나를 향하여 울며 이르되 우리에게 고기를 주어먹게 하라 하온즉, 책임이 심히 중하여 나 혼자는 이 모든 백성을 감당할 수 없나이다. 주께서 내게 이같이 행하실진대, 구하옵나니 내게 은혜를 베푸사, 즉시 나를 죽여 내가 고난 당함을 내가 보지 않게 하옵소서(민 11:13-15).

고기를 달라고 윽박지르는 이스라엘 백성의 기세가 얼마나 험악했던지, 그들의 지도자인 모세는 하나님께 차라리 자신을 죽여 달라고 호소했습니다. 모세로서는 그들에게 고기를 공급해 줄 수 있는 방안이 전무했기 때문입니다. 그도 그럴 것이, 당시 이스라엘 백성은 남자 가장만 60만 명이었습니다. 총 가구 수가 60만 가구였다는 말입니다. 한 가구당 네 명의 가족이면 이스라엘 백성의 총수는 240만 명이요, 한 가구당 다섯 명이라면 총 300만 명에 이르는 거대한 무리였습니다. 세상에 누군들 아무것도 없는 죽음의 광야에서 그 큰 무리에게 당장 고기를 배불리 먹일 수 있겠습니까? 차라리 자신을 죽여 달라고 호소한 모세의 심정을 우리는 충분히 이해할 수 있습니다.

하나님께서 그 모세에게 친히 대답하셨습니다.

> 또 백성에게 이르기를, 너희의 몸을 거룩히 하여 내일 고기 먹기를 기다리라. 너희가 울며 이르기를, 누가 우리에게 고기를 주어먹게 하랴. 애굽

에 있을 때가 우리에게 좋았다 하는 말이 여호와께 들렸으므로, 여호와께서 너희에게 고기를 주어먹게 하실 것이라. 하루나 이틀이나 닷새나 열흘이나 스무 날만 먹을 뿐 아니라, 냄새도 싫어하기까지 한 달 동안 먹게 하시리니, 이는 너희가 너희 중에 계시는 여호와를 멸시하고 그 앞에서 울며 이르기를, 우리가 어찌하여 애굽에서 나왔던가 함이라 하라 (18–20절).

그것은 분명히 하나님의 말씀이었습니다. 그러나 그 사실을 알면서도 모세는 하나님께 되묻지 않을 수 없었습니다.

모세가 이르되, 나와 함께 있는 이 백성의 보행자가 육십만 명이온데, 주의 말씀이 한 달 동안 고기를 주어먹게 하겠다 하시오니, 그들을 위하여 양 떼와 소 떼를 잡은들 족하오며, 바다의 모든 고기를 모은들 족하오리이까? (21–22절)

모세가 언급한 '보행자 60만 명'은 60만 가구의 가장들을 의미했습니다. 모세로서는 선뜻 이해하기 힘들었습니다. 60만 가구에 속한, 최소 240만 명에서 최대 300만 명의 이스라엘 백성에게 한 번 고기를 주는 것도 상상하기 어려운 일인데, 한 달 동안 신물이 나기까지 계속하여 먹이시겠다고 하니, 도대체 얼마나 많은 소와 양이 필요하겠습니까? 인근 바다의 물고기를 다 잡아 온다 한들 가능하겠습니까? 더욱이 시내광야는 양 한 마리는 고사하고, 풀 한 포기 없는 죽음의 불모지였습니다. 그래서 모세는, 그것이 과연 가능하겠느냐고 하나님께 되묻지 않을 수 없었던 것입니다. 하나님께서 모세에게 다시 대답하셨습니다.

여호와께서 모세에게 이르시되, 여호와의 손이 짧으냐? 네가 이제 내 말이 네게 응하는 여부를 보리라(23절).

이번에는 하나님께서 모세에게 반문하셨습니다. "여호와의 손이 짧으냐?" 무슨 의미이겠습니까? 여호와의 손이 모세의 네 손처럼 짧으냐? 천지를 창조한 여호와의 손이, 인간 모세 네 손처럼 한계를 지니고 있느냐? 모세 네 손이 불가능하다고 해서, 전능한 창조주의 손도 불가능하겠느냐? 온 우주 만물을 주관하는 여호와의 손에, 대체 능치 못한 일이 있을 수 있겠느냐? 이런 의미였습니다. 그리고 하나님께서 모세에게 계속하여 말씀하셨습니다. '네가 이제 내 말이 네게 응하는 여부를 보리라.' 주석을 가하자면 '내가 이 백성에게 한 달 동안 고기를 먹게 하리라는 나의 말이 네 앞에서 현실로 이루어지는지, 그렇지 아니한지, 이제 네가 확인하게 될 것이다'는 말씀이었습니다. 하나님의 그 말씀 앞에서 모세는 즉각 자신의 잘못을 깨달았습니다.

모세가 나가서 여호와의 말씀을 백성에게 알리고(24절 상).

모세는 지체하지 않고 나가서, 한 달 동안 고기를 주시겠다는 하나님의 말씀을 이스라엘 백성에게 그대로 선포하였습니다. '여호와의 손이 짧으냐?'는 하나님의 반문에, 모세 자신의 손으로는 불가능하지만, 천지를 창조하신 전능한 하나님의 손에는 그 일이 얼마든지 가능함을 확연하게 깨달았기 때문입니다. 그리고 31절이 그 결과를 밝혀 주고 있습니다.

바람이 여호와에게서 나와 바다에서부터 메추라기를 몰아 진영 곁 이쪽저쪽 곧 진영 사방으로 각기 하룻길 되는 지면 위 두 규빗쯤에 내리게 한지라.

하나님께서 큰 바람을 일으키셔서, 바다에서부터 메추라기들을 몰아 이스라엘 백성의 진영에 소낙비처럼 떨어지게 하셨습니다. 얼마나 많은 메추라기들이 떨어졌던지, 동서남북 사방으로 하룻길의 길이에 두 규빗의 높이로 메추라기들이 쌓였습니다. 당시 도보로 하룻길은 약 30킬로미터였고, 두 규빗은 약 90센티미터의 높이였습니다. 그야말로 온 세상이 메추라기 천지였습니다. 이스라엘 백성이 다 배불리 먹고도 남는 양이었습니다. 아무것도 없는 죽음의 광야였지만, 하나님의 손은 전혀 짧지 않았습니다.

바로 여기에 모세와 이스라엘 백성의 근본적인 차이가 있었습니다. 이 이후로 모세는 광야에서 어떤 상황을 마주치든, 여호와의 손은 짧지 않다는 사실을 늘 상기하며 살았습니다. 나일강에서 자신을 건져 주신 하나님의 손, 미디안 광야의 팔십 노인 양치기였던 자신을 불러 내신 하나님의 손, 열 가지의 재앙으로 이집트 파라오의 손에서 이스라엘 백성을 해방시키신 하나님의 손, 홍해를 가르신 하나님의 손, 반석에서 강이 터지게 하신 하나님의 손, 하늘에서 만나와 메추라기를 내리신 하나님의 손에 자신을 맡긴 모세는, 아무것도 없는 죽음의 광야에서 오직 하나님의 손을 의지하여 온갖 어려움을 극복할 수 있었을 뿐 아니라, 그 죽음의 광야에서 날마다 하나님의 손에 의해 빚어지는 생명의 새날을 누릴 수 있었습니다. 그래서 그가 죽음의 광야에서 선포했던 모든 말은 성경 속에 하나님의 생명의 말씀으로 승화되어, 3400년이 지난 오늘날 우리의 삶까지 새롭게 해주고 있습니다.

하지만 출애굽 1세대는 그 죽음의 광야에서 하나님의 은혜로 고기까지 배가 터지도록 먹었으면서도, 자신들이 원하는 것이 당장 보이지 않으면 으레 하나님을 원망하였습니다. 그들에게 하나님의 손은, 자신들의 손처럼 짧기만 했습니다. 자신들의 손과 하나님의 손 사이에는 아무런 차이가 없었습니다. 그래서 그들은 마치 고대광실에서 매일 진수성찬을 먹고 살았던 것처럼, 걸핏하면 이집트로 되돌아가자고 했습니다. 이집트로 되돌아간다면 그들을 기다리는 것은 참혹한 노예살이뿐이었는데도 말입니다. 그들에게도 밤이 지나면 어김없이 아침이 동텄지만, 그 마음이 여전히 이집트에 예속되어 있는 그들에게 그것은 새날이 아니라, 그저 묵은 날의 무의미한 무한반복일 뿐이었습니다. 그리고 그들은 모두 죽음의 광야에서 죽음의 밥이 되고 말았습니다. 출애굽의 기쁨을 누리고서도 하나님의 손을 자신들의 손 정도로만 여겼던 그들에겐, 영영 생명의 새날이 주어지지 않았습니다.

　출애굽한 이스라엘 백성만 광야를 거친 것은 아닙니다. 우리 모두도 인생이란 광야를 걸어가는 나그네들입니다. 우리의 인생에 어떤 문제든, 문제가 있다는 것은 우리가 살아 있다는 증거입니다. 죽은 사람에게는 그 어떤 문제도 있을 수 없습니다. 그러므로 올 한 해 동안에도 우리가 살아 있는 한, 우리는 인생 광야에서 수많은 문제들과 직면하게 될 것입니다. 때로는 광야의 폭염에 시달리고, 때로는 광야의 폭풍을 헤쳐 나가야 하고, 때로는 예기치 않은 광야의 도전을 극복해야 하고, 때로는 끝이 보이지 않는 절망의 터널도 지나게 될 것입니다. 중요한 것은 우리를 이 광야로 이끄시고, 이 광야 너머의 가나안으로 인도하고 계시는 분이 하나님이시라는 사실입니다. 만약 이 광야에서 우리가 우리 자신에게 집착한다면, 우리는 출애굽 1세대처럼 매일 동트는 아침을 맞으면서도 과거에 얽매인 무의미한 묵은 날만을 무한 반복하게 될 것입니다. 그러나 우리가 모세처럼 우리 자신을 하나님께 맡긴다면, 우리의 인생길이 아무것도 없는 죽음의 광야이기에, 우리는 이 죽음의 광야 속에서 더욱 눈부신 생명의 새날을 매일 맞게 될 것입니다. 하나님께서 이 죽음의 광야가 우리를 삼키지 못하도록 우리를 지켜 주실 뿐 아니라, 죽음의 광야 너머의 가나안까지 우리를 인도해 주시고도 남을 만큼 충분히 긴 손을 지니고 계시기 때문입니다.

하나님의 손은 결코 짧지 않습니다. 하나님의 손은, 천지를 창조하신 전능하신 손이십니다. 하나님의 손은, 우리의 눈물을 닦아 주시는, 이 세상의 그 어떤 비단결보다 더 부드러운 손이십니다. 하나님의 손은, 그 손바닥에 우리의 이름을 새겨 두신, 섬세한 사랑의 손이십니다. 그 하나님의 손이 우리와 함께하고 계십니다. 그 하나님의 손이 올 한 해 동안 우리의 삶을 새롭게 가다듬어 주실 것입니다. 그 하나님의 손이, 우리가 거쳐야 할 죽음의 광야를, 가나안을 향한 생명과 소망의 길로 일구어 주실 것입니다. 그래서 그 하나님의 손 안에서만, 우리의 2016년은 새해 새날로 가꾸어질 것입니다. 모세에게 '여호와의 손이 짧으냐?'고 반문하셨던 하나님께서, 지금 막 2016년으로 진입한 우리에게 이사야서 41장 10절 말씀으로 이렇게 약속하고 계십니다.

두려워하지 말라. 내가 너와 함께 함이니라. 놀라지 말라. 나는 네 하나님이 됨이라. 내가 너를 굳세게 하리라. 참으로 너를 도와주리라. 나의 의로운 오른손으로 너를 붙들리라.

하나님께서 천지를 창조하신 손으로 우리를 2016년으로 진입시켜 주셔서 감사합니다. 올 한 해 동안 살아가면서, 하나님의 손이 우리와 함께하고 계심을 단 한순간도 잊지 말게 해주십시오. 세상의 풍파와 유혹, 그리고 우리 마음속으로부터의 불평과 원망이 우리를 집어삼키려 할 때, 세상과 우리 자신을 향해, '여호와의 손이 짧으냐?'고 소리쳐 외치게 해주십시오. 하나님의 손을 잡고 걸어가는 죽음의 광야길이, 가나안을 향한 생명과 소망의 길로 일구어지게 해주십시오. 그리하여 올 한 해 열두 달 365일이 날마다 생명의 새날 새 시간으로 엮어지게 해주십시오. 그와 같은 우리의 삶으로 인해 우리가 몸담고 있는 공동체와 이 사회가 날로 새로워지게 해주십시오. 아멘.